U1001180

MULTINATIONAL STRATEGY

A Legal and Practical Guide to
Cross-border Investment

跨国战略

中国企业境外投资法律与实务

徐 萍 著

法律出版社
LAW PRESS · CHINA

序　言

自从2001年“走出去”正式写入中国《国民经济和社会发展第十个五年计划纲要》以来，中国企业通过在境外上市、投资、并购、承包工程等等各种形式实现国际化发展，“走出去”的步伐不断加快。2012年，中国对外直接投资净额达746.5亿美元，居世界第六位。在全球经济日益一体化的今天，不管是否愿意，我们都已经身在国际化的浪潮之中。

然而，中国企业“走出去”并不是一帆风顺的，能否成功受到多重因素的制约。在国际金融危机的背景下，由欧美国家掀起的“经济民族主义”思潮扩散，贸易保护主义抬头，通过设立各种隐性投资壁垒加大了跨国投资的风险和成本。另外，政治因素也是影响中国企业成功“走出去”一个重要方面。中国国有企业一直被部分国家出于政治原因主观解读为具有政府背景，企业的商业活动被政治化，并受到不公正的对待，这对中国企业的跨国经营和发展产生了很大的负面影响。不仅如此，中国企业在加快“走出去”步伐的同时，面临的境外法律风险也随之大幅增加，一个明显的现象是国际法律纠纷案件呈不断上升趋势。这些案件涉及的种类繁多，有些可能造成巨大的经济和其他损失，不仅直接影响企业“走出去”战略目标的实现，甚至会产生重大法律风险和危机。

律师在帮助中国企业健全风险防范机制、促成海外并购投资成功、规避境外投资法律风险等方面扮演着重要角色，特别是熟悉国际投资并购的中国律师，一方面能够深入了解中国企业的诉求，另一方面掌握国际并购的游戏规则，可以和国外同行进行充分沟通，能够最大限度地为中国企业出谋划策和保驾护航。正如同世界500强企业在全球各地投资经营，总是伴随着为他们服务的本国律师和中介机构，中国企业的国际化不仅需要，也依赖于中国律师和咨询服务机构的国际化。

《跨国战略——中国企业境外投资法律与实务》正是中国律师丰富的跨境并购法律服务经验和智慧的结晶。本书作者徐萍律师是金杜律师事务所资深合伙人，多年从事国际法律服务，积累了丰富的从业经验。她虽很年轻，确有着大律师风采，在国内外业界深具影响，也是我敬重的同事。徐萍律师曾作为许多大型国有企业、民营企业的"走出去"项目的牵头律师，为中国企业在境外投资并购提供一流的国际化专业法律服务，做出突出的专业成就。她参与的众多国际投资并购项目在业界产生重大影响，为整个中国律师行业赢得尊重，是行业的骄傲。

本书从法律服务角度详细介绍了中国企业"走出去"的各种方式和各个方面，具有很强的实用性和针对性。我相信这本书的出版将对中国企业了解境外投资并购的规则、防范法律风险起到积极作用，对为中国企业"走出去"提供法律服务的律师事务所、各咨询中介机构以及企业本身的管理人员均大有裨益。我也期望看到有更多的中国律师能够在"走出去"的浪潮中发挥专业优势，为中国企业保驾护航。

希望《跨国战略——中国企业境外投资法律与实务》早日出版，以飨读者，欣然作序。

中华全国律师协会会长

王俊峰

2013年3月8日

前　言

在这个充满变革的时代，世界经济格局正在发生着深刻的改变。随着中国经济的腾飞，中国已经从一个单纯吸收外资的资本输入国转变为重要的资本输出国。越来越多的中国企业不满足于做一个国内市场的佼佼者，而力求“走出去”，在全球市场的广阔平台上配置资源，通过跨境投资并购实现全球化战略布局和发展。

在中国企业境外投资的道路上，机遇与挑战并存。与发达国家跨国公司丰富成熟的并购经验相比，大多数中国企业对境外投资仍然是一个稚嫩的新手。尤其是中国的传统商业文化缺乏严谨和关注细节的思维，很多中国企业对于国外市场的复杂的政治、法律和商业环境及其蕴含的风险没有足够的认识和准备，导致意气风发、满怀激情地出海，却在航程中遭受挫折和损失。

中国企业在境外进行投资或运营，面临陌生和迥异的环境，充满各种挑战和风险。而文化冲突、商业风险、政治和法律环境差异等在内的多数风险都最终归结为法律风险。特别是在成熟市场上，投资在很大程度上依赖于复杂的法律和规则进行运作。与跨国公司在投资并购中倚重律师和专业顾问机构的支持相比，中国企业往往更多依靠企业家的战略眼光和商业判断，而不习惯于通过专业法律服务及专业方法去识别、防范和规避风险。

本书从专门从事跨境并购的律师视角，以笔者亲身参与的大量跨境并购交易的实战经验为基础，对境外投资的各种形式及环节进行概括性的介绍。境外投资由于涉及的地域、行业和交易形式各异，所涉及问题千差万别，难以一概而论。本书旨在阐述和提示境外投资并购一些常见的法律和商务风险，并提出应对之策。希望本书能帮助有全球发展战略眼光的中国企业了解境外投资与并购的游戏规则，关注交易可能涉及的重点风险领域。在具体的投资并购活动中，没有两个交易是完全相同的，因此，每个企业仍需根据自身和交易的具体情况进行分析和决策，寻求专业服务，以提高交易的成功率，规避或降低法律风险。

特别感谢我的同事陆青、易晓洁、胡再持、田文静、董刚、熊进、刘志刚、肖瑾、刘成、赵京川、鲁婷婷等对本书做出贡献。

笔　者

2013 年 2 月

目　录

第一章　中国企业境外投资的现状与趋势／1
第一节　中国企业境外投资的现状／1
第二节　中国企业境外投资的发展趋势／5

第二章　中国企业境外投资的法律形式／9
第一节　绿地投资与跨境并购的比较／9
第二节　设立代表机构或子公司／11
第三节　跨境并购／13
第四节　国际工程承包／19

第三章　境外投资的常见问题与风险／21
第一节　中国企业境外投资面临的挑战和风险／21
第二节　风险控制和规避／27
第三节　投资保护协定／29

第四章　跨境并购的交易流程／33
第一节　并购非上市公司的流程／34
第二节　竞标收购非上市公司／42
第三节　跨境并购上市公司／44

第五章　跨境并购的交易文件／51
第一节　并购非上市公司的交易文件／51
第二节　并购上市公司交易文件／59
第三节　交易保护和风险防范策略／61

第六章 境外投资涉及的中国国内法律问题 / 69
第一节 投资阶段涉及的国内法律问题 / 69
第二节 境外投资运营阶段涉及的国内法律问题 / 77

第七章 境外投资应注意的境外法律问题 / 83
第一节 目标国的外资政策 / 83
第二节 外国国家安全审查制度 / 85
第三节 境外投资中所涉及的反垄断法问题 / 94
第四节 知识产权保护 / 98
第五节 投资矿产资源项目 / 102
第六节 其他境外法律问题 / 110

第八章 国际工程承包 / 121
第一节 国际工程承包的主要方式 / 121
第二节 国际工程承包中的主要问题 / 125

第九章 境外投资的融资 / 129
第一节 出口信贷 / 129
第二节 绿地投资项目的融资 / 133
第三节 并购融资 / 137

第十章 境外投资的税务问题 / 145
第一节 企业境外投资中进行税务筹划的必要性 / 145
第二节 海外投资控股公司注册地的选择 / 146
第三节 并购境外公司的税务筹划 / 148
第四节 境外投资时应注意的其他税务问题 / 151

附录一 境外投资常用法律法规 / 155
境外投资产业指导政策 / 155
境外投资项目核准暂行管理办法 / 159
国家发展改革委关于印发境外投资项目申请报告示范大纲的通知 / 163
国家发展改革委关于完善境外投资项目管理有关问题的通知 / 166

国家发展改革委关于做好境外投资项目下放核准权限工作的通知／171
境外投资管理办法／173
国家外汇管理局关于发布《境内机构境外直接投资外汇管理规定》的通知／183
境外直接投资人民币结算试点管理办法／190
国家外汇管理局关于境内企业境外放款外汇管理有关问题的通知／194
国家外汇管理局关于境内机构对外担保管理问题的通知／198
境外直接投资人民币结算试点管理办法／204
国家外汇管理局综合司关于规范跨境人民币资本项目业务操作有关问题的通知／208
境外国有资产管理暂行办法／214
中央企业境外国有产权管理暂行办法／220
中国银监会关于印发《商业银行并购贷款风险管理指引》的通知／223
财政部、国家税务总局关于企业境外所得税收抵免有关问题的通知／229
国家税务总局关于进一步做好“走出去”企业税收服务与管理工作的意见／234
国家税务总局关于印发《境外注册中资控股居民企业所得税管理办法(试行)》的公告／237
境外投资财务管理暂行办法／244
商务部、外交部、发展改革委、公安部、国资委、安全监管总局和全国工商联印发《境外中资企业机构和人员安全管理规定》／249

附录二　中国与其他国家或地区签订双边投资协定的清单／253

附录三　中国与其他国家或地区税收协定谈签的清单／261

第一章　中国企业境外投资的现状与趋势

第一节　中国企业境外投资的现状

20世纪90年代末期，面对经济全球化深入发展的趋势，为适应中国产业结构调整、经济可持续发展等各方面的需要，中国政府提出实施“走出去”战略，鼓励有实力的企业开展对外直接投资和跨国经营。对中国企业而言，在全球范围内优化配置资源，从事跨国投资和经营，已经成为立足长远发展的必然选择。特别是近几年来，中国对外直接投资呈现出井喷式的迅猛发展，中国企业已经成为全球直接投资领域的一支引人瞩目的新生力量。

从改革开放之初外国直接投资单向流入的单行道，中国已经发展成外商在华投资和中国企业境外投资双向通行的高速路。“走出去”是经济全球化、资本金球化的必然选择，不仅是中国的国家发展战略，也是中国企业的发展战略。

一、中国企业境外投资流量增势强劲、再创新高

过去十多年以来，中国海外企业数量和对外直接投资额的年均增长率大大超过亚洲新兴工业国家或地区以及苏联和东欧地区的对外直接投资增长速度。以最近几年为例，2009年，中国对外直接投资净额565.3亿美元；2010年，中国对外直接投资净额688.1亿美元，较上年增长21.7%；2011年，中国对外直接投资净额更是实现了自数据发布以来连续十年的增长，达到746.5亿美元，同比增长8.5%，其中非金融类对外直接

投资685.8亿美元,同比增长14%。①

据国外研究机构分析,由于一些中国企业利用已经在境外的资金进行投资,没有经过正常的政府审批程序并纳入官方统计数字,中国的实际对外投资金额可能大大超过官方统计数字。

2000～2011年中国对外直接投资情况

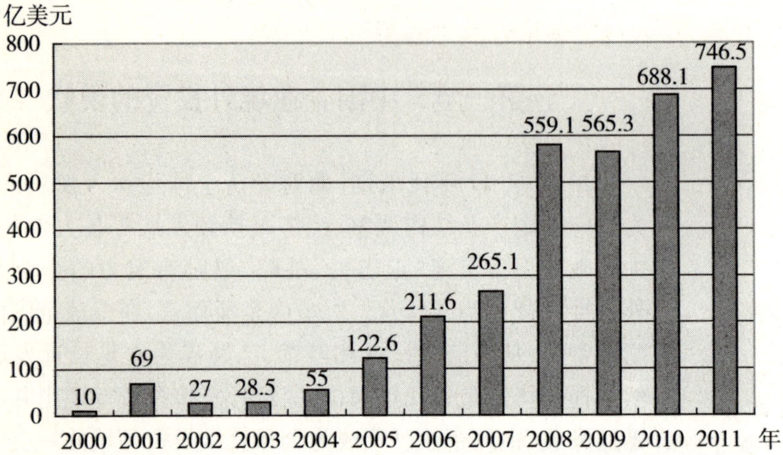

二、从投资主体看,所有制类型日益多元,国有企业比重下降

改革开放以来,中国政府鼓励发展各种经济成分,国内形成了多种所有制共同发展的局面。十六大报告指出,要"鼓励比较有优势的各种所有制企业对外投资,形成一批有实力的跨国企业"。这激发了各种所有制企业开展跨国经营的热情,在很多行业内逐步改变了国有企业占据统治地位的格局。以2008年为例,在中国对外直接投资存量中,国有企业占69.6%,同比下降1.4%;有限责任公司和私营企业所占比重分别为20.1%和1%,与上年相比均有所提升。对外投资企业还包括股份有限公司、股份合作企业、集体企业及联营企业等多种类型,外商投资企业与港澳台资企业占到了境内投资主体的0.9%。

2010年,中国对外直接投资主体继续保持多元化格局,在中国对外投资存量中,国有企业比重为66.2%,较上年下降3个百分点,有限责任公司的比重较上年增长1.6个百分点,除国有企业之外,其位于境内投资主体数量的首位,民

① 以上数据来源于2009年度中国对外直接投资统计公报、2010年度中国对外直接投资统计公报、2011年度中国对外直接投资统计公报。

营企业对外投资的主体数量则位于投资主体数量的第三位。

2011 年，在中国非金融类对外直接投资流量中，国有企业仅占 55.1%；在非金融类对外直接投资存量中，国有企业比重为 62.7%，较上年下降 3.5 个百分点。从这些数字中可以看出，虽然国有企业，特别是大型央企，仍然占据对外投资的主流，民营企业和其他多种所有制企业开始发挥越来越重要的作用。

三、从投资行业看，涉足领域不断扩大

中国对外投资经历了从贸易逐步向非贸易领域扩展的过程。出于开辟国外贸易窗口的目的，中国企业初期的境外投资几乎都在贸易领域。随着对外投资的发展，目前涉及行业已拓展到资源开发、工业生产、农业及农产品开发、电信、商业零售、咨询服务、研发中心等行业在内的更广泛的领域。

2011 年，租赁和商务服务业、金融业、采矿业、能源、批发和零售业、制造业、交通运输业和仓储邮政形成中国对外直接投资的主要行业架构。从存量上看，截至 2010 年年底，上述行业累计投资存量 2801.6 亿美元，占中国累计对外直接投资总额的 88.3%；[①]截至 2011 年年末，上述行业累计投资存量 3779.9 亿美元，占中国累计对外直接投资总额的 89.0%。[②]

2011 年年末中国对外直接投资存量行业比重

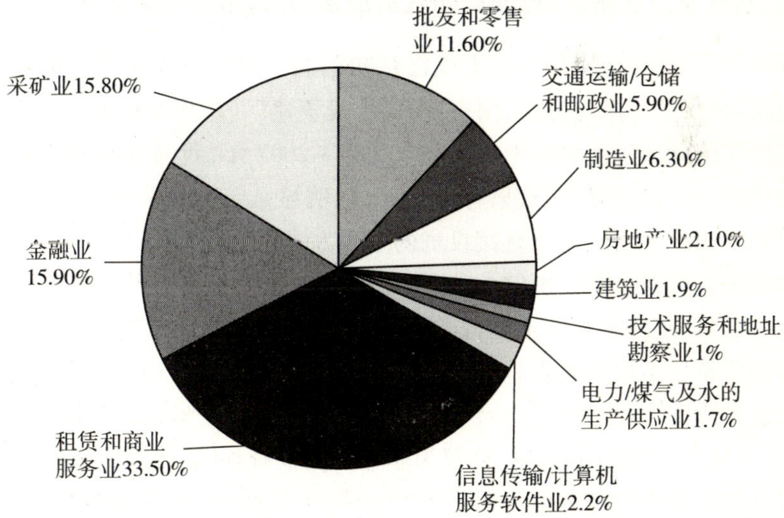

---

① 以上数据来源于中国商务部 2010 年度中国对外直接投资统计公报。

② 以上数据来源于中国商务部 2011 年度中国对外直接投资统计公报。

四、从地域流向看，投资分布广泛，遍布全球70%的国家和地区

中国对外投资从20世纪80年代集中于美国、欧洲、日本、中国港澳等少数发达国家或地区，发展到亚太地区的周边国家和广大发展中国家和地区，呈现出多元化发展的格局，截至2011年年底，中国13500多家境内投资者在境外设立了对外直接投资企业1.8万家，分布全球177个国家和地区。另外，从中国对外直接投资的存量分布来看，中国对外直接投资仍主要集中在亚洲和拉美国家和地区。2011年年末，中国对外直接投资前20位的国家（地区）存量累计达到3856.09亿美元，占中国对外直接投资存量的90.8%，国家聚集度较高。

另外，多数企业在进行境外投资时都选择了在避税地设立控股公司。中国香港、英属维尔京群岛、开曼群岛是中国对外直接投资存量较集中的前三位国家及地区。2010年年末，中国对外直接投资在上述三个国家及地区的存量为2395.55亿美元，占存量规模的82.9%。这些国家或地区是公认的避税地，其中香港地区又是亚洲金融中心和众多中国企业境外投资的门户，所以大多数投向这些国家及地区的投资经过中转后最终会投往其他国家。因此，目前的官方统计数据无法准确反映中国境外投资的最终目的地。

五、从投资方式来看，跨国并购趋势加强，并购领域相对集中

近几年，中国企业对外投资方式已从初期的以制造业为主的直接投资或开设分公司、办事处等单一方式，向资源开发、投资建厂、兼并收购当地企业及组成战略联盟等国际通行的多种形式发展。2005～2007年，我国以并购方式实现的对外投资为196亿美元，比重只有40.3%，仍明显低于世界平均水平，但是跨国并购已经开始成为中国对外直接投资的重要方式之一。

特别是在全球金融危机的大背景下，很多国外企业及资产的估值趋于合理化，而中国经济仍保持高速发展，这给中国企业境外并购带来良机。中国企业已在国际并购市场上成为越来越不可忽视的一支强劲力量。2008～2011年，我国并购方式占投资方式的四成，特别是2011年以并购方式实现的直接投资为272亿美元，占流量总额的36.4%，全部为非金融类投资并购。并购领域以采矿业、制造业、能源、电力生产和供应业为主。

六、境外企业对东道国税收就业贡献明显，对外投资“双赢”效果显著

2011年，中国非金融类对外直接投资685.8亿美元，同比增长14%；境外企

业实现销售收入10448亿美元,境内投资者通过境外企业实现的进出口额1845亿美元,同比增长35%。2011年,中国在境外投资的企业向投资所在国缴纳的各种税金总额超过220亿美元,年末境外企业就业人数达122万人,其中雇用外方员工88.8万人,来自发达国家的雇员有10万人。

中国企业对外投资大多数是出于企业发展的中长期战略,谋求在投资国当地继续和扩大经营,不同于基金等金融资投资人对其投资组合关注短期财务收益和退出。因此,在境外投资的中国企业对投资目标国的经济、税收及就业机会有着明显的贡献,实现了共赢。

第二节　中国企业境外投资的发展趋势

“十一五”期间是中国加快实施“走出去”战略的重要机遇期。从国内来看,中国经济总量、对外贸易、吸引外资和外汇储备均居世界前列,经济结构战略调整进程加快,形成了一批在国际市场上具有竞争优势的产业和产品,人民币汇率形成机制稳步推进。从国际环境来看,经济全球化和区域经济一体化深入发展,推动了贸易自由化和投资便利化,世界产业结构调整和产业跨国转移进程加快。在今后的一段时期内,中国对外直接投资将呈现出以下主要趋势:

一、投资规模将继续快速扩大

从国际经验来看,一个国家所处的经济发展阶段决定着企业国际化的发展规律与趋势。根据英国经济学家邓宁的投资发展周期理论,①一国的对外投资状况与人均GNP呈正比例关系,即随着人均GNP的增加,该国的对外投资数量将出现逐步增加的趋势。邓宁把一国的经济发展水平与投资情况划分为四个阶段:第一阶段(人均GNP在400美元以下),较少接受外商直接投资,也没有对外投资,对外投资净额为零或负数。第二阶段(人均GNP在400~2000美元之间),随着经济发展水平的提高,基础设施的改进以及经济结构和政府吸引外资政策的调整,直接投资流入开始增加,但对外直接投资仍微不足道,所以对外投资净额变为更大的负数。第三阶段(人均GNP在2000~4750美元之间),随着经济的进一步发展,本国企业的所有权优势和内部化优势日益上升,竞争力大大增强,对外投资增加的速度快于外资流入的速度,虽然对外投资净额仍是负数,

---

① J. H. Dunning, Multinational Enterprises and the Global Economy, by Edward Elgar Publishing, 2008.

但数值开始减小。第四阶段(人均 GNP 在 4750 美元以上),资本流出超过资本流入,对外投资净额大于零且不断扩大。

2006 年中国人均 GNP 突破 2000 美元,2011 年已超过 4000 美元,达到 4283 美元。按邓宁的直接投资发展周期理论,中国已处于经济发展水平的第三阶段,即作为外资母国的地位显著上升,作为东道国的地位相对下降。根据哥伦比亚国际投资项目对中国资本流出入水平的研究,2006 年以后,中国对外投资的增长速度快于吸收外资的增长速度,净外资流入绝对值呈逐年递减趋势。①

二、国际金融危机为中国企业境外投资带来机会

2008 年的全球性实体经济危机以及 2012 年的欧债危机,促使全球金融市场持续恶化,各大国际股市暴跌,国际能源原材料价格大幅回落,各国市场需求大幅降低,经济增长放缓甚至出现负增长。与此对应,海外资产的估值也趋于合理化,这给中国企业海外收购带来了前所未有的机遇。中国企业可以"走出去",到境外寻求更多的"价廉物美"的并购机会。事实上,近年来中国企业并购的很多目标公司处于财务困境甚至陷入破产,例如,2005 年南京汽车集团收购 MG 罗孚,2010 年吉利控股集团收购福特汽车公司旗下沃尔沃轿车公司的全部股权,2011 年山东重工集团收购意大利豪华游艇公司法拉第集团等。

此外,金融危机使很多欧美公司资金短缺,放缓扩张计划甚至陷入困境。欧美等发达国家迫于金融危机的压力,需要引进外资来缓解金融危机或解困当地陷入困境的企业,因此有些国家外资政策将会相对宽松,对境外投资显示出更欢迎的态度,而抑制投资和贸易保护主义的势头相对减弱。以上种种原因将会推动中国企业境外投资,特别是非金融行业的投资。

三、资源类投资仍将占对外投资的重要部分

能源和矿产领域一直是中国企业海外投资的热点之一。伴随着中国城市化建设和经济快速发展,对于能源、矿产资源和工业原材料的需求急剧扩张,国内固有的储藏已经难以满足中国未来中长期甚至短期发展的需要。长期以来,中国企业就已觉察到这一矛盾,并试图通过与境外资源出口商签订长期供销协议的方法来保障稳定的生产原料供应。但是,国际市场上能源及矿产品价格的一再走高,诱使出口商想尽办法来提高供应价格,甚至不惜冒违约被诉的风险。鉴

---

① Columbia Program on International Investment:"World investment prospects to 2011:Foreign direct investment and the challenge of political risk".

于这种形势，对中国企业来说，直接投资境外资源是更有效的捷径，不仅可以保障自己的生产需要，还可以部分掌握国际市场的定价权，在国际资源争夺战中分得一杯羹。

确保能源和原材料稳定供应以维持工业生产和基础设施建设是中国企业海外投资的主要驱动力之一。中国从20年前的石油出口国到目前成为全球最大能源消费国和仅次于美国和日本的第三大石油进口国，面临着中国经济发展需求和国内资源之间的巨大缺口，这决定了能源和资源行业将持续作为中国企业境外投资的重点领域。除油气资源外，中国同样缺乏的还有铝、铜、铁矿石、铀、镍等矿产资源。

近年来的大型和超大型并购交易几乎被能源和资源行业囊括，这也成为中国企业在国际并购市场中最关注的领域。例如，中海油、中石化等大型央企进行的一系列大型交易，收购位于澳洲、北非、中亚、南美等地的油气资源，兖州煤业先后收购澳洲Felix资源公司和Gloucester公司，中广核全面收购伦敦上市的铀矿商Kalahari，从而间接实现了对世界第四大铀矿项目纳米比亚Husab铀矿的收购等。从国家产业政策上看，国家发改委明确将资源开发类项目和非资源类项目分别管理，适用不同的投资审批权限和程序，体现出资源类境外投资在国家“走出去”政策中的特殊地位。

四、制造业对外投资步伐将进一步加快

中国制造业生产能力巨大，特别是以出口为导向的中低端产品的国际竞争力强。但中国制造业结构性矛盾也越来越突出，一些行业已经出现产能过剩，缺乏技术优势，产品附加值低。随着国内市场竞争日趋激烈，中国制造业企业急需进行品牌和技术升级，建立和扩大海外销售网络。目前，全球性的实体经济危机使一些中国制造业企业因外需减少而面临经营困难。通过国际并购取得先进的技术、知识产权和研发能力，以及高端品牌和国际市场渠道，结合本土的低成本制造能力，从而提升产品质量和形象，取得更高附加值，增强全球竞争力，正是中国企业实现产业升级、参与全球化经济的有效途径。

而欧美金融形势的急剧恶化，经济严重下滑，一些拥有技术和品牌的老牌企业，特别是一些在细分市场上位于前列的所谓“隐形冠军”，陷入危机或估值显著下降。这正给需要产业升级和全球发展的中国企业带来收购良机。同时，中国现有外汇储备额度巨大，人民币处于升值的有利形势，走出去收购海外企业将对国内制造行业形成有力支撑。

五、民营企业成为生力军，大型国有企业龙头作用继续增强

随着非公有制经济的发展壮大，中国民营企业已开始在国际市场上崭露头角。虽然多数民营企业缺乏国际化的经验，但以其明晰的产权、灵活的机制以及快速反应能力成为中国对外直接投资的生力军。目前已有一批规模较大的民营企业不同程度地走向国际市场，开始积累在国际市场运作的经验。例如，华为、三一重工和万象集团等一批中国民营企业在国际并购市场上崭露头角。

与此同时，由于大型国有企业在中国经济中特别是在能源、电信和装备制造等行业占有优势地位，以及随着其国际化经营经验日渐丰富，国际竞争能力和整体实力不断增强，大型国有企业在海外并购源中的龙头作用将进一步显现，来自中国的跨国公司也将更具规模和竞争力。

六、投资战略模式转变

进行海外投资的中国企业从最初的单纯获取资源和市场，转变为通过海外投资实施全球战略，开始从生产要素、市场、多种资源优化的角度进行全球化配置，利用投资整合海外资源、获得技术、得到营销网络、增强竞争能力，建立集团化跨国公司。

一些国内大型生产企业在海外多个国家建立生产厂，并建立全球设计中心、制造中心和营销中心本土化的框架，在海外注册商标，逐渐在当地形成本土化的名牌，成为工业生产型跨国公司。国内大型贸易型企业也在海外地区建立经营中心，形成以资产联系为纽带的跨行业、多功能、综合化经营的跨国公司。

“十二五”期间，中国企业境外投资的规模将继续增强，预计中国企业“走出去”的规模将与外商投资中国的规模旗鼓相当。中国加快对海外投资的基本动因，一是通过扩大海外投资实现顺差的对外转移，减缓贸易摩擦；二是通过海外直接投资扩张市场和企业经济规模；三是投资开发利用国外的资源和本国短缺的生产要素，包括在国外市场乃至全球范围内配置企业供应链，通过跨国并购，带动中国优势产品的对外销售、售后服务和海外市场布局。

第二章　中国企业境外投资的法律形式

按照中国企业和投资目标国家（地区）的法律实体之间是否具有股权关系，中国企业境外投资可以分为两大类，即股权式与契约式。股权式投资即通常所说的对外直接投资，中国企业通过持有投资目标国家（地区）企业的股权的方式，享有对所投资实体的部分或全部股份的权益。除股权式投资外，中国企业还可与投资目标国家（地区）企业之间建立契约关系，通过对外合作勘探和开采自然资源、工程承包合同、许可证贸易、合作生产协议等方式跨境转移资金、产品、服务和知识产权等。

从境外投资所采取的方式来看，对外直接投资一般分为绿地投资和收购兼并。绿地投资指中国企业在投资目标国或地区采用独资或合资的方式新设机构，包括代表机构、分公司、子公司或其他法律形式的实体或机构；收购兼并则指中国企业收购现有境外企业的股权或资产，并继续运营被收购的企业，或通过在当地新设企业运营被收购的资产。本章将简要介绍境外投资的各种主要法律形式。

第一节　绿地投资与跨境并购的比较

中国企业开展境外投资始于改革开放，在随后的20余年时间中，尽管中国对外投资逐渐增多，但总体而言中国企业仍处于对外投资的初期阶段。在相当长的时间内，绝大多数企业是采用传统的设立办事处或新建绿地投资方式进行境外投资的。这主要是因为中国企业对国际并购规则尚不熟悉，缺乏国际并购交易的经验。近年来，随着中国经济的高速发展，中国企业的国际化步伐加快，并在国际并购浪潮中成为新秀。

作为收购和兼并的理想目标企业,一般来说都是经营管理较为规范、财务制度比较健全的实体,而这样的企业通常依赖于当地法律、会计制度的完备,因而理想的目标企业多位于北美、欧洲等发达国家。同时,这些地区出于政治或战略目的的考虑,有着系统的国家安全审查、反垄断审查等措施,对中国企业并购产生障碍。另外,位于欠发达地区的国家为吸引外资进而带动国内工商业的发展,多对外国企业的并购活动采取欢迎或宽容的态度。但由于这些国家的政治、经济和法律体制相对落后,现存企业较多存在产权、债权债务关系不清、运营不规范的问题。相比较而言,通过新设企业的方式在这些国家进行直接投资,具有更小的风险,对于投资者而言,其对企业的掌控和管理能力也更有保障。

与绿地投资相比,跨境并购具有如下优势:

(1)跨境并购无须经过筹备和建设新投资项目、逐步打开市场的长期过程,发展速度远远快于企业的有机发展,是跨国企业快速扩张的必经之路。

(2)跨境并购可以弥补投资主体对新行业(市场)以及在目标国运营经验不足的劣势,可以利用目标企业的生产及销售网络迅速进入目标国市场,并占据一定的市场份额,从而大大减少投资的风险和不确定性。

(3)如果目标国为经济发达、技术先进的国家,通过并购可以使得中国企业在一定程度上绕开知识产权保护或技术壁垒,迅速获得该领域的经营管理和技术人才、吸收经营理念和科学技术、快速提升投资主体的国际竞争力。

但跨境并购是一个复杂的系统工程,需要并购方具有财务、管理、法律、税务、金融、技术等各方面的综合知识和经验以及熟悉掌握并购规则,如果处理不当,可能会引发巨大风险和责任。因此,进行境外并购的中国企业需要特别注意以下几个方面:

(1)与绿地投资相比,跨境并购容易激发投资目标国的抵制情绪。如前所述,东道国为了控制本国资源或市场,特别是支持本国具有比较优势的行业发展,一般会在法律和政策上对并购行为设置障碍,如国家安全审查、外资审查、反垄断审查等,增加并购的时间成本和成本。在很多中国企业进行的并购案例中,当地舆论高度关注并购完成后是否能在当地持续运营及保持就业水平。

(2)对被并购企业的价值评估不仅应考虑对并购资产本身的估值,还应考虑后续运营和整合成本。例如,发达国家的劳动法和工会体系,可能使得劳动成本以及进行业务重组的成本大幅增加。中国企业应对投资所在国的运营、劳动、环保、税务等各方面的法律法规要求都应进行系统评估。

(3)中国企业进行的并购大多以现金作为支付对价,需要一次性投入大量外汇资金，并购完成后很可能仍需继续追加投资，对企业的财务和融资能力的要求较高。企业在进行并购的同时需要制定配套融资方案。

(4)由于风俗、文化和理念上的不同，中国企业在并购后的整合过程中也面临着巨大的挑战，这是跨国并购的成功率低的一个重要原因。并购后管理和整合不善、交流沟通不够、留不住骨干人员、组织调整失效、企业文化差异大，都是导致并购失败的常见原因。因此，进行跨国并购的中国企业需要逐渐适应被收购企业所在国家的商业环境、法律环境、人文环境以及被收购企业本身的企业文化，顺利完成并购后的整合。

在当前的世界经济形势下，许多国家的企业面临着资金流短缺的问题，甚至由于资金链断裂陷入财务危机。在此背景下，很多国家认识到通过跨国并购使得外国公司收购本国企业是一个明智的选择。中国企业的战略性、实业型投资正面临着一个跨国并购的好时机。中国企业在跨境并购的过程中应当扬长避短，熟悉跨境并购的流程、提高跨境并购交易的谈判能力，从而在跨国并购中取得成功。

第二节 设立代表机构或子公司

中国企业进军国际市场往往是一个渐进式的扩张过程。为了更好地了解海外市场及进行客户联系，很多产品出口企业在境外设立代表机构，搜集海外市场的销售情况、进行海外销售的客户联络、物流、售后服务等工作。在条件成熟时企业则可考虑将集团的研发或制造等功能转移至境外市场，设立海外子公司。

一、设立境外代表机构

境外投资的组织形式属于投资目标国的主权管辖范围，应遵守投资目标国关于投资的法律。许多国家对外国公司在本国不设立独立法人实体从事业务要求进行外国公司营业登记，并且一般没有登记为代表机构或分公司的区别。一经作为外国公司登记，该公司可以将主要业务限定为市场调查和研究、广告宣传以及业务联络，也可以直接从事商业活动，但有不同的法律及税务后果。为了降低在国外从事商业活动的法律风险和税务负担，企业一般会以独立的子公司形式在境外从事经营性活动，而以代表机构名义从事非经营性的业务。

同时，中国企业在境外设立代表机构也要遵守中国关于境外投资的法律规定。目前，中国政府允许中国企业在境外设立代表处或办事处从事进出口贸易、工程承包、劳务合作、运输、旅游、研发及咨询等活动。在境外设立代表机构需要获得中国商务部或地方商务主管部门的审批,并获得批准证书。

二、设立境外子公司

在境外设立子公司的形式取决于投资目标国的法律规定。许多国家的公司法均规定可以采用有限责任公司和股份有限公司两种形式,前者是股东人数较少,公司治理相对简单;而后者股东人数众多,公司治理结构要求相对严格,并可以成为公众公司。有的国家规定公司必须要有至少两个股东,例如,在马来西亚设立公司,必须经马来西亚公司管理委员会(CCM)注册登记,公司必须至少设有两个董事,公司董事主要或者唯一居住地在马来西亚,公司必须有至少两个股东作为最初的出资人。

如果不需要当地合作伙伴,在当地法律许可前提下,外国投资者一般会优先考虑在目标国设立独资公司,即独自出资、独享企业利润并独自承担经营风险的企业。独资企业的全部资本都由投资者投资,经营管理权为投资者所掌握,便于控制投资和运营风险。在大多数国家,注册成立一个有限责任公司程序非常简便,所需注册资本也非常低;但除设立程序外,投资者还应充分了解公司治理、董事和高管责任、税务、财务、劳动用工和签证等各方面的要求。

如果需要当地合作伙伴,或当地法律不允许外国投资者以独资企业经营某个领域的业务,外国投资者则只能设立合资企业。例如,印度法律规定,在三大矿业(铁矿、废铁矿以及其他非金属矿业)中,外方投资不得超过50%。合资企业如果是股份公司,一般股东以各自持股比例获取与此相对应的收益和承担风险,但许多国家法律也规定股份公司可以有不同类别的股东,享有不同的股东权益。

在资源开发领域,国外比较流行非法人式的合资企业(Joint Venture)。这种“企业”一般并不需要进行企业登记,合资各方的权利义务,包括投资或提供合作条件、利润或产品的分配、风险和亏损的分担、经营管理的方式和合同终止时财产的归属等事项,都在合资各方签订的合营合同中确定。

设立境外子公司除了需要遵守设立地的法律规定,也要遵守中国法律关于设立境外子公司的一系列审批程序,主要的审批程序包括国家发展和改革委员会或其地方机构的核准和商务部的核准。这部分的详细介绍请参见第六章。

第三节　跨境并购

近几年,中国企业以收购兼并方式实现的直接投资连续增长,2006 年,通过并购方式所进行的境外投资占到当年境外投资总额的约四成,跨境并购已逐渐成为中国企业境外投资的主导方式。

并购外国企业是指,中国企业依照投资目标国的法律购买目标企业的全部或部分股份或资产,取得目标公司股份或资产的全部或部分所有权。按照并购的标的性质可以分为资产并购和股权并购,按照目标公司的性质可以分为并购上市公司与并购非上市公司。本节将分别介绍这些不同类型的境外并购。

中国法律和法规还规定了一系列境外并购的审批程序,与设立境外子公司的审批程序不同的是,对于大型并购项目,审批机关在中国企业确定境外投资意向阶段,即项目前期阶段就需要了解项目的情况。在此阶段,中国企业需要向国家发改委、商务部和国家外汇局提交项目前期报告。为了方便境外投资,国家外汇局还允许境内公司申请向境外支付前期费用。跨境并购的中国境内审批程序将在第六章详细介绍。

一、跨境股权并购

跨境股权并购是指中国企业购买境外目标公司发行的具有表决权的股份或认购其增发股份,所获得的股份达到一定比例可对该公司行使经营管理控制权。股权并购的交易标的是境外目标企业的股权或类似权利,包括股份、优先股、可转换债或期权等。在跨境并购交易中,股权并购是最常见的并购方式,原因是经过股权并购后目标公司的股东和股权结构发生了变化,但目标公司本身的法律主体地位、运营和债权和债务关系并没有发生变化(除非经过债务重组、债转股或类似安排),因此股权交易对公司现有运营的影响相对较小。

股权并购通过和目标公司或其股东签署股份收购协议而实现。根据并购方收购股权比例的不同,股权并购可以分为收购全部股权、收购控股权或收购少数股权。如果收购目标企业的全部股权,则原有股东实现全部退出,交易完成后形成单一股权结构,公司治理结构相对简单。如果收购的是目标公司的控股权,则交易完成后将会有多个股东并存,因而股东之间的权利义务以及公司治理结构,特别是控股股东对公司经营的控制权以及小股东保护措施之间如何妥协,通常会成为交易达成的主要条件之一。小股东通常会要求保护条款,如对公司运营的知情权，对公司重大事项的否决权，以及反稀释权等。在很多交易中，小股东还会要求保证其退出的条款，例如出售期权（Call Option）或随售权（Drag Along Right）。

出于各种原因（例如卖方的出售意愿、买方关于投资额以及风险分担的考虑以及为国家安全考虑等），中国企业收购少数股权的案例也不少见。例如，2008年中铝收购力拓12%的股份，2007年中国工商银行通过增资和购股方式收购南非最大银行南非标准银行20%的股权，2012年潍柴动力收购德国叉车企业凯傲集团25%的股权等。在少数股权收购中，中国企业往往会要求在董事会占有一定席位或其他在公司治理中的权利。具有战略意图的投资人还可能与目标公司达成战略合作协议，或要求取得未来增持股份的权利。

在股权并购中，通常收购方会在有限责任的范畴内继承目标企业的原有债务和风险，因此目标企业的或有债务和不确定的负担是并购面临的最重要风险。为了解决由于买卖双方的信息不对称所带来的风险，一方面，买方需要进行详尽和完整的尽职调查，以尽量了解目标企业的运营和资产状况及其潜在债务和责任；另一方面，为了应对残留风险，收购方还应要求出售方提供尽量全面的承诺与保证以及赔偿机制。买卖双方之间的风险如何划分是并购协议的主要谈判内容。

另外需注意的是，目标公司对外签订的合同可能包括“控制权变更”的条款，即如果目标公司发生控制权变更的情形，除非取得合同对方当事人同意，该重大合同可能被提前终止，从而对公司运营造成中断或不利影响。银行贷款合同通常也包含此类条款，这属于尽职调查应重点关注的问题之一，并应在交易完成前取得合同相对方关于控制权变更的豁免或同意。

二、跨境资产并购

资产并购指中国企业作为收购方，购买境外目标企业的全部或主要的运营资产。在资产收购交易中，境外目标企业可以在转让后继续存在，也可以通过清算将资产转让所得分配给原股东并解散公司。收购方可以在当地新设企业继续运营这些资产，也可在法律及协议允许的范围内将资产搬迁到其他地点进行运营。

一般来说，如果中国企业欲获得目标企业的特定资产，如矿山及矿权、生产线、工厂、设备或某些知识产权等资产时，而无意于目标企业的其他资产、业务或债权，多采用此种并购方式。如果并购的目标不是企业的全部资产和业务，而只是其中一部分，可以先把拟并购资产从原企业剥离，然后出售给买方。例如，北汽集团从萨博公司收购其知识产权，即采用的是资产并购方式。北汽集团收购萨博9-3及9-5车型的知识产权后并在其平台上继续开发自主知识产权的产品，而萨博公司其他债权债务均与其无关，是一个结构简单和干净的交易。

在很多情况下，交易结构的选择是出于税务筹划的考虑。采取股权收购还是资产收购的方式，会对交易方产生很大的税务差异，因此需要通过税务筹划选择最有效率的税务结构。关于税务筹划，请详见第十章第三节内容。

如果中国企业在尽职调查中，发现目标公司存在较大风险，可能会选取资产交易的方式隔离某些可以合法排除的风险。但在资产并购中，根据目标公司所在国的当地法律，新公司也可能被要求承担原有企业关于环保、劳动、税务等方面的责任，特别是收购方购买目标企业的全部或主要的运营资产（going concern）的情形。例如，德国法律规定，如果企业向第三方转让全部或主要资产，应当向相关员工发出书面通知。除非员工在收到通知后时间内提出异议，则与运营该资产相关的员工的雇佣关系将自动转让至受让方。因此，资产收购并不能当然隔离目标公司原有的债务和风险，而是要具体情况具体分析，并通过协议和其他法律允许的形式明确排除不应由买方承继的目标企业原有的债务或风险。

在跨境并购中，资产收购与股权收购之间最显著的区别是，如果进行资产收购，中国企业需要在当地设立新的法律实体来运营收购的资产（除非相关法律或协议允许这些资产将不再在原地经营）。在很多国家，由于当地法律或者工会的要求，并购方需要承诺在并购完成后维持在当地的经营。

在资产交易中，交割时需要充分考虑转让资产的性质，例如不动产、知识产权需要办理过户手续，及员工转让所需的特定程序等。不同类型资产的交付方式和时间可能各不一致。例如，知识产权等需要在相关国家变更登记，不动产需要办理相关登记手续，库存类资产需要盘点，合同的转让需要经过第三方同意，员工转让是否需向工会咨询或取得其同意等。因此，关于资产交割的安排必须全面而细致。如果转让的资产上设置了抵押或质押权利，在交割前需要解除抵押。此外，如果并购的业务需要获得一定资质或许可方能运营，在资产并购的交易中还要特别关注该资质或许可是否可能转让，以确保收购方在完成收购后能够持续运营。

另外，收购方需要防止资产收购被当地政府认为是为逃避债务而实施的欺诈行为。例如，根据美国《统一诈欺转移法案》，任何将导致债务人无清偿能力的资产转移，如果没有获得公平对价均可认定对债权人构成欺诈，而不论其真实意思如何。因此，如果收购方购买被收购方没有支付充分的对价，并且导致其破产或丧失清偿能力，有可能需要承担一定的法定责任。

三、收购境外上市公司

收购境外上市公司是指，收购方实施的以获得境外上市公司控制权为目的，通过协议、要约或者其他方式从上市公司股东购买该公司股份的行为。收购境外上市公司是一种股权交易，与收购非上市公司相比，收购上市公司受该上市公司所在地及上市地的公司法、证券法、并购法规、上市规则以及其他相关法律法规的管辖，还要受当地证券监督管理机构的监管。根据当地的法律，上市公司收购的方式可能是多样的，例如要约收购、强制要约、公司合并等。

上市公司的并购通常比较复杂，且受到严格监管。证券监督管理机构根据当地法律、法规或者其他规范性文件对上市公司收购活动实施监管，要求收购方、目标公司、目标公司股东等相关当事人履行一系列的法定义务，比如信息披露、不得进行内幕交易、按照法定程序准备收购文件、取得监管机构的许可和豁免等。通过对收购当事人在收购活动中行为的监督和管理，证券监管机关试图实现维护证券市场秩序，保护投资者的利益。

以欧洲为例，欧盟于2006年实施了《并购法令》，旨在向欧盟证券交易所上市的公司的小股东在公司管理权变更时提供平等的保护，并就实施上市公司并购规定了最低指导原则，如平等对待所有股东原则，要求如果一个自然人或法人获得了目标公司的大多数股权，其必须以公平价格向其他所有股东发出收购要约；小股东利益保护原则；目标公司股东应有足够时间和信息考虑是否接受要约的原则等。值得注意的是，欧盟并购法令规定某些条款是可选的，因此欧盟成员国在本国并购上市公司立法中的某些制度和规则不尽相同。[①] 虽然各国有关上市公司收购的规则存在很大差异，但作为一个普通接受的基本原则，上市公司的并购方应当公平和平等地对待所有股东。

由于上市公司并购受到复杂和严格的监管，对收购方而言，充分了解相关规则不仅是成功完成交易所必需的，而且对控制法律风险至关重要。在很多国家，上市公司并购和诉讼是紧密相关，一起上市公司并购往往会引发多起诉讼案件，稍有不慎可能会招致严重的法律责任。

---

① Paul Van Hooghten, *The European Takeover Directive and Its Implementation*, Oxford Univercity Press, Published on April 2009.

另外,在完成上市公司并购后,中国收购方还需做好遵守适用于上市公司的监管规定。根据上市地规则,一般上市公司需遵守一整套合规性规则和披露义务。例如,美国上市公司的严格监管,包括萨班斯法案的执行,使很多公司放弃在美国交易所上市。

四、收购困境资产

从境外破产或濒临破产的企业手中收购困境资产(distressed assets)已成为近几年中国企业境外投资的热点。尤其是自2007年全球经济危机以及之后爆发的欧债危机以来,欧美大量企业面临业绩大幅下滑、财务陷入危机甚至濒临破产。这为中国企业提供了跨境并购的良好契机,以低廉的价格收购财务困境资产或企业。

一般而言,在债务人不能偿付到期债务,或者债务人资产不足以清偿债务时,各国法律允许债权人申请债务人破产,或由债务人主动申请破产,通过对债务人实施破产重组计划,使破产企业继续经营,或者清算债务人的资产以偿还债务并解散破产企业。通过破产程序收购的资产不仅价格低廉,而且经过破产程序通常可以有效隔断目标企业的历史债务以及或有风险。

取决于相关国家的破产法规定,并购破产或濒临破产的企业,通常有以下特点:

1. 交易的时限性

处于财务困境的企业通常面临资金已经断裂或即将断裂的巨大压力。在这种紧急情况下,拖延交易时间将会使企业财务和运营进一步恶化,从而使目标企业的价值,特别是商誉大幅减损。而这也使得收购后买方恢复运营的难度和成本增加,从而最终对收购方不利。因此,收购困境企业往往面临很大时间压力。

广泛而言,根据收购困境资产所发生的时间大致可分为以下几类:在企业正多申请破产之前的"前破产"阶段、发生于重整或重组程序中,以及发生于清算解散程序过程中的资产收购。这些不同类型交易根据相关破产法所适用的相关程序和要求不尽相同,但共同点则是交易的达成往往都面临巨大时间压力,并且困境资产的出售常常通过竞争性程序进行。

企业一旦进入破产或重整程序以后,交易的步骤和时间将由法院破产管理人主导,交易方缺乏控制权。拟进行境外资产收购的中国企业需要充分了解相关法律程序,提前行动并加快决策过程。特别是中国企业需要经过一系列国内政府审批程序才能完成交易。对破产管理人来说,这不仅延长了交易时间,而且增加了交易的不确定性,因而往往构成对中国企业不利的因素。中国企业特别需要提前计划交易所需的审批、融资等各项工作,并与各利益相关方充分沟通,尽量减小其不利影响。

2. 与法院、破产管理人和债权人的沟通

一般在破产程序开始时,法院或债权人会议会任命破产管理人接管破产企业,由其保管和清理破产企业的财产,清理企业的业务、资产和债权债务关系,制定和实施重整或清算计划。破产管理人一般由律师、会计师或专业机构担任。有些国家也允许在特定情况下由破产企业原有的管理层继续管理公司。

通常破产管理人是进入破产程序后的破产企业的主要负责人,其对法院和债权人会议负责,在破产程序中享有相当大的权力。以德国为例,法院指定的破产管理人有权根据法律决定破产企业进入清算解散程序,或是进入重整程序。如果破产管理人认为某投资者不适合收购破产企业的业务,其有权拒绝该投资者,甚至在获得债权人会议事先批准的情况下,破产管理人有权出售破产企业。因此,收购方及时和破产管理人进行沟通,与其建立良好关系,对收购的顺利进行至关重要。

在收购困境资产的过程中,取得法院和债权人会议的批准对于收购方而言也是交易成功所必需。取决于相关国家的破产法,法院在破产重整程序中往往拥有巨大的权利。破产企业的重整或出售方案能否实施,或者债权人对该等方案的异议是否能得到支持,都要由法院审查和批准。另外,对债权人利益的保护是破产程序的核心价值之一,实施重整或出售方案往往需要得到法定人数和比例的债权人同意。

综上所述,收购方能够在破产重整程序中完成收购,在很大程度上是与相关各方协商并达成一致的结果。特别值得注意的是,破产管理人和法院在考虑投资者的收购方案时衡量的标准通常不仅仅是价格,还包括对各方利益的平衡、破产企业重整和恢复运营的可行性,以及收购方案的社会效应。因此,中国企业在制定收购方案时,为获得法院或债权人会议的认可,应充分了解各利益相关方的诉求,考虑各方面因素制定破产企业的员工安置方案、业务经营或重组方案、债务清偿方案等,积极与法院和债权人会议进行沟通,从而取得其支持。

3. 充分了解各国破产法的特定规定

各国破产法关于破产重整制度的差异很大。某一国家法律针对破产的不同阶段、特点和目的也规定有不同的适用程序。通过破产重整程序进行并购的中国企业必须充分了解相关游戏规则,这不仅是为了能够抓住机会顺利完成交易,也是为了充分了解破产程序的相关法律风险及后果,防范自身的法律风险。例如,意大利破产法规定,对资不抵债的企业提供财务资助而企业最终仍破产的,如果法院认定由于融资提供者导致企业没有及时向法院提起破产程序,从而造成企业及债权人损失的,融资提供者可能承担法律责任,甚至刑事责任。这就使企业在与破产企业交易时需格外谨慎,避免承担法律风险。

和一般并购交易主要由交易双方谈判交易条件不同,困境资产由于其陷入破产的特殊性,其出售程序、步骤、条件、权利义务等在很大程度上受制于破产法的强制性规定。因此,中国企业在收购困境资产时,必需对当地破产法及相关法律规定做好充分调研和分析。

第四节　国际工程承包

国际工程承包是指中国工程承包企业受境外工程的业主或发包人委托,按照规定的条件在境外承担完成某项工程建设任务。近年来,大量中国企业开始进入海外市场从事国际工程的承建,中国承包商已经成为国际工程承包市场上不可忽视的力量。在2012年公布的ERN225家国际承包商排行榜中,有52家中国公司入围。[①]

国际工程承包采取的主要模式包括:传统的施工承包、EPC(设计—采购—施工)、PMC(项目管理总承包)等"一揽子"式的交钥匙工程模式、BOT(建设—经营—转让)、PPP(公共部门与私人企业合作模式)等。在BOT等项目模式下,承包商不仅要承担项目的设计和施工建设,还要承担工程所需的融资甚至运营。关于境外工程承包和各种模式以及所涉及的主要问题,请见第八章的详细介绍。

与前述境外投资模式相比,通常的境外承包工程模式是中国企业与工程所在地的法律实体(业主)之间确立长期的非股权关系。中国企业作为承包人与境外业主签订工程承包合同,双方是一种契约性质的关系,通过合同确认双方的权利义务。这种契约模式的优点是:无须特别考虑投资环境的障碍,从而减少股权投资可能涉及的风险,例如,在直接投资受到限制或涉及国家安全审查的国家,可以通过有偿转让工程技术、技能和工程的方式直接获得收益,项目可能遇到的法律壁垒相对较小。但契约模式的缺点是基本上属于一次性交易,无法长期占有当地市场。此外,承包方在项目建成完工后即失去控制,无法分享项目的

---

① "2012年最大225家国际承包商和全球承包商排行榜",载 http://www.jemcn.com/docs/xwgg/details.aspx?documentid=30,2013年3月11日访问。

未来收益，也面临产生新竞争者的风险。

但是，随着境外工程承包从传统的单项土建施工、供货安装等工程建设合同发展到更为复杂的EPC/交钥匙、BOT，BOO、BOOT，BT 等各类项目模式，前述各种直接投资形式与境外工程承包呈现出密不可分的态势，既给中国承包商带来了发展机遇，也对中国承包商的投融资、工程建设、运营管理等综合能力提出了较高的要求。在这些模式中，承包商不仅提供建设施工服务，而且延伸到设计、采购、融资和运营。与此对应，承包商的角色、法律关系及面临的风险也都更加复杂。

但是，近年来中国承包商在“走出去”的过程中也不断受挫，例如，2009 年中国铁建承包施工完成沙特麦加轻轨铁路项目，因实际工程数量比签约时预计的工程量大幅增加等原因，发生巨额亏损；还有 2011 年中国海外工程有限责任公司承建波兰公路项目，中海外联营体以低于业主一半预算的低价中标，工期过去一半，工程才完成 20%，最终因大面积拖欠分包商款项，工程停工提前退场，面临波兰方面的巨额索赔等。目前，中国企业在国外承包工程遭遇的许多问题都源于投标报价，大致可以分为两种类型：一是沿袭国内“低价中标、高价索赔”的做法，为了开拓市场，不惜报出远低于项目成本的价格；二是因对业主要求、法律要求（即报价边界条件）以及当地市场环境没有准确掌握而出现的报价不满足要求，或项目实施时才发现报价无法涵盖相应成本的情况。另外，国际工程项目合同及程序相比国内要复杂得多，而国内承包商国际市场通行的工程承包合同（如国际咨询工程师联合会编制的 FIDIC 合同）条件不甚熟悉，加上缺乏国际工程管理的经验，对合同的法律风险缺乏必要的把握和控制，导致在项目中失利。

国际工程承包项目面临的问题非常复杂，中国承包商需要综合评估项目涉及的各方面风险，包括当地政局及市场风险、业主资信风险，认真严格地审查招标文件，重点关注不同的承包模式及业主提供的项目合同的结构和条件，建立一套完整的国际工程承包项目的风险管控体系。

第三章　境外投资的常见问题与风险

中国企业跨出国门，进行境外投资尚处于初级阶段，对国外政治、经济、文化、法律制度和经营策略等方面仍缺乏足够了解，对如何构建投资结构、进行跨境并购和成功运作投资项目尚缺乏经验。中国企业在走向世界的过程中，机遇与挑战并存，中国企业要充分认识到可能面临的各种问题与风险。

近年来中国企业进行大型境外投资项目很多是通过兼并收购形式的资源开发项目，这些投资项目结构复杂，通常还需要进行跨境融资，对中国企业的管理层操纵和掌控跨境交易、跨国经营的能力提出了很高的要求。

第一节　中国企业境外投资面临的挑战和风险

中国企业进行境外投资所面临的问题和风险贯穿于项目前期调研、项目投标、谈判、签约、交割及收购后经营的各个阶段。他国迥异的文化、政治、经济体制、法律环境等都向投资者提出了重大的挑战。没有对项目情况进行深入的了解而盲目做出的投资决定往往会招致巨大的损失。那么，中国企业在“走出去”时都会遇到哪些风险呢？

一、语言、文化、经营理念的差异使交易双方难以有效沟通

中国企业在“走出去”时首先遇到的问题就是文化的冲击。每一个国家都有自己的文化传统和思维、行为方式，即使同是西方国家也有很大差异。进行境外并购的中国企业如果对该国的文化没有充分了解，来到国外后往往会感到无所适

从。因此,中国企业境外投资的首要任务是了解其文化、思维方式和行为方式。如果投资者不能保证有效的沟通,其投资之路就会步步维艰,在投资的各个阶段都可能因此而受挫甚至导致投资项目失败。

有效的沟通要求投资者注意不同层面的沟通:一是与交易对方的有效沟通,例如出售方、目标公司或合作伙伴的董事会或项目团队,以充分了解对方交易的动因、目的、主要交易条件、时间表等,以便及时准确决策;二是与项目中的其他利益相关方以及各方中介机构之间的沟通,例如政府机构、商会、工会、合作伙伴等,以便从各种渠道尽可能地获取全面信息。忽略任何一项都可能是无益于项目甚至是危险的。

一项并购交易从开始策划到完成交割,尤其是具有招标性质的交易,往往有时间上的限制,要求投资方能在较短的时间内提出投资方案、签署交易文件以及完成交割。中国投资企业的决策层能否及时准确地了解全面的情况、及时决策对成功与否有重大影响。

在并购交易中,要对繁杂的目标公司资料及交易文件进行分析,以全面了解项目情况,否则很可能出现误解或造成决策失误。因此,项目初期的可行性研究和尽职调查至关重要。从项目伊始,企业就需要有一支在境外投资方面经验丰富的团队及中介机构及时对项目的各种信息进行分析并及时与决策层沟通并提供建议,使得决策层能在对项目有全面和准确了解的情况下做出投资决定。

在项目招标和谈判阶段,投资人与出售方和目标公司往往无法直接沟通,而是要通过卖方聘请的中介机构进行。由于语言和工作方式及时差、项目的紧迫性、法律体系以及概念等方面的差异,加上沟通必须通过中介机构的周转,使双方容易出现沟通不畅或误解。这就要求中方的团队具有与外国企业与中介机构工作的丰富经验,尽可能减少沟通上的障碍而保证企业对投资交易进程的把握。同时,跨国投资还需要中国企业适应国外的工作方式及提高决策和审批的效率。

有些国家对外国投资企业有特殊的股权比例限制。比如,印度法律规定,在三大矿业(铁矿、废铁矿以及其他非金属矿业)中,外方投资不得超过50%。比如,在马来西亚设立公司,必须经马来西亚公司管理委员会(CCM)注册登记;公司必须至少设有两个董事,公司董事主要或者唯一居住地在马来西亚,公司必须有至少两个股东作为最初的出资人;公司的形式有3种,可以是股份有限公司,可以是有担保的有限责任公司,也可以是无限责任公司。

在收购完成后的运营中更重要的是与目标企业的员工和管理层的沟通。中国企业需要尽可能了解当地的文化,理解其思维和行为方式,并根据其特点调整工作方法，保证及时、有效、通畅的沟通渠道；同时，对由于文化差异和缺乏沟通而可能造成的误解和遗漏有充分的思想准备。事实证明，能否很好地解决本土化问题往往决定着一个项目能否成功运作下去。

二、企业掌控跨境交易及经营的能力不足

中国目前仍属于发展中国家，中国经济与发达的工业化经济存在诸多差异，中国企业的经济实力、产业结构、并购经验以及国际商务经验不足等因素直接限制了企业的跨境并购能力。虽然近年来很多中国企业引进了大量国际化人才，但总体上仍然缺乏既具有跨境交易能力又了解中国企业的管理人才。

跨境并购是一种高风险的投资方式，特别是在金融危机中，被并购企业还未显露的问题随着危机加深可能会成为巨大的陷阱。中国企业在并购的过程中及以后要有足够的心理预期和足够的驾驭能力。但到目前为止，大部分中国企业对于跨境尚嫌稚嫩，还不具备清晰完整的思路以及保证并购成功的经验和能力，这使中国企业面临着比其他国家的投资人更多的挑战。

能否成功地进行并购后的整合是绝大多数境外并购的最大风险之一。完成交割并不意味并购交易的终结，相反是跨境投资和运营的起点。因此，中国企业在并购初期就需要对交易完成后的员工留任、财务支持、管理团队、业务整合等有充分准备和计划，以实现业务一体化，实现协同效应，最终创造价值。一些著名的中国企业海外并购案的失败，究其原因，在于企业掌控国际运作的能力不足。比如 TCL 并购汤姆逊彩电业务，目标是利用汤姆逊的技术增强自己的国际竞争力，成为全球彩电业第一，然而经过业务重组后，TCL 连年巨额亏损。TCL 认识到，收购之后如何整合资源、发挥协同效应，是最终成功的关键所在。

三、投资目标国的政治环境与风险

中国企业“走出去”，还需要对投资目标国当地的政治环境有清醒的认识。在发展中国家，其国内政局变数较多，有时会导致突发性政治事件，对社会稳定产生相当大的负面影响。一些国家货币不稳定，通货膨胀严重，也是中国企业投资、贸易的重大风险所在。此外，地方保护主义、腐败、行政效率低下，基础设施落后，对外国企业经常行政干预，外汇管制等也是需要考虑的问题。很多发展中国家还存在过于僵硬的劳动力市场运作体系、劳动力队伍不稳、劳资纠纷、政策法规不透明、法律执行不力和对外国存在带有歧视性质的投资管理政策等情况。

发达国家拥有相对稳定的政治环境和健全的经济体制，法律体系完备，政府

透明度高,服务业和基础设施发达,但贸易保护主义比较严重,以环保、安全为名的绿色壁垒、技术壁垒可能对中国企业并购带来很多不确定性。发达国家出于国家安全考虑,有时会对外国投资进行政治干预,这会成为投资的潜在障碍。欧美国家对中国企业投资的政治干预还表现在对高新技术转让实行的管制及受限商品的出口,有时也表现在对涉及股权或企业所有权的交易中。例如,美国等西方国家对重要行业(例如,资源、能源、电信和高科技行业等)的跨国并购一直实行严格的管制,并且通过严格的审查程序进行积极有效的行政和法律干预。美国在最近几年阻挠了中国企业在美国的多项收购。例如,备受瞩目的中海油收购尤尼科案,由于美国国家安全审查的重重障碍,致使中海油不得不撤回收购要约。还有最近发生的三一集团在美投资被否案:2012 年 9 月奥巴马总统以涉嫌威胁美国国家安全为由,中止了三一集团在美关联公司位于美国俄勒冈州的风电项目,禁止其在美国俄勒冈州一军事基地附近建设风力发电站,并要求其撤出全部投资,使得三一重工的投资面临重大损失。

另外,澳大利亚、加拿大等国对外国国有企业并购本国企业制定了特别的规定或指引,从国家安全、产业政策及就业保护等角度审查有关交易是否有利于本国。由于中国国有企业在境外投资中占主导地位的现状,如不能有效应对,这些法律和政策可能会对中国境外投资形成重大障碍和风险。

另外,对境外投资者来说,严密的监管制度无疑会给企业的日常运作带来不便并增加运营成本。例如,美国的萨班斯法案、海外反腐败法等,也都通过严格的监管要求增加了境外投资者的运营成本。

四、目标公司或业务的潜在风险

由于买卖双方的信息不对称,即使对目标公司进行尽职调查,收购方也不可能对其资产和运营做到完全了解。为了成功出售资产,出售方及其财务顾问往往尽量包装目标企业,充分展现亮点。但精美包装的背后是否存在问题、风险甚至黑洞?并购方必须尽可能地通过尽职调查以及交易结构及并购协议防范可能存在的风险。

由于并购目标的特殊性,很多问题并非直观可得,如设备精良的工厂可能产权已经设置抵押,先进的技术和知识产权可能存在诸多限制条件,目标公司还可能存在环保和税务的潜在责任等等。2008 年中海油服成功收购挪威 Awilco 公司,然而 2012 年 12 月中海油服发布公告称,挪威子公司收到当地税务主管机关的通知,要求该公司缴纳约 7.8 亿挪威克朗(折合人民币约 8.7 亿元)额外税项及罚款和利息，该项决定尚非最终作出。无论中海油服最终是否要缴纳相关税款，都显示出中国企业“走出去”之路可能充满陷阱，需要对海外收购的所涉及的风险做出充分的调查评估。

无论是采用资产并购还是股权并购，收购方在很大程度上都要承继目标公司原有的风险和债务，而这些风险无疑构成了收购价格的减项。如果不能充分了解目标公司所隐含的风险，就不能对并购目标的价值做出真实判断。

五、投资目标国法律制度和外资政策上的风险

在发展中国家的政策和法律风险表现在政策多变和无法可依，而在发达国家则表现在法律、法规繁琐、多样，处处设防。如果中国企业不熟悉并购目标企业所在国家或地区的法律环境，而又缺乏具有国际经验、通晓两国法律的法律服务机构和人员，那么其并购交易和并购后的运营都会有很大的风险和不可预见性。例如，在并购阶段对当地法律体系没有很好的了解，造成对并购结构设计的失误或交易条件不足以保护投资者利益，从而给并购后的运营带来长远的负面影响。

跨国投资和并购涉及多方面的法律，以下几类关键的法律领域，关于投资并购涉及的境外法律问题在第七章进行详细介绍：

1. 税法及税收协定

各国都有不同的税法及税收体系，中国与89个国家和地区签订有避免双重税收的协议。税务支付、税务行为是否满足当地税务机构的要求，如何合法避税、节省税收成本，是中国企业在海外投资中面临的重要课题之一。很多跨国投资是通过在避税优惠且与投资东道国及目标国均有税收协定的避税地设立控股公司来进行，以达到最优的税收结构。

另外，还要考虑有些国家采取的税收歧视政策。例如，美国的一些州在计算外资所得税时，会通过估算外资企业在该州收入占全球收入的比例，对该企业征收全球收入所得税。如选择了这样的投资地点，将使中国投资者付出巨大的成本代价。同时，美国、加拿大等国家都有严密的税务规则，而中国企业大部分对这些税务规则、信息披露、操作规则、交易规则等不了解，造成无意识地违反规则而得到不良记录，为企业后来的发展带来长远的负面影响。关于跨境交易的税务考虑，在第十章进行详细介绍。

2. 劳工及社会保障法

有关劳动及社会保障是境外投资的重要问题之一。目标公司往往与员工尤其是高管人员签有长期或不定期的劳动合同。在目标公司的控制权发生变化

时,或者在交易完成后需要裁员或重组时,可能会产生数额巨大的员工补偿费用,导致收购成本直接增加。而为了留任目标企业的关键人员,有时需要安排激励机制或支付一定成本,从而使交易的投资回报率与预期产生差异。

在运营阶段,如果中方的管理人员对当地的劳动法和工会制度了解不够,还可能产生劳资纠纷,从而给企业的运营带来困难。在有些国家,目标公司有强大的工会组织会有权利参加用人计划及劳动合同谈判,使人员方面的经营成本发生改变。例如,中国企业在海外并购时,如果职工数量很大,则并购交易可能需要和当地工会组织协商或得到工会的批准,而与工会组织进行谈判的过程往往很敏感,工会组织会代表员工就薪资福利、人员留任、工作环境、厂址搬迁等方面进行谈判,要求投资人做出承诺,从而拖延了项目的进程或对交易产生负面影响。

3. 环境保护法

长期以来,部分中国企业环保意识较为淡漠,而发达国家环保标准较高,环保要求十分严格。在进行并购交易时,需在尽职调查中对目标公司的环保记录及合规性进行核查,以避免潜在风险。对于环保风险高的行业,如化工、矿产资源开发等行业,需要进行专门的环保尽职调查。并购完成后的经营也需遵守当地环保标准,否则容易在所在国家引起环境纠纷或责任,造成损失。

4. 知识产权法

寻求对企业知识产权的保护是境外投资中应当关注的一个重要领域,但也往往容易被忽略。中国企业在境外投资之前就应当对本企业的知识产权保护问题做出长远的规划,并及时采取措施。例如,及时在目标国进行商标和专利的查询和注册,版权的登记等,以避免自己的知识产权被他人抢注或在不知情的情况下,侵犯他人的已被当地法律保护的知识产权。

另外,中国企业进行的很多战略性跨国并购主要是针对目标公司的知识产权,尤其是发明、技术专利、专有技术和知名商标品牌,以帮助中国企业进行技术升级、提高研发能力和拓展国际市场。因此,对于相关知识产权需要在收购初期做好尽职调查,确保这些知识产权的有效性和合法性,并及时发现可能存在的侵权诉讼风险。此外,还要了解清楚这些知识产权是否属于被当地政府限制的范围,是否存在无法进行技术出口的可能。对于专利权属于员工发明人的,还要考虑许可和转让的成本及该员工离任可能造成的潜在成本。

六、财务和融资风险

境外投资和企业并购由于涉及的金额巨大,往往需要通过外部融资来解决资金问题。并购融资安排有时会非常复杂,对融资结构的选择直接关系到并购完成后企业的财务负担及经营控制权的让渡。而目标公司可能存在一些表外融资项目和过于乐观的盈利预测,将使并购方对目标公司的真实资产与负债状况以及未来的现金流量产生错觉。只有合理估计财务风险,才能有效地规避风险。

目标企业的财务报表通常是出售方或目标企业提供的,虽然财务报表要公允反映企业的资产和经营情况,但因会计政策所具有可选择性,使在无形资产评估、盈利预测等重大事项上存在着不同的方法与标准。同时也不能排除人为的隐瞒真相的情况。另外,财务报表只反映了企业在过去某个时间点或某个时期的财务状况、经营成果和现金流量,这使一些重要的或有事项和期后事项被忽略或被刻意隐瞒,如未决诉讼、重大的售后退货、自然损失、对外担保等。很多并购交易当中或之后经常出现财务系统不匹配、投资回报预测假设条件存在缺陷、税收黑洞及有形无形资产的评估定价不科学、不合理等一系列财务风险。

七、汇率风险

一个境外并购项目可能涉及多种货币,例如,目标公司的资产、负债和收入以及收购价款可能会用美元计算,而目标公司的运营开支则可能大部分以当地货币单位计算。另外,中国企业用于收购的贷款可能以人民币或美元借取和偿还,外汇汇率的波动起伏可能导致收购方及目标公司的汇兑损失,从而对其财务状况造成实质性的不利影响。因此,中国企业应就境外投资中的外汇风险作出适当的保值安排。

八、海外欺诈

在跨国投资与并购的过程中,还会有一些国际骗子,利用中国企业对国外情况不了解的弱点,以诱人的利润和条件,诱使中国投资人和企业上钩。海外欺诈在发展中国家尤其显著。为避免这种情况发生,最好的办法就是聘请专业的法律和财务服务中介机构,进行全面尽职调查,从而对风险进行控制。

第二节　风险控制和规避

出于市场和投资战略的考虑,将会有越来越多的中国企业将投资和拓展的目光投向海外。价值和风险是国际并购交易中的两个关键词。交易双方都力图最大限度地实现价值,尽可能地避免风险。虽然境外投资的风险无处不在,但如具有风险防范意识，并通过专业的方法去识别、评估和控制风险，则在很大程度上风险是可以合理规避和管理的。

制定并购战略是海外并购的第一步，也是决定成功与否的关键一步。大量的企业并购失败来自于战略目标不明确或缺少前瞻性，以及在实施过程中对并购战略的偏移。因此，中国企业在做出境外投资决策时，首先需要制定清晰的国际化战略以确定自己的目标。有的企业并购是为了获得境外公司先进的技术和管理经验，有的企业并购是为扩大规模及市场份额，实现协同效应。企业首先要基于自身的情况和全球竞争的格局，确定通过国际化战略将要达到的目标及实施手段。海外投资或并购后如何与国内企业一体化的问题也是在并购阶段就必须要考虑的问题。

投资者在跨出国门前做好充分准备，研究目标国的政治、经济、文化、法律环境，取得对各类投资风险较为全面和清楚的认识，则一些“规范”和“不规范”的“雷区”就可以轻松跳过，许多损失也可以避免。很多国家或司法管辖区都有独特的法律和规定，在境外投资首先要了解“游戏规则”，这不仅对成功完成交易是必要的，也是交易完成后在当地运营和发展企业的必修课。比如，南非著名的黑人经济复兴法案，要求企业从股权、管理结构、员工聘用、社区等各方面考虑黑人的参与并进行评级，有中国企业在南非的投资由于没有充分了解该法规并准备对策遭遇受挫。

除了目标国法律法规的明文规定外，国外的政治环境对中国公司可能存在偏见，特别是中国国有企业的战略性投资行为备受很多国家关注。基本上每个中国企业经历的境外投资项目都会面临这样的问题：“中国企业同政府是什么关系”、“中国政府审批程序的风险和不确定性有多大”等。此类原因导致在一些竞标性质的交易中，中国买家即便提出同等或更优的交易条件，仍可能在竞争中处于不利地位。面对偏见和误会，不满和抱怨于事无补，取而代之的应该是进行适当的公关和沟通，合理利用法律和合同规定，以达到实现目标。

为了解和应对目标企业所隐含的风险，则需要由专业机构对目标公司进行法律、财务、运营、环境等方面的全面和详尽的尽职调查。无论采取的交易结构如何，尽职调查可以说是每个并购交易的必备程序，就好像医生开处方之前进行的检查。想要看清目标企业，就需通过尽职调查，充分了解资产及权属、财务账目的准确性、公司负债、知识产权、环境等方面，并由专业人士对收集到的信息进行分析判断，对涉及风险进行合理评估，在此基础上设计交易结构及交易条件，或采取相关规避风险的方法和运行模式。在一个案例中，一家中国企业希望通过并购一家隶属于跨国集团的公司取得一项关键技术，但是通过尽职调查发现，该项技术的所有权是属于位于跨国集团在瑞士设立的特殊目的公司，而目标公司仅仅拥有非排他性许可。

在尽职调查结果的基础上，并购方应在专业顾问机构的协助下，考虑交易涉及的主要风险，设计能够实现其长期国际战略和近期商业目的交易结构，和对方谈判交易条件，并最终体现在并购交易文件中。跨境并购是一项复杂的系统工程，而交易文件则是实施交易和规范各方权利义务的最重要依据。特别是在成熟市场上，交易文件通常是非常复杂的，并购方需要在法律顾问的协助下，在充分理解的基础上进行决策。并购方不仅要关注收购价格的高低，更要充分认识交易文件所规定的"一揽子"交易条件及其对于风险的影响。如果在交易条件上没有充分保障，看似低廉的价格，甚至可能隐藏着黑洞，这样的交易无疑潜伏着巨大的风险。

再有，就是要准备好并购后的公司治理、管理层及员工的融合及业务整合。收购方通常在完成并购后会改变或完善公司治理结构，组成由原有留任人员、投资方派遣人员，以及招聘的了解当地文化、市场、熟悉企业运作的人才共同组成的管理层，以有效管理和运作并购后的企业，与并购方的其他资源进行整合。并购后的整合建立在三个支柱上：组织、流程和沟通。这需要与当地员工进行很好的沟通，增强彼此的了解，包括对彼此文化、工作方式、性格差异方面的了解，使员工对企业文化产生归属感。同时，通过制定相应的流程以保证运营顺利进行，从而实现并购的协同效应。

在中国企业从事境外投资和并购的过程中，取得法律和财务等专业人士的支持是规避风险的重要措施。尤其是中国企业自身的国际化经验和人才尚缺乏的阶段，依赖具有跨境并购经验的国际化专业机构的帮助是促成交易、减少风险的有效方法。

第三节　投资保护协定

为了保护外商来华投资和中国企业境外投资的合法权益，中国政府一直积极地在平等互利原则基础上与有关国家谈判磋商缔结双边或多边投资协定。自1982年与瑞典签订了第一个投资保护协定后，中国已与欧洲、亚洲、大洋洲、非洲、美洲130多个国家签订了此类协定，同时还在与其他一些国家进行签订或修改投资保护协定的谈判。这些投资保护协定为中国企业进行境外投资提供了基本的保障。但有中国和一些重要的投资贸易国家,例如美国,至今仍未达成投资保护协定。附录二收录了截止到 2012 年 9 月中国与其他国家地区签订的双边投资保护协定清单。

一、概述

投资保护协定是指国家与国家之间签订的为鼓励、促进和保护各自国家的投资者在对方国家进行投资给予保护的协定。投资保护协定的内容主要围绕对外国投资的待遇、外汇收益的汇出、争端的解决、征收和国有化的补偿等。大多数协议是双边政府签订的,也有地区多边自由贸易协议中包含投资保护协议。

很多投资者可能认为,投资保护协定是政府之间的事,与投资者没有直接关系。事实上,投资保护协定给予投资者的很多权利,可以通过国际仲裁方式向未能按照协定内容向其提供保护的投资东道国政府提起赔偿请求,因此与投资者的权益保护直接相关。例如,厄瓜多尔 1999 年授予美国第四大石油公司 Occidental 在亚马逊地区开采石油的权利,该公司投资 15 亿美元于 2003 年建成输油管道,并开始石油生产。后来厄瓜多尔政府由于政治压力提出 Occidental 违约,于 2006 年决定终止与该公司的协议,并将该公司的石油资产交给一家厄瓜多尔国有公司。Occidental 向国际仲裁厅提出起诉。2012 年,国际仲裁庭判决厄瓜多尔向 Occidental 赔偿 18 亿美元及利息。其他国际知名的投资保护协议案例还有,2009 年委内瑞拉政府无偿国有化征收美国及西班牙公司在其境内的油田,后美国 Exterran 公司提起索赔,该案最终和解,由委内瑞拉政府赔偿 4.42 亿美元。2012 年,俄罗斯被判赔偿西班牙 Yukos 公司股东 6000 万美元,以补偿该公司被国有化造成的损失。由此可见,投资保护协定可能成为保护投资者权益的有效工具。

值得一提的是,2012 年 9 月,中国的平安保险公司根据中国和比利时签订的投资保护协定,就其以 18.1 亿欧元收购富通股份并成为单一最大股东之后,由于比利时政府通过换股剥离其在比利时和卢森堡的业务,造成平安的投资造成巨额损失向比利时政府提起 23 亿美元的索赔。目前该案还在审理过程中,结论尚不可知。但作为中国公司提起的投资保护协定第一案,显示中国公司已经开始利用投资保护协议,通过国际仲裁方式维护投资者的利益。

二、投资保护协定的主要内容

如果说并购交易方之间签署的交易文件(如股权或资产转让协议)是为了

规范商业风险,那么投资保护协定则为投资者提供了政治和主权风险的防护手段。即由于投资所在国政府所采取的政府行为对外国投资者在该国的投资进行国有化征收资产、征收歧视性税收或给予与当地企业的不平等待遇,造成外国投资者的损失,外国投资者可以依据投资保护协定所规定的争议解决机制寻求赔偿和保护。因此,中国投资者在境外投资时如果遇到政治和主权风险,应学会利用投资保护协定保护自身利益。

中国与各国签订的投资保护协定内容各不相同,但一般包括投资促进条款、投资待遇条款、征收和国有化条款、损失和损害赔偿条款、外汇转移条款、争议解决条款。具体来说,签有投资保护协定的国家互相承诺,向来自对方国家的投资者提供以下保护:

(1)对外国投资者在本国的资产实行征收或国有化,必须是出于国家公共利益的考虑,必须对外国投资者进行及时及恰当的补偿,并且应当依照一定的法律程序进行;

(2)应当促进外国投资者在其境内投资,根据投资者的合理预期在投资所在国提供公平、合理的待遇,保护投资安全;

(3)提供给外国投资者的待遇不低于向本国投资者提供的待遇;

(4)提供给投资者的待遇应等同于向其他外国投资者提供的最优惠待遇(即最惠国待遇);

(5)承诺遵守与投资者签署的关于投资的任何协议;

(6)保证投资者可将投资股权及合法收益进行自由汇兑和转移,包括汇回本国。

三、投资保护协定的争议解决方式

投资保护协定和投资所在国的国内法及司法体系是相互独立的,即使投资所在国的某项政府行为是符合当地法律的,投资者仍可依据投资保护协定提起仲裁,而仲裁机构将根据相关协定和国际法准则判定该政府行为是否应进行赔偿。

大多数投资保护协定都规定,投资者与东道国就投资产生的争议,应尽可能协商解决,协商未果,可由投资者选择,或向东道国有管辖权的法院提出司法诉讼或申请双方同意的国际仲裁。最常见的仲裁方式是根据联合国国际贸易法委员会仲裁规则(the United Nations Commission on International Trade Law,UNCITRAL)及通过国际投资争议解决中心(the International Centre for Settlement of Investment

Disputes, ICSID）进行仲裁。目前国际上已经发生的投资者与政府之间的仲裁，绝大多数案件通过 ICSID 仲裁。

在过去十年中，涉及投资保护协定的争议案件的数量快速上升。虽然争议涉及的大多数是发展中国家的政府行为，但也有涉及发达国家在金融危机中的采取的国有化行为。由于整体经济实力的提升以及加入 WTO 等积极因素，中国近年来签署的双边投资保护协议及其保护范围都有大幅度提高，这为中国企业的“走出去”战略提供了有效保护手段。中国企业在境外投资过程中，应考虑中国与目标国之间是否存在投资保护协定及该协定的具体内容。通过投资保护协定的条款，能够更好地以法律方式解决与东道国之间的争议，如果在东道国遭遇无理查抄、征收、不合理税收等不公平待遇，可以利用投资保护协定这个有力工具维护自身的合法权益。

第四章　跨境并购的交易流程

根据交易标的性质的不同，跨境并购方式可以分为资产并购和股权并购。就股权并购而言，按照目标公司的性质又可分为并购上市公司和并购非上市公司。并购非上市公司，根据交易采用的程序可以分为以谈判方式进行的交易和以竞标方式进行交易；并购上市公司，按照目标公司对交易的态度又可分为敌意收购和善意收购。采用不同的标准还可能有很多其他的方法对跨境并购交易进行分类。这些具体的并购方式在交易结构、流程和法律文件上存在巨大差别，但它们也具有一定共通之处。

不论交易结构如何，跨境并购往往是一个复杂的系统工程，同时又有着很强的程序性和时间性。每一个交易都会同时涉及众多的工作板块，如并购交易谈判、融资安排、政府审批、媒体公关等。这些工作板块在交易的每个阶段都有自己的任务和特点，又互相交错和环环相扣。在一个工作板块中出现的问题可能会产生连锁反应，并导致整个交易陷入困境。例如，如果进行交易所需资金的融资没有及时安排到位，则可能无法按期进行投标或在证券交易市场上发起要约收购；如果没有及时取得所需政府部门对交易的审批，则无法完成交割，甚至产生违约的后果。

中国企业作为收购方，只有充分了解并购交易所需各项工作的顺序、内容和相互关系，才能顺利完成交易不同阶段的任务和目标。只有熟悉跨境并购的流程，掌握操控交易流程和节奏的能力，快速决策及应对，才能把握住稍纵即逝的商业机会，在跨境并购中赢得胜券。

第一节　并购非上市公司的流程

就交易数量而言，大多数的跨境并购目标是非上市公司。特别是在买卖双方有过合作关系的情形下，双方往往通过一对一的谈判达成交易。这种通过谈判方式进行的交易，交易结构和程序主要依赖双方之间的谈判和协议来界定。相对于采取竞标方式的交易而言，往往具有更大的灵活性，更为收购方所青睐。

虽然各个交易的过程可能千差万别，一般而言，通过谈判方式进行的并购可以大致归纳为下图所示的主要步骤：

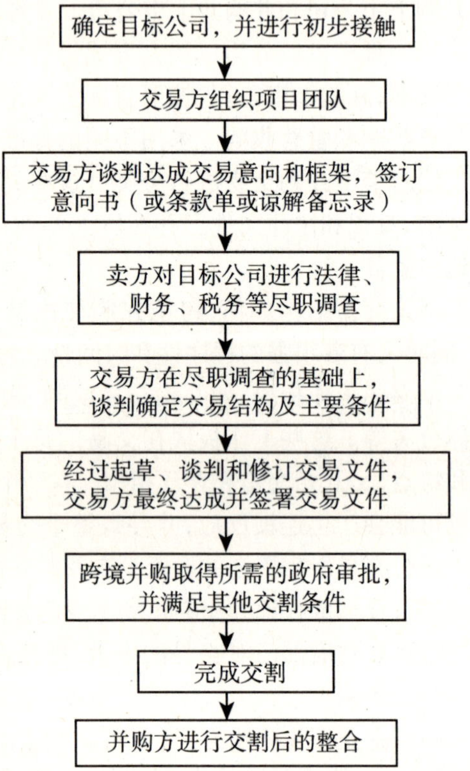

具体来说，每个步骤涉及的工作以及需要注意的问题如下：

一、确定并购目标及与交易对方进行初步接触

在企业发展壮大的过程中，通过并购可以快速获得资源、客户、产品、品牌、技术、分销渠道、管理流程和市场知识，跨国并购更能为企业的全球化拓展获得

更多的发展机会。成功进行跨国并购的企业通常在行动之前对并购的战略前景、中短期目标有着明确的定位,在此基础上选择并锁定目标公司,并在实施交易过程中贯彻战略目标。

中国企业可以通过多种渠道了解到潜在的并购目标。有的并购目标是中国企业的合作伙伴或竞争对手,双方有着一定的互相了解;有的目标则是由投资银行或中介机构向企业推荐。在确定潜在的并购目标后,中国企业通常会与交易对方进行初步接触,以便更为全面地了解目标公司的情况,包括运营情况、商业计划、企业文化的融合性、发展前景、未来需股东投入的资金等,并就是否存在交易意向和可能的交易条件与目标公司进行最初的接洽。

对于并购目标的选定,中国企业应当结合自身的发展战略需求、财务及管理能力等多方面因素综合考虑评估,分析目标企业的资本结构、经营状况、盈利能力和潜在风险等。收购方通常在财务顾问的帮助下采用恰当的评估方法对目标公司进行初步估值,常见的估值方法包括市盈率或经营利润倍数、折现现金流或可比交易价格等。但需要注意的是,在确定并购目标时,战略或产业投资人通常不只关注交易的购买价格,而且会关注目标企业的战略价值和潜在的协同效应可能创造的价值,同时还需要考虑收购后的整合和运营成本。

二、组织项目团队

对于大型的跨境并购项目而言,由于涉及并购交易、法律、融资、运营、技术等方方面面的内容,因此需要多方面的专家参与团队。进行跨境并购的中国企业需要内部抽调管理、法律、财务、商务和技术人员组成专门的项目团队,集中精力负责并购项目。项目团队需要及时向企业决策层报告交易进展及方案,便于管理层及时做出决策。

除内部团队外,为了成功有效地完成并购交易,企业需要借助专业机构的力量,聘请有经验的中介机构专业人员组成项目团队。特别是对跨境并购缺乏经验的中国企业,往往更需要依赖专业顾问的经验和专长,帮助其顺利完成交易。一个跨境并购团队通常包括财务顾问、律师、会计师和税务顾问;根据交易的具体情况,还可能包括市场咨询顾问、公关顾问、环境评估机构等。借助具有丰富经验的中介机构,可以有效帮助企业把握交易流程,降低交易可能伴随的商业和法律风险,提高项目的成功率。一个有经验、高素质的团队是交易成功的关键。

三、起草、签订投资意向书或谅解备忘录

在确定并购目标并进行初步接触之后,如果交易双方能够就收购意向达成

一致，则通常会正式启动并购交易程序。为了明确表达交易意向，交易双方通常会订立意向书，有时也称为条款单（term sheet）或谅解备忘录。无论具体名称的差异，意向书通常是双方在交易初期正式签署的文件，标志双方就交易的意向和主要条件达成初步共识，是交易程序启动、双方投入实质性人力和物力的起点。

意向书或谅解备忘录的内容一般包括谈判各方法律地位的确立、交易结构、双方已经达成协议的重要商业条款。在此阶段，双方的初步意向通常会包括交易价款（或价格计算方法或价格区间）、融资来源、尽职调查内容、交易前提条件等关键性交易条件。收购方往往会试图在意向书中确立排他性的谈判地位。意向书还会规定双方的保密义务，并购工作的时间表、步骤及各方的责任等。

为了保持后续工作的灵活性，意向书或谅解备忘录往往是不具有法律约束力的，除了保密条款和排他性条款具有法律约束力。意向书还会设有一定的期限，如果双方不能在约定期限内达成交易，则意向书终止作废。

四、目标国法律环境分析

为了在商务谈判和交易过程中占据主动，充分了解交易可能遇到的法律问题，中国企业应当对目标国的法律环境进行详细的评估和分析。境外法律环境与国内差异很大，复杂的交易更会涉及多个国家的法律体系。对于中国企业而言，对可能出现的问题无法仅凭经验预测和判断，只有充分了解游戏规则，才有可能在交易中胜券在握。

在交易初期，中国企业即应在律师的协助下对于相关国家的法律体系、中国与相关国家的双边协议及法律冲突问题、与交易相关的部门法问题等进行调查和了解，并分析对交易以及交易后运营的影响。例如，并购方需要了解在目标国所需进行的投资审查程序、目标国关于公司、劳动、工会、环保等方面的强制性规定等等。充分了解目标国的法律环境，不仅能使企业就交易可能面临的法律问题做好准备，还是成功进行并购后运营和整合目标企业的必修课。

五、进行尽职调查

无论并购交易采取什么形式，尽职调查是了解目标公司真实状况并控制潜在风险的最重要手段。只有对目标公司及相关资产开展全面和详细的尽职调查，做到“知己知彼”，才能保障交易完成及后续商业目的的顺利实现。并购方一般会在交易的初期，组织内部及外部顾问团队对目标公司进行尽职调查。尽职调查的范围取决于不同类型的交易以及目标公司的具体情况，一般分为法律、财务、税务、运营、技术和环保等各个方面。成功的尽职调查能在一定程度上改变并购双方信息不对称的情况，揭示目标公司存在何种风险和问题，以便并购方进行评估和决策，是估值和交易策划的基础。交易结构和很多合同条款往往是根据尽职调查发现的问题而设计的。

就法律尽职调查而言，尽管针对个案的尽职调查内容和侧重点各不同，但是一般涵盖如下内容：目标公司的合法性、股权及公司组织结构、公司治理、经营业务所需资质、重大资产的权属、劳动用工、重大合同、诉讼仲裁、知识产权等各方面。此外，对于某些特定行业及特定背景的目标公司，还需要有针对性地制定具体的尽职调查计划。尽职调查的主要步骤一般包括：

（1）收购方的顾问针对目标公司情况出具尽职调查文件清单，列明所需审阅的文件、信息以及所需了解的具体情况，要求目标企业或交易对方予以准备。

（2）目标公司根据收购方的要求准备数据库，数据库通常是网上的，买方及顾问机构可以授权访问，对于一些敏感信息则可能安排实地数据库。值得注意的是，尽职调查的质量在很大程度上取于目标公司提供的信息来源，如果信息渠道是有很大局限性的，就决定了尽职调查结果是有局限的。所以尽职调查以及开放信息的范围经常是双方的争论点。

（3）目标公司还通常会安排买方进行实地考察，并由管理层对企业情况进行现场介绍，对买方及顾问在尽职调查中提出的问题进行书面或口头答复。在资源类项目中，尽职调查还包括资源储量的调查与评价。

（4）买方还可能通过独立调查向当地有关政府部门验证有关许可、不动产所有权、知识产权等重要文件的效力。

一份高质量的尽职调查报告不仅应当含有对目标公司或资产相关内容的描述，还应对在调查过程中发现的问题进行分析和评估，并针对发现的问题揭示风险并提出解决方案。在并购交易中，收购方对目标公司的了解主要来源于尽职调查，收购方的交易结构、定价以及交易谈判、决策的重要依据都是尽职调查中得出的结论。因此，不论交易结构如何，尽职调查可以说并购交易的基础所在。

由于尽职调查缺位而造成并购失利的案例也比比皆是。例如，2011 年庞大集团浙江青年莲花汽车有限公司计划共同斥资 1 亿欧元收购萨博汽车，由于急切希望抓住交易机会，没有经过深入尽职调查即与对方签署合作备忘录，并向萨博支付了 4500 万欧元的购车预付款。后来由于萨博公司财务状况恶化而提出破产申请，庞大集团只能向破产管理人申报债权，先期投入可能血本无归。

六、设计、评估跨境并购的交易结构

根据尽职调查的结果，并购方可以评估分析交易所涉及的主要风险以及应对措施。不同的交易结构在交易程序、债务和风险的承担、法律要求等各方面存在差别，适用于不同并购具体情况。并购方应当在尽职调查的基础上设计并评估安全有效的交易结构，以达到避免或减轻风险、促成交易的目的。

并购方通常在中介机构的协助下，考虑中国和目标国法律的要求，对于交易面临的风险问题通过设计交易结构提出具体的对策。例如，是考虑采用股权并购还是资产并购的方式，在投资国设立实体的法律形式，收购权益的比例或资产的范围，交易完成后的公司治理结构等，都是在设计交易架构时考虑的因素。交易架构设计时还应特别考虑税务因素，达到最优税务结果，很多境外交易的结构是以税务为主导因素的。

在一个案例中，收购方通过尽职调查发现目标公司存在和历史上的重组活动相关的重大税务风险，而根据当地法律，如果目标公司以资产出资的方式设立一家新公司，并要求税务机构出具一份裁决，对历史税务问题作为裁定，则能隔离新公司和老公司的税务责任。在另一个案例中，目标公司的集团业务包括部分和军工相关的业务，而军工业务的并购对取得当地政府审批时可能造成障碍，所以收购方提出在当地设立一家全资子公司，由该公司购买目标公司的非军工业务，而将军工业务保留在目标公司。这是典型的通过资产交易方式实现并购目标的例子。

七、交易谈判

在所有的跨境并购过程中，收购方都需要与交易对方（即出售方）、目标公司以及其他的利益相关方进行一系列的谈判。根据目标公司情况以及交易结构，其他利益相关方可能包括股东、债权人、管理层、工会或者目标国政府等。所有的重要商务和法律问题都需在谈判中予以确定。交易谈判大多是通过双方的财务或法律顾问进行，但重大商务问题往往需要双方高管甚至最高决策者直接进行磋商对话。

在交易谈判过程中，并购价格的确定无疑是最为重要的谈判内容。但交易谈判的范围会远远广于价格谈判，原因是脱离交易条件而抽象讨论价格是没有意义的。在并购目标公司股权的情况下，从交易结构、估值、时间表到并购合同的所有主要条款，例如交割条件、承诺和保证的范围、交割后的赔偿义务、双方的权利义务等均是双方谈判的内容。

毋庸置疑，一个商业谈判的高手在并购交易中往往能获得最大利益。对于中国企业的高管而言，首先应充分了解谈判所涉及的焦点问题，特别是并购所涉及的法律、财务和税务等具有复杂性的专业问题，只有完全了解其背景、争议点及影响，才能做到知己知彼。然后应制定一整套谈判策略，包括制定谈判方案和底线，预测和评估对方的反馈，掌握谈判的节奏。在谈判中往往很难实现所有诉求，这就需要对涉及问题的风险和后果进行充分评估，在必要时抓大放小，以便在控制风险的同时并达到主要商业目标。

在跨境并购交易中，谈判的对手可能涉及多个利益相关方，交易的成功需要充分关注和每个利益相关方的谈判。例如，2011 年中国企业试图收购萨博，但最后由于通用汽车的阻挠折戟。中国企业在这次收购中的教训就是，过于注重股东、当地政府和工会的利益，而忽略了作为利益相关者的通用汽车的立场。虽然通用汽车不再享有萨博的所有权，但其对萨博的知识产权和零部件仍拥有控制力，通用汽车顾虑并购未来对其在中国区的业务可能产生的竞争，对交易持否定态度，最终导致了交易失败。而在另一个交易中，2012 年潍柴动力收购德国凯傲集团及其旗下林德液压业务，则充分考虑林德液压的产品将近一半销售给凯傲集团，因此采用交叉持股方式，使得双方利益相互关联。在这个交易中，林德液压业务剥离时得到所有管理层和员工 100% 的支持，显示出利益相关方对该交易的充分认可，这在德国同类并购交易中也是罕见的。

八、交易法律文件的起草、修订和签署

跨境并购的实施最终都要通过交易法律文件来实现。交易文件根据交易结构的不同在形式和内容上都有很大差别。最常见的并购交易文件包括：股份转让或认购协议、资产转让协议、股东协议、公司章程等，以及其他相关附属协议。交易通常还会有一些阶段性法律文件，如框架协议等。关于这些交易法律文件的具体内容在第五章中详述。归根结底，所有达成的交易条件和双方的权利和义务最终都由交易法律文件来界定，并作为实施的依据。因此，交易法律文件的起草、修订和签署对于并购交易是至关重要的。一些中国企业在国内可能不重视法律文件或协议文件，在境外并购中必须充分关注和重视。

交易法律文件通常由律师根据双方已经达成的交易结构和条件起草，通过双方谈判进行反复修改，最终定稿签署。交易双方常常会争夺交易法律文件的起草权，因为起草协议的一方当然会在条款中更多考虑该方的利益。由于在并

购中往往买方占据优势地位,所以买方常常会作为交易文件的起草方(但在竞标交易中往往卖方会起草文件)。一些中国企业由于对并购交易缺乏经验,不了解交易文件起草对整个交易的重要性,往往轻易放弃了起草文件的权利。当然,如果由于各方面原因确定由卖方执笔起草法律文件,则需作为中国企业的收购方需要仔细审阅合同初稿,确认合同条款是否准确反应双方达成的商业共识,评估我方可能面临的风险和责任,以及我方利益是否能得到有效保护,并对合同提出相应的修改意见。

由于中国企业进行境外投资还需要进行一系列的境内审批,在谈判交易文件时还需考虑中国关于境外投资以及外汇管理等方面的监管要求,确保交易文件与这些监管要求相匹配。

并购交易法律文件通常是非常复杂的,涉及很多与并购相关的惯例、概念和专业术语,非专业人员一般不易读懂。由于目标公司位于境外,大部分交易文件很可能要适用外国法,并涉及不同司法管辖区域的法律冲突问题,需要境内外律师对于交易文件的审阅并提出意见。但交易文件最终反映的是双方达成的交易条件,特别是风险和责任在交易双方之间如何划分。因此,修改和谈判交易文件并不仅仅是律师的工作,还需要企业的并购团队的紧密参与和投入。

九、跨境并购的审批

对于中国企业而言,跨境并购需要完成一系列的中国政府审批程序。首先,境外投资项目需要国家发展和改革委员会进行项目核准或备案,然后,需要在商务部进行境外投资开办企业的核准,并且由国家外汇管理局办理外汇登记证。如果投资主体为国有企业,还会需要国有资产监督管理委员会的批准;而上市公司进行并购的,还要符合证券监督管理委员会的监管要求。关于中国政府审批的要求和程序,具体见第六章的介绍。

获得所有的政府审批不仅是最终完成交割的前提条件,而且审批进展往往和交易步骤是紧密相关的。因此,必须根据整个交易的进程进行规划和实施,才能确保和交易的总体时间表相匹配。在中国企业作为收购方的交易中,中国政府审批程序也往往是目标公司或出售方关注的焦点,需要与目标公司或出售方进行及时沟通,避免由于出售方的顾虑或由于没有及时完成审批步骤而对交易造成负面影响。

此外,根据并购目标所在国的法律要求,交易可能会需要目标国政府的相关批准,例如外资审查或国家安全审查(详见第七章第二节)、反垄断审查(详见第七章第三节）。如果交易涉及特殊产品进出口等问题，还需要办理进出口许可证、最终用户证明、运输安全、海关手续等一系列相关手续。

十、项目交割

如前所述，交易法律文件通常会规定一系列的项目交割条件，只有在这些条件完成后才会进行交割。常见的交割条件除前述的境内外政府审批之外，还包括股东会（或董事会）的批准、完成董事变更、目标公司没有发生重大不利变化、没有发生违约事件等。在签约后，交易双方均有义务促成交割条件的完成。交割前，双方要核对交割条件完成情况，包括有关政府批准文件的取得，在所有前提条件均满足的情况下进行交割。

对于股权交易，交易双方会在交割时进行股权的转让过户，买方支付全额或约定比例的交易对价。通常双方会签署交割备忘录确认交割已经发生，标志着并购交易的完成。交易文件中通常还会规定交割后一些义务，例如提供向目标公司提供后续支持服务，或承担不竞争义务等，由相关交易方继续履行。

除交割所包含的直接步骤之外，在交割时还要充分准备其他一些相关事项，例如交割后的对外披露或新闻发布，通知目标企业客户及供应商、向员工或工会公布交割情况等。

十一、交割后的整合

交割是并购交易顺利完成的标志。但对于成为目标公司新主人的中国企业来说，交割还仅仅是对外投资的第一步。只有成功完成并购后的整合、实现发展战略并创造价值，才能实现中国企业并购的最终目标。由于和目标公司在商业理念、企业文化、经营方式等方面存在差异，中国企业往往需要花费更多的时间和精力进行并购后的整合。交割后的整合计划包括对企业资产进行重新组织，有效进行财务和业务上的重组，根据业务需求保留或调整目标公司的管理层，在保留企业基本价值体系的基础上进行提升，并实现协同效应。

虽然整合工作在交割完成后才能进行，但并购方需要早在交易策划和谈判时就提前进行计划和准备，才能为后续整合工作奠定基础。例如，过渡期的安排（卖方在交割后提供目标公司所需的过渡期服务）、管理层和关键员工的留任、卖方承诺不竞争义务以及公司治理结构等，这些都是交易的重要条件，应该作为和交易方谈判的重要内容，并在交易文件中事先约定。

另外，目标公司在交割后管理层的人选和管理层激励机制也是需要提前考虑的重要问题。无论是留用原有管理层,还是由并购方选派新人,都需要提前进行安排,以确保在交割后公司能平稳快速过渡。特别要考虑高管人员的原有合同和激励计划,在一些发达国家如德国、法国等欧洲国家,解聘高管通常会产生很高的成本,如果不能达成一致,甚至会引发法律纠纷。

中国企业不乏由于并购后整合不力致使巨额投资付之东流的教训。例如,TCL重组汤姆逊彩电业务、上汽收购韩国双龙,最终均以失败告终。这些案例不仅显示出双方理念和文化的差异,更体现出中国企业对跨国运营战略和管理经验不足。如果在进行海外并购之前,没有就如何进行运营管理和整合做好充分准备,即便赢得了交易的第一步,也难以取得对外投资的战略目标。

第二节　竞标收购非上市公司

一、竞标收购交易的特点

在国际并购市场上,为了实现价值最大化,出售方经常通过组织竞标的方式出售目标公司或资产。一般出售方会聘请投资银行担任卖方财务顾问,在全球范围召集潜在买家,然后组织竞争性投标。竞标过程通常由卖方顾问主导,相比较通过谈判方式进行交易而言,时间性和程序性更强,买家需要熟悉竞标流程,在规定的时间内投标、谈判和决策,否则会在竞标过程中被淘汰。

通过竞标方式进行的并购,基本步骤与通过谈判方式进行的并购并没有实质差异,同样包括尽职调查、估值、交易文件谈判和签署、政府审批,以及项目交割等实施交易的主要阶段和步骤。但竞标交易的程序由卖方主导和控制,竞标规则和主要时间节点由卖方决定,对收购方而言缺少主动性和灵活性。特别是如果存在多个竞争性买家,更会在不同程度上限制投标方的谈判和议价能力。

二、竞标交易的主要流程

以竞标方式进行的并购程序通常由卖方顾问根据目标公司及市场情况确定,并由其主导。一个典型的竞标程序往往包括以下主要步骤:

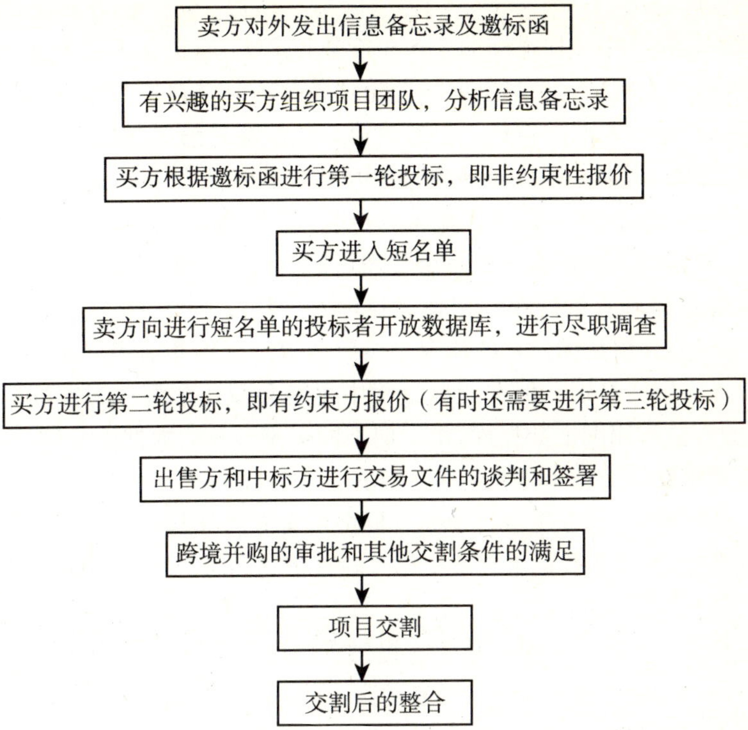

三、竞标交易过程中需注意的问题

首先，卖方财务顾问会在全球范围内邀请潜在买家参与竞标。对于目标公司有兴趣的投标人会被要求签署保密协议。然后，卖方财务顾问会向潜在买家提供目标公司的基本情况，通常以信息备忘录的方式，包括标的公司的组织架构、基本业务和产品情况、财务状况，有的还包括未来业务计划。卖方会同时告知竞标规定及投标时限，并要求潜在买方在规定时间内提供非约束性报价。

有兴趣的买方会分析信息备忘录所包含的情况，对目标公司进行初步估值分析，并在此基础上报价。由于第一份报价是不具备法律约束力的，在后续报价及谈判中还有机会调整，为了能进行下一轮报价并得到尽职调查的机会，收购方没有必要在第一轮报价中把价格压得过低，以免被认为与卖方期望价格差距太大。当然，第一轮报价对后续价格谈判会产生一定程度的影响，因此报价仍应在收购方认为的合理区间。在无约束力报价函中，买方一般会为报价设立一系列假设条件及前提，比如信息备忘录中的财务数据的真实准确性等。这样的话，如果在尽职调查中发现问题或卖方前期未披露的影响价格因素，则可作为后续价格调整的依据。

在第一轮报价中参加投标的公司可能数目庞大,但这并不能真实反映交易的竞争状况,因为在国际市场上有一批随时寻找机会“捞底”的投资基金或财务投资人会广泛地参与此类投标。但经过第一轮投标的筛选,只有出价在卖方认为可考虑区间的买家会进入短名单,成为“优先投标人”(preferred bidder)。卖方随后会允许进入短名单的潜在买家开始进行尽职调查。这样安排的目的是避免向更多公司开放数据库,并更易于管理尽职调查的过程。卖方财务顾问通常已经准备好尽职调查数据库,向“优先投标人”及其顾问开放,并安排管理层陈述,向潜在买方介绍目标公司的情况。尽职调查的过程和前述以谈判方式进行的交易并无实质性差别。但在竞标过程中可能会有几个潜在买家同时进行调查,所以通常会采用网上数据库,由于向不同买家开放的数据库是同样的,所以如果买方要求提供信息有可能会存在难度。

除尽职调查外,卖方还会向投标人提供由卖方律师起草的股权收购协议等交易文件模板,并要求投标人在提交第二轮报价的同时,提出对股权收购协议等交易文件的修改意见。这是为了全面了解投标人能接受的交易条件,包括价格及非价格因素。投标人一般还被要求提供资信证明文件,以表明其具有完成交易的财务能力。由于这一轮报价是有约束力的,卖方接受后即会成交,因此报价要充分考虑尽职调查结果、估值模型以及潜在竞争对手等综合因素。值得强调的是,通常价格并不是卖方考虑的唯一因素,卖方会综合考虑交易条件、成交时间、交易的确定性等多方面因素。

收到有约束力的投标后,卖方会确定一个中标方,或同时与最后的两到三个潜在中标方同时进行谈判。如果卖方没有征集到令其满意的报价,也可能再组织第三轮投标或重新组织投标。如果进入最后一轮谈判,买卖双方会根据买方在有约束力的报价中附带的对交易合同修改意见为谈判基础,新的修改意见则不被接受。由于交易流程的竞争性因素和时间性,买方的谈判能力会受到不同程度的限制。如果可能,买方应尽量争取得到一定时间的排他性或一定程度的优先性。

第三节 跨境并购上市公司

一、并购上市公司的特点

简单地说,并购上市公司是指在证券市场通过协议、要约或者通过法律允许的其他方式收购上市公司的股票,从而取得上市公司的控制权。与并购非公众公司相比,各国证券监督管理机构会根据证券法及交易规则对并购上市公司进行监管,其原因在于上市公司的股东众多,需要保护公众股东的权利和利益。因而,并购上市公司往往更复杂,受到严格限制和监管,同时也伴随着更高的法律风险。

收购上市公司受到证券法、公司法、上市规则、并购规则等多重法律法规的管辖,在交易方式、时间、交易条件、信息披露、法律责任等方面有诸多严格的限制和规定,并购方需要严格遵守。和涉及非公众公司的并购相比,收购方面临着更多限制,自主性和灵活性更小,而法律风险远远增加。

进行上市公司的并购,收购方不仅需要投入大量的内部资源,而且通常需要一个庞大的专业机构顾问团队进行交易的策划和执行。一个通常的交易团队包括,法律顾问、财务顾问、会计顾问、税务顾问、公关顾问等。交易本身也往往有众多参与方,包括收购方、目标公司、目标公司的董事会、目标公司的股东(包括主要股东以及公众股东)、其他竞购人、融资方,还会涉及证券或并购监管机构、交易所以及其他监管机构(例如外资审查部门及反垄断审查部门)。

由于收购上市公司的复杂性,中国企业参与的境外上市公司并购案较少。2008 年 8 月,中海油服通过公司在挪威设立的子公司以自愿现金要约收购的方式收购注册地为挪威的从事海洋石油钻井业务的 Awilco Offshore ASA (AWO),该公司股票在挪威奥斯陆交易所上市。该交易得到目标公司董事会的推荐。要约期满时,98.8% 的股份接受了要约,在要约收购结束后,中海油服又对 AWO 公司剩余股份进行强制收购,强制收购完成后,中海油服取得 AWO 公司所有股份的所有权,并最终实现了公司退市,是中国公司以要约方式完成对上市公司上收购的成功案例。

二、并购上市公司的准备工作

并购上市公司的程序根据上市所在地的法规要求以及交易方式的选择有显著区别,很难统一而论。但由于收购上市公司的复杂性及面临的严格监管,通常需要进行周密的计划和提前进行各项准备工作。

1. 和目标公司的接触

获得目标公司或其主要股东的支持,会对交易产生多方面的积极影响。因此收购方往往试图在采取收购行动前和目标公司或其主要股东进行商谈。但是,和目标公司接触的时间和方式均需谨慎考虑,特别在正式宣布收购行动前进行接触，有可能触发目标公司管理层的披露义务，从而引发目标公司的股价上涨。因此，在正式采取收购行动之前，收购方应在严格控制的范围内，并在保密的基础上有限度地和目标公司接触。

2. 先期购买股份(stakebuilding)

在正式宣布收购行动之前，收购方经常在市场上或以大宗交易方式购买目标公司的一定股票，这种做法被称为“取得立足点”(toehold)。这种做法的好处是先取得一定股份，以便在下一步的收购行动中处于有利地位。而且由于先期购买的价格较低，往往能降低收购成本。如果最终收购行为由于竞购者出价更高导致失利，那么先期购买的股份中获利。

在正式采取收购行动前购买股份有一系列的注意事项。首先，各国交易规则均要求收购上市公司股份超过一定比例后进行公告，例如美国要求收购上市公司超过5%的股票要求应当披露，加拿大则要求收购达10%时应当披露。其次，根据相关证券法及交易规则，收购方先期收购的价格可能会影响未来要约收购的价格，例如，澳大利亚的并购规则要求，收购方发出要约的最低价为在发出要约前4个月内购买目标公司股票的任何价格，因此，在购买股份时需格外注意对将来收购的影响。

另外，收购方需注意是否掌握关于目标公司的“内部信息”，如购买会否导致内幕交易。所以这种先期收购需要提前策划，并在进行任何涉及非公开信息的尽职调查之前进行，同时要有严格的内部控制和保密措施。例如，2005年中石油拟收购加拿大PK公司中，在发布并购公告之前，中石油加拿大子公司通过下属的壳公司在市场上购进PK公司股票，后来售出后获利。加拿大证券委员会对该交易进行内幕交易的调查，PK公司股东对中石油加拿大公司提起集团诉讼，该案最终以和解形式结案。

3. 尽职调查

和收购非公众公司一样，进行尽职调查也是收购上市公司时了解目标公司、进行风险防范的重要步骤。由于上市公司本身必须满足信息披露要求，对上市公司的尽职调查通常可能从公共领域可获得的信息开始，这些信息一般包括上市公司的资本结构、主要股东、公司章程、招股说明书、年报、其他报告及公司重大事项公告等。

但除此之外，收购方通常还希望得到目标公司的非公开信息，以便更全面了解目标公司。在此种情况下，尽职调查需要得到目标公司管理层的配合。因而在敌意收购中收购方无法开展尽职调查。即使在友好的交易中，目标公司的管理会也尽量限制调查的时间和范围，并要求收购方签署保密协议。此类保密协议通常会包含“静止条款”（Standstill），即未经目标公司同意，收购方不得在市场上购买目标公司的股份。需要注意的是，一旦开始尽职调查，收购方可能会得到关于目标公司的保密信息，从而限制其购买股票的能力，否则构成“内幕交易”。

4. 信息披露

收购上市公司一个重要特点是必须遵守严格的信息披露要求，通常对披露义务、时间、内容和格式都有严格和具体的要求。如果收购方本身是也一家上市公司，则还需满足收购上市所在地信息披露的要求，这时需要协调在不同国家或市场所进行的信息发布，包括要考虑时差的影响，以满足不同披露规则的要求。

除主动进行信息披露外，在交易过程中还有可能发生信息泄露的情形，并导致目标公司股价的非正常波动。因此收购方需要事先准备预案，一旦发生这些情况如何进行披露以及采取应对措施。

三、交易结构及策划

1. 敌意收购和善意收购

广泛来说，收购上市公司可以划分为善意收购和敌意收购。这种区分是由于法律要求目标公司董事会必须就收购行为向股东发表意见所引起的，并非如字面含义那样以收购行动的主观意图或目的来区分。所谓敌意收购，是指没有得到目标公司董事会支持或推荐的交易；反之，善意收购则事先经过和目标公司董事会的谈判，并得到其支持和推荐。

敌意收购由于没有目标公司的配合，无法进行真正的尽职调查。而且目标公司可能采取各种反收购的防御行动，使交易具有更大的不确定性或更高的成本。因此，在大多数市场上，善意收购更为普遍，成功率更高，而恶意收购难度要大得多。但也有一些交易以敌意收购的方式发起，但最终经过与目标公司的谈判并取得其对交易的支持。2012 年 10 月 23 日，鸿商产业控股集团正式向澳大利亚证券交易所以及非洲博茨瓦纳证券交易所上市公司 Discovery Metals Ltd.（DML）发出全面收购要约，拟以 8.24 亿澳元（约合 8.5 亿美元）的总对价收购 DML，为中国公司目前为止发起的为数不多的敌意收购交易之一。由于 DML 随后发布公告，宣布其资源量比原先预计有大幅下降，最终鸿商产业放弃了该项要约。

2. 要约收购

不同国家的证券法通常规定有不同的收购方式，通常比较常见的为要约收购(tender offer)、公司合并(statutory merger)等方式。

要约收购是指收购方向目标公司的股东发出要约,提出按照一定的现金价格或以股票等其他对价方式收购目标公司的股票。很多国家的法律都规定,如果收购方购买超过一定比例(加拿大、澳大利亚和英国等规定为20%,德国规定为30%)的股份,必须向全体股东发出要约,即强制要约。

要约收购是各国资本市场普通认可的并购上市公司的最主要方式,也是最直接的一种收购方式。通常证券法和交易规则对要约收购的程序、时间期限、条件和价格上都有详细和严格的规定,而且一般要求收购方向监管机关报送要约或经过监管机构的事先批准。例如,美国法律规定,收购要约应当持续"开放"至少20个工作日,如果在要约期结束前实质性修改要约条件,还需延长要约期限,对同类别股票的收购价格必须一样。

收购方发出的要约一般会设置一定条件,只在这些条件完成的情况下收购方才会实施要约,以此作为对自身的保护。最常见的要约条件包括接受要约的股东比例达到一定比例(通常为实现控制权或者强制小股东退出的最低比例),以及交易取得相关政府部门的批准。由于设条件的要约所带来的不确定性,出于保护公众股东的目的,各国证券法都对要约条件的设置具有严格规定,例如,加拿大规定要约不允许以筹措资金为条件,即发出要约前投资人必须已经筹措到的收购所需的资金。

要约收购的对价可以是现金或者股票(或二者组合)。如果以公司股票作为对价,而作为对价的收购方股票不在交易所在国的股票交易所上市,通常会有更复杂的要求。例如,美国要求作为要约对价的股票必须根据美国证券法进行注册,因而会使要约程序更加复杂和耗时。对中国买家来说,进行现金收购往往是更现实可行和快捷的选择。

3. 其他收购方式

公司合并(Statutory merger)指的是经过收购方和目标公司的股东大会表决,将两个公司的资产和业务合并,目标公司的股东取得合并后公司的股票或者现金作为对价。收购方通常会设立一个100%的子公司完成合并,所以也常常称作"三角并购"。由于公司合并需要得到大多股东投票表决,需要得到目标公司的配合,因此完成合并程序可能会需要更长时间。在要约方式下,股东愿意出售股份的比例不确定,而且往往需要通过再次强制收购才能完成收购目标公司的全部股份;与要约方式相比,公司合并对交易方案则具有更大的确定性和可控性,即一旦合并方案获得批准,即可按方案执行。

在多数英联邦国家，如加拿大、澳大利亚、英属维尔京群岛等，还允许通过协议安排（Plan of Arrangement）的方式完成对目标公司的收购。该种收购方式主要通过收购方与目标公司或主要股东谈判并制定收购方案，经过特别股东会议和法院批准后取得目标公司100%股份。该收购方式在交易结构的设计上具有更大的灵活性，可以采取不同的对价方式或重组措施。但交易的实施要以目标公司为主导而进行，因此，需要获得目标公司董事会或主要股东的支持。最终交易方案还需要提交法院审查，在得到法院批准后执行。

4. 强制性收购小股东

很多国家的公司法规定，如果一个公司的控股股东拥有超过一定比例的股份，则控股股东可以强制收购剩余的少数股东手中的股份，从而取得目标公司100%的股份，将其从证券交易所摘牌退市。这种收购也被形象进行地称为"挤出"（squeeze out）。大多数国家规定进行强制收购的比例为90%，也有的国家规定更高的比例，如德国规定为95%。

强制收购给已经通过要约方式取得了目标公司大多数股份的买方一个收购全部股份的机会，因此在交易中常常和要约收购的方式配合使用。

上述仅为几种最常见的上市公司并购方式，根据交易所在地的法律还可能有其他的交易方式。这些交易方式在时间、程序、交易步骤、需要目标公司配合的程度方面均存在差别。每个交易必需根据具体情况，充分考虑商业目的和监管要求等多方面因素，选取最合适的交易结构。而且，由于难以预测目标公司可能作出的反应，收购方通常还需要准备不同的方案作为备用。

5. 收购后的合规性

在成功收购上市公司后，收购方还应做好遵守适用于上市公司的当地公司法、证券法以及上市规则的准备。由于上市公司需要遵守一整套合规性规则和披露的要求，这不仅会显著增加并购后的运营成本，也需要并购方健全公司治理、内部控制体系。例如，在美国上市的公司必须执行萨班斯法案，建立完善的内部控制系统。

四、目标公司对收购的反应

收购方公布其收购行动后，目标公司的董事会通常在法律上有义务从公司利益出发，对收购方案进行评估，并向股东发表其对收购方案的意见，即推荐或反对收购方案以及相应的理由。如果能得到目标公司董事会的支持，收购方不仅在尽职调查中会得到便利，在交易结构的选择、赢得股东投票和支持方面会享有更大优势。因此,收购方通常会和目标公司的董事会事先沟通和谈判,力图得到其支持,最好能在发出要约的同时公布董事会的推荐意见。

如果目标公司对收购案持反对态度,则收购方很可能会遭遇到目标公司董事会的反收购措施。著名的"毒丸计划"就是一种常见的反收购措施,它通过对现有股东大量配股,变更公司的资本结构,从而稀释收购方的股份比例,以挫败其控制公司的目的。股份分散而股价低于正常水平的上市公司往往很容易成为收购目标。一些预见到可能会成为收购目标的公司会提前设置反收购计划,例如在公司章程中设有反对收购的条款,而这些条款必须2/3股份通过才能修改,从而为敌意收购设置障碍。所以收购方需要在尽职调查时研究目标公司的章程,提前准备应对方案。

目标公司采取的常见的反收购措施还包括,寻找其他有兴趣收购的买家并支持其提出竞争性收购方案,这种竞购者被形象地称为"白骑士"。由于白骑士具有目标公司董事会支持的优势,所以常常在由恶意收购引发的竞购中胜出。或者目标公司在高管的雇佣合同中规定,一旦公司发生控制权变更,必须向高管支付大额赔款,通常称作"金降落伞计划"。但目标公司的董事会和管理层并不能无限制地采取反收购措施,因为他们对公司及股东负有尽职和诚信的义务,必须从公司及股东利益利益出发采取行动。

针对这些反收购防御措施,并购方会积极采取应对或反制行动。收购方常常会先通过二级市场少量买入公司股票从而成为公司股东。一旦其收购要约被公司董事会拒绝,收购方即可以股东身份对目标公司的董事会提起诉讼,追究董事会的诚信义务相关责任。或者收购方在市场上征集投票权,获得足够的股东支持,以改组来对抗收购持反对意见的董事会。

第五章　跨境并购的交易文件

第一节　并购非上市公司的交易文件

跨境并购通过签署一系列的交易文件来实施，根据具体交易结构可能包括股权/资产转让协议、股东协议、公司章程或其他涉及交易内容的法律文件，还可能包括与交易各方签署的各类附属协议。总而言之，跨境并购中交易双方的权利义务及风险划分均依赖法律交易文件进行确定，因此，交易文件的起草、修订和签署是至关重要的。特别需要注意的是，由于目标公司和交易的发生位于境外，因此，大部分交易文件可能需要适用外国法。

每个并购交易涉及的交易文件根据交易结构及具体条件千差万别，但总体而言，跨境并购中涉及最广的交易文件可能有如下几大类：

(1)前期或阶段性法律文件，包括保密协议、意向书(或条款单、备忘录)、框架协议。此类阶段性交易文件通常在交易的前期签署，反映交易的阶段性成果，并会被最终交易文件取代。

(2)主要交易法律文件，即交易的最主要的、确定性的交易文件，根据交易构架的不同，通常包括股份收购协议(或股份认购协议)、资产收购协议等。

(3)其他与交易相关的协议或附属交易文件，是交易最终文件的一部分，但通常规定交易的某一方面内容。根据具体交易的不同，可能包括股东协议、公司章程、过渡期服务协议、技术许可协议或商标许可协议等。

以下就这几类的主要交易文件的内容分别进行介绍。

一、前期或阶段性法律文件

并购交易方在前期通常会签署意向书，有时也称谅解备忘录、主要条款清单，涵盖双方初步达成的一些重要交易条件。在卖方向买方提供保密信息或开始进行尽职调查之前，通常会要求买方签署保密协议。在竞标出售资产的交易中，投标方会被要求提交有约束力或无约束力的报价函。

1. 保密协议

在交易开始启动时，通常交易双方会签订保密协议，以防止出现保密信息泄露的问题。由于卖方会向买方提供关于目标公司的信息或开放尽职调查的资料，因此保密协议通常主要约束收购方。但对收购方而言，尤其在双方谈判的交易中，如果收购意向对外泄露，引起其他买家对目标公司的兴趣，可能会造成目标公司提高收购价格，增加收购成本。而且，收购方也可能向出售方或目标公司提供一些保密信息，因此，收购方应争取保密协议是约束双方的。

保密协议通常会规定有一定的例外情形，例如，根据法律法规或上市规定要求所进行的披露，或由于合同方之外的原因造成保密信息进入公有领域。在这些例外情况下，合同方可以免受保密义务的约束。

有时卖方会在保密协议中加入"静止条款"（Standstill），即未事先取得卖方同意，收购方不得自行通过其他渠道购买或持有目标公司的股份。收购方在作出承诺前应特别重视此类条款。

2. 意向书、谅解备忘录、主要商业条款清单

如果双方达成了初步意向，为了及时、明确地表达投资意向及主要交易条件，交易各方往往会签署意向书，根据文件格式的不同，有时也被称为谅解备忘录或条款单。不论名称如何，意向书类的文件主要是就交易的要点达成共识，为交易奠定基础和框架。意向书一般适用于采取谈判方式进行的交易，通常不适用于竞标方式进行的交易，但也有例外。

意向书或条款单是交易从初期走向实质性阶段的重要里程碑。意向书的内容取决于双方谈判的进程，一般包括交易各方的主体、交易结构、双方已经达成协议的商业条款（特别是交易价格或价格计算方式）、交易的前提条件、时间表和交易步骤安排等。意向书通常是并购方被允许开展全面尽职调查的前提，它的优点在于，使双方在进一步投入大量时间和金钱之前就重大问题达成共识，避免双方理解上存在重大差异。收购方常常会要求给予一定的排他谈判期限，即在该期限内出售方或目标公司不得与第三方进行关于交易标的的谈判，从而给

予收购方以保护，出售方是否同意取决于双方的谈判地位。

为了保持后续工作的灵活性，意向书或谅解备忘录常常是不具有法律约束力的（保密条款和排他性条款除外）。而且意向书通常是概括性的，缺乏具体和严密的规定。但意向书中构成了交易的基础，对后续谈判通常有很大影响，因此其内容不容忽视。意向书还常常作为并购方进行融资安排或政府审批的重要依据。

二、股权或资产收购协议

收购协议是跨境并购交易中最为重要的文件，它直接体现交易双方的商业意图和交易条件，是执行交易的合同依据。从本质上讲，股权收购协议或资产收购协议是一份买卖合同，但由于交易标的特殊性，内容远比一般买卖合同复杂，需要根据交易特点和内容使用准确适用的法律概念、条款和机制确保实现交易方的商业意图，防范和控制交易风险。

在跨境并购交易中，一份“典型”的股权或资产收购协议往往包括以下主要条款：

1. 交易标的

收购协议首先要清楚描述交易的目的物，即目标公司的股份或资产。目标公司及资产的详情，包括公司结构、财务报表等还会作为协议的附件，和下边介绍的陈述与保证条款互相援引。

2. 价格条款

毋庸置疑，价格条款是并购交易最重要的商业条件，但跨境并购中的价格往往并不是简单的“一口价”。价格条款中通常不仅确定价格的金额，而且会详细规定价格的计算方式和依据。这样的话，如果作为定价依据的财务数据出现问题，则买方有权要求调整价格或赔偿。

另外，由于价格谈判、签约和交割发生的时点不同，目标公司或资产的价值是不断变动的。在一些交易中，特别是签约与交割相距时间长而公司价值可能发生大幅变动的，双方会约定价格调整机制。即如果交割时目标公司的财务状况发生变化（或变化超过一定幅度），则应按照约定的方式调整交易价格。

3. 支付条件

在并购交易中，通常收购方在交割时支付全部或绝大部分价款。但也存在分期付款、预付款以及委托账户等多种不同的付款方式。卖方通常希望得到预付款或在交割时一次付清全部价款；而收购方则往往希望采用分期付款方式，并在交割后保留部分尾款，作为保证条款或索赔的担保。作为双方妥协的一种方式，在跨境并购中经常采取将部分款项支付到由第三人管理的委托账户上，在约定条件完成后自动解付给卖方，这样解除双方的顾虑。

对于中国企业而言，要特别注意并购价款的跨境支付需要取得事先外汇管理部门的审批，因此需要协调付款时间和政府审批进度。在正式开展境外并购活动前，国家外汇管理部门还允许对外支付保证金、竞标费用以及中介服务费等前期费用（一般不得超过境外直接投资总额的15%）。中国企业可根据交易情况向当地外汇管理局申请。

另外，如果交易价款通过融资安排筹措的，还要注意融资安排需要与协议规定的付款条件配套，确保收购方能够根据合同履约。

4. 陈述与保证条款（Representation and Warranty）

即使收购方对目标公司已经进行了尽量详细的尽职调查，但由于买卖双方的信息不对称，不可能穷尽目标公司存在的各种风险与问题。作为保护收购方利益、防范风险的重要手段，收购方会要求卖方就目标公司或资产的合法性、所有权、财务、税务、运营、环境保护、知识产权、合规等各方面作出详尽的陈述与保证。如果出售方违反陈述与保证条款，收购方即使在交易完成后发现问题，仍可向出售方进行索赔。

因此，陈述与保证的范围与程度往往是并购谈判中买卖双方争论最激烈的焦点问题之一。出售方为了降低交易的遗留风险，完成“干净”地退出，通常要尽量限制陈述与保证的范围，或者在承诺上设立各种限制，例如，将已经向收购方披露的问题排除在承诺范围之外、就承诺事项设立“重大”门槛、限定承诺的时间期限等来减轻其责任与风险。收购方有必要了解这些专业法律概念及其对风险的影响，才能做出正确判断与决策，得到真正保障。

5. 交割及交割的前提条件

交易文件签署后到完成交割通常仍然会存在一段时间，而这段时间无论是目标公司还是交易本身都存在各种不确定性。为了控制由此带来的风险，收购方会要求只有在约定的前提条件完成的情况下才进行交割。常见的交割条件包括：取得交易所需的各项政府审批（包括中国及外国政府审批）、完成反垄断审查程序、目标公司没有发生重大不利变化或违约等情形、完成产权过户以及完成双方约定事项等。而出售方则希望尽量限定交割条件，以保证不论出现什么情况。收购方都不会放弃交易。

如果在规定时间内交割条件没有完成，除非交易方同意豁免该项条件，否则会导致收购协议的终止,即收购方没有义务进行交割及付款。通常情况下,除非不交割是由于一方过错造成的,否则双方对解约均无责任和义务(除非合同约定了解约费,具体见第五章第三节的介绍)。因此,关于交割前提条件的规定被认为是对买方的保护。

6. 交割前承诺

双方一旦签约,收购方即已作出交易的承诺,即只要交割条件满足,必须完成交割。但在签约后至交割前的时期,目标公司或资产的产权尚未完成转让和过户。针对这种情况,通常会给予收购方在该过渡期间了解和参与目标企业运营的一定权利,同时限制卖方进行任何非正常业务行为,例如,未经收购方同意,卖方不得修订目标公司章程、增发股份、派发股息、处置重大资产、设置抵押、进行重组合并等。

因此,在收购协议中规定交割前的承诺是买方控制目标公司风险的手段之一。如果卖方违反承诺,则收购方可以要求索赔,在严重情况下可以解除收购协议,不进行交割(后者需要将卖方不违反承诺作为交割条件之一)。

7. 交割后的承诺

由于跨境并购的复杂性,往往并不是在交割完成后就画上句号。交割后双方仍然可能有一系列持续的权利义务。一些典型的交割后承诺包括:卖方承诺不得与目标公司从事竞争业务,不得招徕目标公司的员工;卖方承诺在交割后一段时间内为目标公司提供服务;双方承诺在需要的情况下(如进行税务调查时)互相提供关于目标公司的信息和账簿;等等。

这些交割后的承诺的主要目的是,一方面防止在交易完成后发生侵害对方利益的行为,例如禁止竞争、禁止招徕的承诺;另一方面也为收购方在交易完成后的持续运营和后续整合创造条件。

8. 赔偿条款

赔偿条款是收购方控制交易风险的重要合同手段,特别是关于目标公司的潜在责任或债务的风险。为了确保目标公司不存在潜在风险,或出现风险后有补救措施,收购方要求在收购协议中包含赔偿条款。即如果出售方违反了收购协议所规定的陈述和保证,或者违反了其承诺和义务,则收购方有权要求出售方赔偿其损失。根据交易的实际情况,特别重要的赔偿事项可能包括由于环境保护、税务或被剥离资产产生风险等事项。

而出售方为了限制后续风险,确保在收到交易价款后真正实现“落袋为安”,则要求对赔偿的范围、期限、程序、索赔金额的起点和责任限额等做出诸多限制性规定。这些法律概念对交易双方风险的划分起到重要作用，因此，除了律师需要熟悉这些概念，并购团队的主要成员也应了解其含义及影响，它们虽然不直接扣减交易价格，但会影响交易的风险因素和交易的内在价值。

9. 法律适用及争议解决条款

从国际私法角度，对于跨境并购交易，当事方原则上可选择适用的法律。在实践中，由于并购交易的标的位于境外，交易行为及义务履行均发生在国外，目标公司所在国一般被认为是交易的最密切联系地。同时，交易本身很可能还需遵守目标国的相关强制性规定（例如公司注册、过户登记手续等）。因此，跨境收购协议常常会适用目标国法律。

相对而言，双方对于争议解决方式的选择空间更大，而不仅仅局限于在目标国当地诉讼。实践中，仲裁由于具有中立性、快捷、保密和高效等特点而被广泛选择用于跨境交易。另外，与诉讼相比，仲裁的优势还在于仲裁裁决根据《承认和执行外国仲裁裁决公约》（以下简称《纽约公约》）在几乎全球范围内的可执行性。《纽约公约》现在已有近150个缔约国，外国仲裁裁决得到了世界范围内广泛的执行。因此，境外投资并购等国际商事交易中更常见的争议解决方式是通过仲裁条款或仲裁协议选择位于第三国的仲裁机构进行仲裁。

目前，在跨境并购中当事方经常选择的国际商事仲裁机构包括：（1）国际商会仲裁院（ICC）：总部在巴黎，是目前提供国际经贸仲裁服务较多、具有重大影响的国际经济仲裁机构。（2）瑞典斯德哥尔摩仲裁院（AISCC）：为斯德哥尔摩商会内部机构，但在职能上独立，瑞典斯德哥尔摩仲裁院享有很好的国际声誉，为很多签署跨境协议的中国公司所选择。（3）英国伦敦国际仲裁院（LCIA）：为英国最有国际影响的国际商事仲裁机构。（4）美国仲裁协会（AAA）：于1926年设立，总部在纽约，为美国主要的国际商事仲裁机构，受理的案件多数为美国当事人与外国当事人之间的争议。在亚太地区著名的仲裁机构则有香港国际仲裁中心（HKIAC）和新加坡国际仲裁中心（SIAC）。

10. 其他条款

并购协议通常有很长的篇幅，除上述主要条款外还会包括其他条款，例如终止条款（规定协议终止的情形和后果）、税收条款（规定各方关于税负的承担）、保密条款、合规性条款，以及一系列标准条款，如合同的可转让性、交易费用的承担、通知等。

三、其他交易文件

除前述收购协议是最主要的交易文件外，跨境并购交易通常还包括一系列其他交易文件。这些辅助交易文件通常规定交易的某个方面,有些构成收购协议的附件,与收购协议一起规定实施交易的全部条件。交易文件的结构和内容则取决于每个交易的具体情况,可以说没有两个交易的文件是完全一样的。在实际并购案例中,各类交易文件内容可能错综庞杂,这里仅就一些最典型的类型做简要说明。

1. 股东协议和公司章程

如果中国公司收购目标公司的部分股权,或联合其他收购方共同进行收购,则在收购完成后各股东之间订立的股东协议通常构成交易的重要文件之一。股东协议主要规范是各股东之间权利义务,特别是关于公司治理结构以及未来股权转让、增发新股以及退出的有关规定。

股东协议最重要的内容是关于公司组织和治理结构,特别是大股东及小股东之间权利的划分,也有在股份相等或相近情形下由两个股东共同控制公司。通常,大股东要求确保其对公司的经营决策取得控制权,这往往通过在公司决策机构持有多数表决权以及对主要管理人员的任命权来实现。而小股东则会要求得到相应的保护和权利,例如对公司经营和财务状况的知情权以及对影响股东权利的公司重大事项的否决权等。

关于未来退出保障也通常是小股东,特别是财务投资人,关注的重点之一。这种退出权往往通过给予小股东出售期权(Put Option)或随售权(Tag Along)的方式实现。出售期权是在约定期限内,小股东有权按照约定的价格(或价格计算方法)要求控股股东购买其股权,一旦小股东行权,控股股东必须购买。随售权是指如果控股股东方出售其股权,则小股东有权要求购买方按照同等条件购买其股权。与此相对,控股股东则往往要求购买期权(Call Option)和拖售权(Drag Along),从而拥有强迫小股东退出的权利。

股东协议的内容常常还包括各项股东权利、转让股权程序、优先购买权、其他关于转让股权的限制(如禁止出售给竞争对手)、股东发生控制权变更的相关规定等。

由于并购的最终目的要通过目标企业进行业务运营,公司章程在很多情况下也是跨境并购的必要文件之一。公司章程通常是法定的公司根本性文件,并需对外公示。公司章程主要内容为公司的基本情况、公司的经营目标和范围、公司的资本结构、公司治理结构、代理人授权范围、公司的解散清算等。

2. 技术许可协议或商标许可协议

在一些并购案例中,目标公司在交易完成后需要继续使用技术或商标等知识产权，而相关知识产权并不是目标公司所有的资产，因此需要通过技术许可或商标许可的方式实现取得相关知识产权。例如，2010 年吉利从福特汽车手中购买了沃尔沃汽车公司，但沃尔沃汽车公司并不拥有沃尔沃商标的所有权，该商标由沃尔沃集团下属的 Volvo Trademark Holding AB 所有，并通过商标许可协议许可给沃尔沃汽车公司使用。该商标许可协议在吉利收购完成后继续有效。在另一著名案例中，联想购买 IBM 公司的个人电脑业务，当时 IBM 个人电脑同时使用 IBM 和 Thinkpad 商标，联想获得了 Thinkpad 商标的所有权及 IBM 商标为期 5 年的使用权，后者系通过商标许可协议的方式实施。

随着大量全球性公司的国际一体化运作，很多目标企业并不真正拥有所有其运营所需的所有知识产权，而这些知识产权在很多情况是由其关联公司或第三方拥有，并且不属于并购的范围。在这种情况下，有必要通过技术许可协议或商标许可协议确保在并购完成后收购方仍有权利继续使用其运营所需的技术或商标等知识产权，并且确保许可的条件是合理公平的。知识产权许可通常会设立对被许可人的一系列限定条件，包括使用的方式应符合许可人的要求或规范、使用知识产权的产品应达到相应质量要求等。知识产权许可合同的其他关键内容还包括：许可范围、是否独家性、许可期限、关于改进技术的许可、许可费、终止条件等。

3. 过渡期服务协议

如果卖方出售的目标资产是其全部资产的一部分，而该部分资产的运营依赖于集团中其他成员提供的各项服务（例如研发、IT、物流、租赁服务等），收购方往往难以在并购完后立即自行建立这些功能服务，或找到第三方服务供应商替代。在这种情况下，收购方和出售方需要签署过渡期服务协议，规定在交割后的一定期限内由出售方或关联公司继续提供相关服务。在一些案例中也有在交易完成后由目标公司向卖方提供某些服务的情况。

由于在交割前这些服务往往属于集团内部的交易，缺乏准确的定价机制，因此提供服务的商务条件往往是双方争论的焦点。在实践中采取成本加成（即在实际运营成本的基础上增加固定利润率）或市场可比价格等方法定价。主要合同条件还包括服务的范围、标准、期限、变更和终止条款。

对于收购方而言，过渡期服务常常适用从跨国公司并购资产，或者从某一集团公司剥离收购某项业务。以合理的条件和期限取得过渡期服务，是保障交割后持续运营和平稳过渡的重要手段。

4. 其他附属协议

根据并购交易的具体结构和内容，交易文件还可能包括其他各类五花八门的协议，规定交易的某一方面内容，如供货协议、服务协议、核心员工聘用协议、保密和不竞争协议、股权激励协议等不一而足。这些协议的签约方也可能涉及双方的关联公司、股东、高管或其他相关方。由于各项交易所需文件差异很大，需要根据交易的具体情况进行考虑，这里不一一详述。

第二节　并购上市公司交易文件

并购上市公司根据交易所在国的法律及监管要求的不同，在法律形式、程序和要求上都有很大差异。相应地，交易文件也需要根据相关国家法律和法规的要求起草和准备。通常，并购上市公司所需的交易文件包括向证券监管机构、证券交易所和/或股东提交的申报或披露文件，收购（合并）协议和其他附属法律文件，如保密协议、托管协议、交换代理协议（Exchange Agent Agreement）或付款代理协议、股东支持协议、董事和经理的补偿协议、股权激励协议（限售股、股票期权等）等。

并购上市公司的交易文件根据适用法律法规的要求以及交易所采用的具体形式和结构的不同，从形式到内容上都存在巨大差异。这里仅举例说明在上市公司交购中比较常见的几种法律文件。在上市公司并购中，无论是收购方或是目标公司起草的文件，通常都需要进行公开披露。如果文件中包含有不实或误导的陈述或信息，则相关方及其董事可能要承担法律责任，并会引发股东诉讼。

一、要约文件

如第四章第三节所述，在各国上市公司并购中最常见的交易方式是要约收购。通过要约收购方式取得上市公司的控制权，收购方首先要向目标公司的股东发出提议收购其持有股份的要约文件。作为在要约收购中最重要的交易文件，要约文件通常要向交易所在地的证券监管机构及交易所备案或事先取得其审核及批准。交易所在地的法律对要约文件的内容和形式有严格规定，如要约的期限、条件、要约发出后是否能改变或延长等。

要约文件首先需要详细描述向目标公司股东收购股份的条件，如要约价格、对价方式、要约期限、交割的前提条件等。要约文件通常还会详细说明收购方的背景、收购方与目标公司交易的历史情况、收购方在收购完成后的后续计划以及收购资金的来源。通常，要约文件还会包括一系列的附件，如收购方和目标公司的业务描述、收购方近期财务报表、财务顾问意见等。要约文件的具体要求取决于适用法律法规的规定。

如果要约对价包括收购方的股份(即以换股方式),则要约文件可能还需要包括收购方编制的招股说明书,详细介绍收购方及其发行股份的情况,以及向当地证券监管部门的申报文件。通常以换股方式进行的要约会比现金要约更加复杂及耗时。

二、目标公司准备的文件

各国证券法一般都要求,如果收到收购要约,目标公司的董事会需要在一定时间内阐明其对要约的立场,并向股东作出建议是否接受要约。目标公司董事会有义务对要约进行充分的评估,并在公告中详细陈述其建议接受或拒绝要约的理由。在极少数情况下,董事会不向股东作出任何推荐。收购方通常会力争取得目标公司董事会的支持,以提高交易成功的概率。

目标公司的董事会还常常会聘请独立的财务顾问就交易发表意见,以此来增强其意见的说服力,并减轻自身的责任。因此,专业机构的意见也会附在董事会建议后向股东公告。

三、与目标公司签署的合并协议

在一些国家(如美国)的上市公司并购中,如果收购方取得目标公司董事会的支持,即在善意收购中,双方通常会签署合并协议,约定实施并购的时间表、步骤、交易结构和条件。在恶意收购中,由于收购方和目标公司没有事先协商或无法达成一致,双方则不会签署合并协议。

合并协议会详细规定收购双方达成的主要交易条件,如每股价格、要约的具体条件和程序、交易的前提条件、终止条款、双方在交易不同阶段的义务、对目标公司业务的约定等。合并协议通常还会包括目标公司作出的陈述与保证(如公司的合法设立、合法授权、公司组织架构、资本结构和业务正常运营等),但该陈述与保证的范围通常是比较有限的,并且仅在交割前有效。因此,如果收购方在交易完成后才发现目标公司的问题,通常无权要求索赔。

为体现目标公司对交易支持,合并协议通常还会规定“No Shop”或类似条款,即限制目标公司在宣布交易后不得主动寻求竞争性买家。但由于目标公司董事会负有勤勉尽责的义务,如果出现竞争性报价,他们有义务从公司利益角度进行评估并决策。因此,目标公司的董事会通常不能承诺无条件地支持交易,而拒绝可能出现的竞争性买家。在这种情况下,为了保护收购方,合并协议会规定终止费条款，即如果特定情况下目标公司决定放弃交易并出售给竞争性买家，则应向收购方支付约定金额的终止费作为赔偿。

四、其他文件

在善意收购中，如果目标公司存在一个或几个主要股东，收购方还常常寻求与目标公司的主要股东签署支持协议或投票协议，要求股东承诺将接受要约或在股东大会中投赞成票。此类协议有的具有一定约束力（通常附加一定条件）；有的则采取备忘录的形式，仅表达双方意向，并不具有法律约束力。虽然此类协议的形式各异，但其主要目的寻求在一定程度上锁定交易，增加交易成功的确定性。

如果并购交易采取法律允许的其他方式，例如计划重组或合并等方式（详见第四章第三节），则法律文件均应符合相应的法律法规要求，并进行披露或备案。和并购非公众公司相比，由于上市公司受到更严格的监管，对交易文件从形式到实质上的要求严格得多。与此相应，交易文件所涉及的潜在法律责任和风险也更加广泛和严重，特别是在股东诉讼制度发达的国家，几乎每个并购案都伴随着股东诉讼。收购方的每个行动都需要特别谨慎地考虑法律后果和风险。虽然交易文件的起草具有很强的技术性，主要由专业顾问特别是律师为主导进行起草和谈判，但收购方也需要充分了解相关法规及监管要求，以便就交易文件涉及的内容作出正确的决策。

第三节　交易保护和风险防范策略

由于跨境并购交易本身的复杂性，交易的实施需要通过不同步骤进行，并往往附带各种前提条件。整个交易的过程从双方达成意向到签署约束性文件，再到最终实现交割，通常需要相当长的一段时间。在这段时间，交易双方均面临交易受挫而无法最终实施的风险。为了应对这些风险，从而减少交易的不确定性，最大限度地保护交易方的利益，在交易中往往会采用一些交易保护和风险防范策略，本节简要介绍如下。

一、排他性交易

如前所述，为了获得最大价值及最优条件，出售方往往希望有多个买家竞购。但对收购方而言，竞争性买家不仅会限制其谈判能力，而且增加了交易成功的风险。作为买方的中国企业,可以要求卖方或目标公司在一定期限内不得再同可能成为并购竞争对手的第三方进行接洽或谈判,从而消除协商期间的潜在竞争者,使收购方在投入人力和物力进行尽职调查之前取得排他性的保护。这种排他性条款通常由双方在交易前期通过签署意向书或备忘录的方式实现。

但上述排他性约定存在一个例外,即关于董事忠实勤勉义务的豁免。特别是针对公众公司,当出现优于本并购要约的竞争性并购要约时,法律一般允许卖方或目标公司董事会根据忠实勤勉义务同第三方进行谈判,并有权撤销对本并购建议的推荐。因此,在上市公司并购中,目标公司董事会只能承诺不主动寻求第三方报价,而不能绝对承诺在出现第三方报价的情况下不进行洽谈或无条件予以拒绝。但收购方仍可依据相关适用法律明确限定交易对方可以主张忠实勤勉义务豁免的条件,例如,要求目标公司聘请外部顾问出具意见确认该竞争性并购要约确实优于原并购要约,要求目标公司在接受更优报价前通知收购方并给予其修改要约的机会。

为体现排他性承诺的约束力,双方还可规定终止费,即如果违反排他性承诺,即如果目标公司或出售方接受其他更优的并购建议而终止原交易,则需要向收购方支付一定金额的终止费作为补偿。

二、关于交易价值的保护策略

1. 交易价格调整

海外并购交易中的估值通常是基于交易文件签署日或之前的某个基准日,而基准日和实际交割日之间则存在着时间差。也就是说,在交易实际交割时(通常是付款时),目标公司的价值可能已经发生了较大变化。因此,需要设立交易价格调整条款,针对估值基准日和实际交割日之间的变化,对交易价格做出相应调整。常见的价格调整条款根据某一项或几项财务指标设定价格调整公式,自动对价格予以调整。例如,根据目标公司运营资本(即流动资产和流动负债的差值)对于交易价格进行调整,如果交割时目标企业的运营资本减少,则可相应调减交易价格,反之亦然。

价格调整机制需要规定详细的实施方式,例如,在交割后对目标企业进行审计或由指定会计师确定相关财务指标。在2002年中海油收购西班牙瑞普索公司在印尼的油气资产交易中,由于收购谈判在美国“9·11”事件发生后进行,油价波动较大,为了解决估值问题,交易双方在并购协议中加入了价格调整机制条款,规定资产并购价格为一个价格区间,最终价格根据石油期货价格可以在基准价格的基础上上调或下调 3000 万美元。通过这种调价机制使交易价格可能根据市场变化情况进行调整。

2. 换股交易中的价格保护

除以现金作为对价的并购交易外，换股也逐渐成为中国企业进行境外并购的一种新方式。换股即以收购方的股票作为并购的对价，可以在大型交易中避免或减少进行现金融资。在换股并购中常见的交易保护机制包括价格区间保护机制和或有价值要求权。

价格区间保护机制（Collar offer）是在并购协议中约定换股比例有一个适当调整的弹性区间，而非采用简单的固定价格或者固定换股比例，从而起到价格保护的作用。区间机制可以减少并购实施中的不确定性和价格风险，同时缩小双方在价值评估上的差距，提高双方达成共识的概率。区间机制还提高了支付方式的自由度，弥补双方的期望与风险效用之间的差距。

或有价值要求权（Contingent value rights）是并购中买方给予卖方的一种期权，在某一特定事件发生时，允许卖方股东购买更多买方公司的股票。或有价值要求权通常与某些重要事件挂钩，如目标公司的业绩表现达不到或低于预期，则可取消或减少相关的价值和权益。例如，在生物医药领域的交易中，或有价值要求权经常和研发中产品的未来业绩相捆绑。当并购双方对并购标的的价值评估存在严重差异时，或有价值要求权可以帮助收购方减少风险，同时向卖方提供一个价值分享机制，能够推动并购交易。或有价值要求权更为广泛的应用于上市公司之间的换股合并。在换股合并中，或有价值要求权捆绑于收购方股票价格的表现，当收购公司的股票价格低于某一价格时，目标公司的股东有权收到额外的股票或现金，从而免除其对未来股价下跌的顾虑。

3. 保值调整机制或奖励性的对价（Earn-out）

所谓对赌协议，即“估值调整机制”（Valuation Adjustment Mechanism），是指并购双方达成协议时约定，如果在交割后一定期限内目标企业的业绩没有达到预定指标，收购方可以通过估值调整机制补偿高估企业价值的损失；反之，出售方则得到奖励或企业价值被低估的补偿损失。由于调整机制的结果是不确定的，与赌博有点类似，因此被形象地称为“对赌”机制。

对赌协议的“赌注”大多数是目标公司预期的经营业绩、未来股价或盈利水平，而对赌协议的“筹码”通常是并购双方的股权和现金等。对赌协议的最终目的是双向激励，提升出售方或目标公司管理层积极性和业务质量，实现目标企业盈利水平的最大化，从而保护投资者利益。因此，对赌协议的设立实际上是为了提高交易的质量。

对赌协议的核心条款包括两个方面的主要内容：一是约定未来某一时点判断企业经营业绩的标准，常用的指标为营业额及运营利润；二是在约定的标准未达到时，管理层补偿并购方损失的方式和额度。为设立合理的对赌条件，中国企业不仅需要非常了解目标公司的综合实力，对其经营状况和发展前景做出较为准确的判定，而且要熟悉整个行业的发展态势，考察目标企业的市场价值是否反映了未来经营业绩。

2002 年，中国航油年收购西班牙 CLH 公司 5% 股权，交易约定以 CLH 公司过去 3 年的平均净利润为基数。如果 CLH 公司 2002 年的年度净利润超过平均利润 3% 以上，则以超过部分的股东分红返还给出售股权的原股东，直至弥补其收购价格 17.1 欧元/股与 21.6 欧元/股之间的差价；否则，将维持原定的 17.1 欧元/股的收购价格。通过“对赌协议”的运用，不仅降低了中国航油收购的价格，也激励了 CLH 大股东支持其创造更好的经营业绩。

三、交易尾款的支付和托管账户

交易价款的支付无疑是跨境并购中双方关注的焦点。出售方通常要求在交割时一次性支付价款，甚至在交割前支付部分预付款；而收购方为防止交割后出现问题时无法索赔的风险，则会要求将一部分交易款项作为尾款，延至交割后的一定时间再支付。有的尾款则和出售方的特定义务挂钩，例如，办理完成相关资产产权变更手续后才支付尾款；有的则是作为防范潜在风险和或有债务的保证金。尾款还使得出售方和收购方的利益趋于一致，即在交割后及时完成约定义务或保持目标公司的正常运营，降低出售方在交割后违约的风险。

交易尾款的额度通常反映涉及目标资产的金额或可能存在的风险大小，但一般不会超过交易总价的 10% 或 15%。在约定期限内，一旦因出售方或目标公司的原因出现违约，例如，做出不实陈述或保证，致使收购方承担了额外的债务或者损失的，收购方有权从尾款中抵扣相应金额进行补偿或作为保证金。在约定的尾款扣留期限届满后，没有发生合同约定的债务或风险的，收购方则将尾款支付给出售方，相应的担保亦依约终止。

保留尾款对于出售方而言无疑是有风险的。因此，出售方往往不愿保留尾款，或要求设立一系列限定条件，如保留尾款的期限越短越好、设立严格的扣留尾款的条件和程序等。在实践中，尾款的支付经常采用第三方托管账户（escrow account）的机制，因其具有高保险、低成本、易于操作、双方易于接受的特点。即交易双方共同委托第三方(通常是银行或公证机构)设立托管账户,将尾款汇入该托管账户,并明确约定第三方释放尾款的条件,一旦该条件满足,则第三方自动进行支付,从而避免出现双方争议。

四、协议解除和解约费

在跨境并购中,企业除了应当关心如何成功地完成并购交易外,还应当为风险发生时,如何成功地退出交易或尽可能减少损失做好打算和安排。为保护自身有退出交易的合法权利,作为买方的中国企业应注意有关合同解除权的规定,特别是解除权的触发情形和解除的后果,包括毁约费的约定。

解除权是指约定情形发生时,交易一方或双方有权可以单方面解除并购协议,从而无须进行交割和付款。触发解除权的情形通常包括截至双方约定的最终期满日(Long Stop Date)仍未满足协议约定的全部前提条件,或者协议规定的特定条件没有实现,如没有取得必要的政府批准或同意,或发生了阻止交易完成的法律事件等。通常只有解约事项不是由于一方过错引起的情形下,该方才享有解约权,即一方不得通过故意或违约方式致使协议解除。

一般来讲,除非一方违约情形导致解约,否则协议解除后双方对合同的对方当事人均没有补偿责任。因此,一旦解约会对双方产生很大风险。为给交易方提供保护,在一些交易特别是在涉及公众公司的交易中或者一方为了实施交易付出很大代价的情形下,为了保护交易方,协议会规定有毁约费或终止费(break-up fee),也被形象地称为"分手费"。毁约费是指在并购交易中,发生造成交易未能交割的情形下,交易一方必须向另一方支付一定金额,用于弥补另一方为进行本次并购而发生的费用及交易机会。而终止或退出交易的一方除支付毁约费外不再承担其他额外的责任。

对于目标公司来说,可以通过支付毁约费而退出交易的情形通常包括董事会因履行勤勉义务而撤销向股东会推荐的收购要约,目标公司的政府审批未获通过,收购协议未得到其股东大会的批准,或收购要约未得到足够数量股东的接受等。由于在上市公司收购中,通常规定目标公司支付终止费。所以由收购方支付的终止费又常常被称作"反向终止费"。对于收购方而言,可以通过支付毁约费而退出交易的情形可能包括,未获得足够的贷款融资,并购方的政府审批未获通过,或收购要约未得到收购方股东大会的批准等。在某些案例中,收购方甚至可以在交易完成前,随时通过支付毁约费而退出交易。这实际上使收购方获得了一种"并购选择权",即收购方可以选择或者并购目标公司,或者支付毁约费后退出交易。而并购方获得该权利的对价就是一旦放弃交易，需要向目标公司支付“毁约费”。

各个国家对于毁约费金额大小有不同的标准。在美国，毁约费的约定比较灵活，美国特拉华州的法院曾经批准过金额为交易价值1% ~6%之间的毁约费，但一般2% ~3.5%是比较常见的区间。在澳大利亚，毁约费的约定一般不超过目标企业净资产价值的1%。如果毁约费的金额超过1%，则澳大利亚并购委员会需要考察毁约费的约定不具有反竞争或威胁性的效果。

中国企业进行海外并购尤其应注意毁约费等交易保护措施，因为中国企业尤其是国有企业进行海外并购可能面临更大的政治风险，妥善的毁约费安排等交易保护措施对于成功完成并购交易有着重要的作用。在中铝竞购力拓失败案中，力拓集团向中铝公司支付占交易金额1%即1.95亿美元的毁约费，然而，仍有质疑认为中铝所获得毁约费过低，难以弥补其前期发生的巨额融资费用和其他费用。在中海油服收购挪威AWO的要约中规定，若因AWO董事会撤销其向股东作出的对收购要约的推荐，或因要约未达到最低接受率而没有生效，则AWO须向中海油服支付1000万美元“终止费”；如果最低接受率这一条件已满足或被中海油服豁免，但因在最后期限届满前未取得中海油服的股东大会和国内有关监管部门的批准而使要约未能完成，则中海油服则应支付总额为2000万美元的“赔偿金”。尽管一方支付的是“终止费”，另一方支付的是“赔偿金”，但本质上均是毁约费的性质。由于该交易最终成功地进行交割，因此“终止费”及“赔偿金”的规定均没有得到实施。

五、重大不利变更

“重大不利变更”条款（Material Adverse Change Clauses，MAC），是经常用于公司并购交易中的一项合同安排，即从一个确定的日期开始（通常是协议签署日或生效日）到交易完成日，目标公司的相关事项（如资产、业务、运营、财务等）没有发生重大不利变化或者受到重大不利影响，否则收购方有权要求重新谈判或退出交易，而无须承担违约责任。

重大不利变更条款可以作为交易中的一项陈述和担保责任，也可以设计为交易交割的一项先决条件，后者的目的是在目标公司的条件发生重大不利变化时，能够为买方提供解除交易的权利。这一条款特别适用于协议的签署日与最终交割日之间存在较大时间间隔的交易。

由于重大不利变化条款往往导致退出交易这样严重的后果，因此如何界定

“重大不利变化”总是充满分歧甚至导致争议的发生。事实上，对于所谓“重大”，从来就没有一个关于质或量上的一般性解释。对于“重大不利”的判断基准，交易文件中可以明确约定判定重大不利改变的衡量标准或计算方法，例如，约定如某事件对目标企业的某项财务指标（如净资产或营业利润）的影响超过一定金额，即可认为构成“重大不利变更”，但需注意的是并非所有可能构成重大不利变更的事件都可以量化为财务指标。

另外，为了限制收购方退出交易的情形，出售方或目标公司会要求规定重大不利变化条款的限定条件或除外条款，例如，从重大不利变化条款中尽可能排除影响市场的具有普遍性的情况（如行业或市场出现重大变化），或者出现自然灾害，战争或敌对情况，法律变更等不可抗力。总之，作为收购方的中国企业可以根据风险实际发性的可能性，约定重大不利改变的范围，在并购协议中应尽可能明确的表达自己的意图。如果认为目标企业可能面临某些特殊风险，更明智的选择是将其明确规定在协议中，通过合同条款规避风险。

六、保险

并购风险还可以通过保险的方式转移，即通过专业保险机构利用其丰富的风险评估与处置经验，为并购交易中的特定风险设计保险产品。复杂的国际商业环境使跨境并购面临诸多或有责任风险或潜在责任，如售后商品担保责任、税务责任或由于污染环境而生的责任等。由于各自了解的信息以及对风险的判断不同，买卖双方就相关风险对于资产价值的影响可能相去甚远，从而难以达成一致。

由于双方均不愿承担特定风险，由保险机构提供特定保险为双方提出了一个可能的解决方案。首先，对买卖双方分歧较大的风险事项或风险责任，可以由保险机构进行识别和风险评估，制定相关保险产品的方案及保费报价。保险通常会附带一定的免赔额及责任限额。若买卖双方均接受保险机构的评估价格，可按约定条件向保险公司投保并由保险公司承担风险。交易双方需要确定保费以及保险不能覆盖的残留风险的承担方式，并在交易文件中约定。

总之，并购者可以通过支付一定的保险费用将风险转移给有能力并愿意承担的保险机构，从而将并购风险限定在一定的范围之内，并促成交易的达成。但值得一提的是，取决于相关被保险项目的具体情况，保险费很可能昂贵的，因此商业保险并不总能得到交易方的认可。

第六章　境外投资涉及的中国国内法律问题

从国内立法现状来看，中国目前尚无一部综合性的境外投资法，而是由各政府部门针对境外投资的不同方面颁布了一系列法规和规章，其中包括商务部、发展与改革委员会（下称发改委）、外汇管理局、国有资产监督管理委员会（下称国资委）（如涉及国有资产）等多个部门出台的规定。虽然近年来政府已经出台一系列措施简化审批程序，下放审批权限，但中国企业面临的多道审批程序以及审批的不确定性，实际上使得中国企业相比较其他国家的企业而言在境外投资中面临更大的挑战。如何完善中国企业境外投资的监管机制，制定系统的境外投资管理法，更好地服务于中国企业境外投资的实际需要，是中国政府和立法机构所面临的课题。

在中国目前的法规体系下，中国企业境外投资涉及的法律问题包括境外投资的指导政策、项目备案及审批、境外企业设立审批、外汇管理、国有资产管理、后续监督检查程序等。国内法律监管也会因中国企业的性质不同而有所差异，国有企业的境外投资涉及国资委的审批，上市公司的境外投资则会涉及证监会的相关要求以及披露义务，金融机构境外投资涉及金融监管部门的审批等。就时间而言，境外投资的国内监管分为实施投资和投资后运营两个阶段。这两个阶段分别涉及不同的法律问题。

第一节　投资阶段涉及的国内法律问题

境外投资涉及的国内法律问题，主要包括中国政府对境外投资的指导政策以及各监管部门对境外投资项目、境外企业设立和外汇汇出的备案及审批程序。中国企业到境外投资，既要遵守投资目标国的法律，又要遵守中国国内法律法规，还要为实现并购目标订立和执行交易文件。因此，中国企业要特别关注相关产业政策以及审批机构的要求和审批进度，确保符合国内各项法规要求，并力求国内审批进度和境外交易的实施相匹配，不会构成交易的障碍或产生不利因素。

一、境外投资指导政策

近年来，中国政府通过发布一系列指导政策，从产业和国别的角度对企业的境外投资活动进行指引。该等指导政策包括但不限于《境外投资产业指导政策》及作为其附件的《境外投资产业指导目录》①、《对外投资国别产业导向目录》②、《对外投资合作国别(地区)指南》③以及《对外投资国别产业指引(2011年版)》④等。

根据《境外投资产业指导政策》，境外投资项目分为鼓励、许可和禁止三类。对鼓励类境外投资项目，国家在宏观调控、多双边经贸政策、外交、财政、税收、外汇、海关、资源信息、信贷、保险，以及多双边合作和外事工作等方面，给予相应优惠政策支持。对允许类境外投资项目，国家原则上只给予其中某些优惠政策支持。而对于禁止类境外投资项目，国家不予核准并将采取措施予以制止。

鼓励类境外投资项目包括：

(1)能够获得国内短缺以及国民经济发展所急需的资源或原材料；

(2)能够带动国内具有比较优势的产品、设备和技术等出口和劳务输出；

(3)能够明显提高我国技术研究开发能力，以及能够利用国际领先技术、先进管理经验和专业人才。

---

① 《境外投资产业指导政策》及其附件《境外投资产业指导目录》(发改外资[2006]1312号)，由国家发展和改革委员会、商务部、外交部、财政部海关总署、国家税务总局和国家外汇管理局于2006年7月5日发布。

② 《对外投资国别产业导向目录》，由商务部、外交部、国家发展和改革委员会发布。其中《对外投资国别产业导向目录(一)》于2004年7月8日发布，《对外投资国别产业导向目录(二)》于2005年5月12日发布，《对外投资国别产业导向目录(三)》于2007年1月31日发布。

③ 为帮助中国企业了解和熟悉东道国国情，自2009年起，商务部国际贸易经济合作研究院、商务部投资促进事务局和驻外经商机构每年编写、更新《对外投资合作国别(地区)指南》，客观介绍有关国家(地区)的投资合作环境，并对企业跨国经营应注意的问题给予提示。目前最新的版本为《对外投资合作国别(地区)指南》(2011年版)。

④ 《对外投资国别产业指引(2011版)》(商合函[2011]767号)，由商务部、国家发展和改革委员会和外交部于2011年8月30日发布。

禁止类境外投资项目包括:

(1)危害国家安全和损害社会公共利益的;

(2)运用我国禁止出口的特有工艺或者技术的;

(3)我国法律禁止经营的领域;

(4)投资对象国家或地区法律禁止投资的产业,以及我国缔结或参加的国际条约规定禁止投资的其他产业;

(5)法律、行政法规规定的其他情形。

除了全国性的《境外投资产业指导政策》,一些地方政府也相应出台了关于境外投资的行业领域、鼓励办法等具体政策。

此外,符合《对外投资国别产业导向目录》且持有对外投资批准证书的企业,亦可优先享受国家在资金、外汇、税收、海关、出入境等方面的优惠政策。反之,如果不符合国家的产业政策,企业的境外收购就很难获得相关部门的审批。例如,2010 年腾中收购悍马未果,其很大原因是因为收购不符合目前中国经济转型的政策,导致难以获得政府部门的支持和审批。《中国汽车工业产业政策》明确规定,国家引导和鼓励发展节能环保型小排量汽车。而悍马这种耗油量大的车型显然与国内相关产业政策导向不符。

二、境外投资的审批部门以及审批程序

中国企业的境外投资项目包括项目前期(包括竞标阶段等)和正式开展境外投资两个阶段,分别涉及需经各部门的核准或备案。另外,如果境内企业通过借取外债、在境外发行股票、可转债等方式筹集资金,还需要履行相应的审批程序。境外投资涉及的审批事项主要包括:

1. 需报国资委或地方国资委审批的事项

国有独资企业、国有独资公司、国有控股或参股的公司(统称国有企业)进行境外投资,根据不同情况,首先需要得到国有资产监督管理机构(即国资委或地方国资委)的批准、核准或备案。现行境外投资法规对国有企业境外投资所需办理的国资委审批或备案程序并无具体和明确的程序规定。发改委也没有明确要求国有企业在境外投资项目的审批申请文件中包括国有资产监管机构的批准(只要求董事会决议之类的内部批准)。但是,根据企业国有资产监管的规定,国有资产监管机构决定其所出资企业中的国有独资企业、国有独资公司的重大事项,因

此,如境外投资被视为重大事项则需要得到国有资产监管机构的批准。[①]《中央企业境外投资监督管理暂行办法》则规定了中央企业应当编制年度境外投资计划,并按时报送国资委,列入境外投资计划的主业重点投资项目,国资委实行备案,计划外追加的主业重点投资项目,中央企业应在履行企业内部投资决策程序后报送国资委备案,原则上不得在境外从事非主业投资。有特殊原因确需投资的,应当经国资委核准。另外,有一些省国资委的相关规定将省属企业的境外投资列为必须得到国有资产监管机构批准的交易。[②]

按照有关规定,国有控股或参股的公司的股东会、董事会决定公司的重大事项时,国有资产监管机构派出的股东代表、董事,应当按照国有资产监管机构的指示发表意见、行使表决权,并将其履行职责的有关情况及时向国有资产监管机构报告。[③] 在实践中,国有企业一般会将重大境外投资项目作为重大事项而向国有资产监管机构申报获得批准。

另外,尽管有关国有资产评估的规定要求国有企业在以非货币资产对外投资或收购非国有单位的资产时,对有关资产进行评估,但并未明确要求国有企业进行境外投资时对境外收购的标的(股权或资产)进行资产评估。在实践中,由于国际市场上的通行评估方法及机构与国内差异较大,国有资产监管机构并不要求国有企业在项目审批申请文件中包括资产评估报告,但通常会要求企业说明收购价格的估值和定价方法,并提供目标企业的财务报告。

值得指出的是,针对国有企业主力军的中央企业,国资委从2008年开始先后发布了一系列文件,包括《国务院国有资产监督管理委员会关于加强中央企业境外投资管理有关事项的通知》[④]、《中央企业境外国有资产监督管理暂行办法》[⑤]、《中央企业境外国有产权管理暂行办法》[⑥]、《国务院国有资产监督管理委员会关于加强中央企业境外国有产权管理有关工作的通知》[⑦]以及《中央企业境

---

① 《企业国有资产监督管理暂行条例》(国务院令第378号)由国务院于2003年5月27日发布。

② 例如,《山东省省管企业投资管理暂行办法》,由山东省国资委于2009年11月26日发布。

③ 《企业国有资产监督管理暂行条例》(国务院令第378号)。

④ 《国务院国有资产监督管理委员会关于加强中央企业境外投资管理有关事项的通知》(国资发规划[2008]225号),由国务院国有资产监督管理委员会于2008年12月31日发布。

⑤ 《中央企业境外国有资产监督管理暂行办法》,由国务院国有资产监督管理委员会于2011年6月14日发布,2011年7月1日起生效。

⑥ 《中央企业境外国有产权管理暂行办法》(国务院国资委令第26号),由国务院国有资产监督管理委员会于2011年6月14日发布,2011年7月1日起生效。

⑦ 《国务院国有资产监督管理委员会关于加强中央企业境外国有产权管理有关工作的通知》(国资发产权[2011]114号),由国务院国有资产监督管理委员会于2011年9月29日发布。

外投资监督管理暂行办法》[1]等，旨在规范中央企业的境外投资，规避境外投资的风险，增强中央企业的国际竞争力。根据上述规定，中央企业原则上不得在境外从事非主业投资；有特殊原因确需投资的，应当经国资委核准。另外，需要由国务院或国务院有关部门决定、批（核）准的境外投资项目，中央企业则应当将有关报批文件同时抄送国资委，而在签署有法律效力的文件前不少于12个工作日正式向国资委行文报告（包括子企业的境外投资项目）。

2. 需报国家发改委或省级发改委审批的事项

对于中方投资额1亿美元及以上的境外收购和竞标项目，企业在开展实质性工作之前，即境外收购项目在对外签署约束性协议、提出约束性报价及向对方国家（地区）政府审查部门提出申请之前，境外竞标项目在对外正式投标之前，需要向国家或省级发改委报送项目信息报告，并取得国家发改委的确认函。[2]发改委此项规定的主要目的是尽早了解竞标或收购项目信息，避免多家中国企业对同一个收购目标进行恶性竞争。

国家发展改革委2004年第21号令《境外投资项目核准暂行管理办法》规定，境外竞标和收购的项目，应"在正式竞标或对外正式开展商务活动前，向国家发展改革委报送信息报告"。信息报告仅需告知投资主体基本情况、项目投资背景情况、投资地点、方向、预计投资规模和建设规模、工作时间计划表等信息，比项目申请报告简单许多。如果不事先向国家发展改革委报送信息报告，并取得国家发展改革委发出的确认函，则不得对外正式竞标或对外正式开展商务活动。所谓正式竞标或正式商务活动，应该理解为需要承担相应法律义务并有可能会产生实质性后果及影响的商务行为，包括正式递交标书、投入较大额的费用等行为。另外，《国家发展改革委关于做好境外投资项目下放核准权限工作的通知》（发改外资［2011］235号）第6条"根据新的境外投资项目核准权限，将《国家发展改革委关于完善境外投资项目管理有关问题的通知》（发改外资［2009］1479号）规定报送的项目信息报告范围调整为中方投资额1亿美元及以上的境外收购和竞标项目"。

涉及境外竞标和收购的项目，在项目中标或和出售方就收购条件基本达成一致后，应及时向核准机关提交项目申请报告，申请办理项目核准手续。考虑项

---

① 《中央企业境外投资监督管理暂行办法》（国务院国资委令第28号），由国务院国有资产监督管理委员会于2012年3月18日发布，2012年5月1日起生效。

② 《国家发展改革委关于做好境外投资项目下放核准权限工作的通知》（发改外资［2011］235号），由国家发展与改革委于2011年4月14日发布。

目核准机关在接到项目申请报告后有做出不予核准的行政决定的可能性，在投标文件或并购协议中应注明“需经中国政府有关部门批准”作为先决条件，以规避政府审核不予许可的风险。

对于涉及大型境外竞标或收购的项目，之所以设置预先提交“信息报告”的环节，而将递交“项目申请报告”置后，主要目的是考虑这类项目时间紧、不确定性大的特点，同时为了避免国内投资者相互竞争抬高收购价格。因此，在取得项目核准机关下达的确认函并正式开展商务活动或对外投标后，如果竞标或并购项目已经基本确定，应尽快递交项目申请报告，争取早日获得项目核准机关的行政许可，以减少项目的不确定性和减少延误。

在正式开展境外投资时，根据投资主体、投资总额、投资领域和投资区域的不同，企业需要取得国家或地方发改委的批准或备案。如果投资项目的投资总额超过了国家发改委的审批权限，国家发改委在核准项目之前还需要取得国务院的批准；前往未建交国家投资的项目，不分限额，由国家发改委核准或经国家发改委审核后报国务院核准。

如果国家发改委或省级发改委对境外投资项目予以批准或备案，将出具境外投资项目的项目核准文件或备案证明。对于在境外投资勘探开发原油、矿山等资源类项目，地方企业（中央企业存在特殊情形，详见下文）的中方投资额3亿美元以下的，由省级发展改革部门进行项目核准，而对于非资源类项目，中方投资额1亿美元以下的，由省级发展改革部门进行项目核准。但是，在中方投资额3000万美元以上至3亿美元以下的资源开发类、中方投资额1000万美元以上至1亿美元以下的非资源开发类境外投资项目，省级发展改革部门在下发核准文件前，需报国家发展改革委登记并获得由其出具的《地方重大境外投资项目核准登记单》。①

另外，对于中央企业中方投资额3000万美元以上至3亿美元以下的资源开发类以及中方投资额1000万美元以上至1亿美元以下的非资源开发类境外投资项目，仅需企业自主决策并报国家发改委备案而无须发改委的核准。

3. 商务部或地方商务主管部门

对于并购类境外投资，在确定投资意向后，境内企业应及时向商务部或地方

① 《国家发展改革委关于做好境外投资项目下放核准权限工作的通知》（发改外资[2011]235号），由国家发展和改革委员会于2011年2月14日发布。

商务主管部门报告并提交“境外并购事项前期报告表”。[①]

根据商务部于2009年3月16日颁布的《境外投资管理办法》，[②]在正式进行境外投资时，根据投资主体和投资目标国家或地区的不同，分别由商务部或省级商务主管部门对企业的境外投资进行核准，并通过“境外投资管理系统”对核准企业颁发《企业境外投资证书》。[③] 企业需要报商务部（中央企业直接报商务部，地方企业通过省级商务主管部门报商务部）核准的境外投资包括：（1）在与我国未建交国家的境外投资；（2）特定国家或地区的境外投资（具体名单由商务部会同外交部等有关部门确定）；（3）中方投资额1亿美元及以上的境外投资；（4）涉及多国（地区）利益的境外投资；（5）设立境外特殊目的公司。地方企业需要报省级商务主管部门核准的境外投资包括：（1）中方投资额1000万美元及以上、1亿美元以下的境外投资；（2）能源、矿产类境外投资；（3）需在国内招商的境外投资。企业开展上述情形以外的境外投资，只需提交《境外投资申请表》，报商务部或省级商务主管部门核准。金融类企业在境外投资开办企业前需要按照银行、保险或证券业务的划分分别获得相关业务主管部门的审批。

另外需要注意的是，即使在中国企业收购境外企业部分或全部股权或资产的情况下，也有可能触发中国反垄断法下的经营者集中申报的要求。反垄断法中规定的经营者集中的情形包括：（1）经营者合并；（2）经营者通过取得股权或者资产的方式取得对其他经营者的控制权；（3）经营者通过合同等方式取得对其他经营者的控制权或者能够对其他经营者施加决定性影响。[④] 但实践中，交易是否构成反垄断法下的经营者集中，需要视具体交易结构和中国企业通过收购所获得的对目标企业的控制权利来进行判断。在很多情况下，即使中国企业未获得多数股权，基于其在目标公司的公司治理或经营中所获得的控制权利，仍然有可能被认定为构成经营者集中。

如果参与某项经营者集中的交易方达到下述营业额标准的，则收购方（或获得目标企业控制权的一方或多方）应当事先向商务部反垄断局进行经营者集中申报，由反垄断局对该交易进行反垄断审查，做出是否禁止该交易的决定，并书

---

① 《商务部、国家外汇管理局关于印发〈企业境外并购事项前期报告制度〉的通知》（商合发［2005］131号），由商务部和国家外汇管理局于2005年3月31日发布，2005年5月1日起生效。

② 《境外投资管理办法》，由商务部于2009年3月16日发布。

③ 《商务部办公厅关于启用“境外投资管理系统”和〈企业境外投资证书〉、〈企业境外机构证书〉等有关事项的通知》（商合字［2009］65号），由商务部于2009年4月17日发布。

④ 《反垄断法》，于2007年8月30日发布，2008年8月1日起生效，见第四章。

面通知申报企业①：

（1）参与集中的所有经营者上一会计年度在全球范围内的营业额合计超过100亿元人民币，并且其中至少两个经营者上一会计年度在中国境内的营业额均超过4亿元人民币；

（2）参与集中的所有经营者上一会计年度在中国境内的营业额合计超过20亿元人民币，并且其中至少两个经营者上一会计年度在中国境内的营业额均超过4亿元人民币。②

另外，如果是投资境外矿产资源，应及时向商务部或地方商务主管部门办理网上备案并填报“境外矿产资源开发备案表”。③

4. 国家外汇管理局或地方外汇管理分局

在正式开展境外并购活动前，如果需要支付保证金、竞标费用以及中介服务费等前期费用，企业可以持相关材料向当地外汇管理局申请向境外支付前期费用（一般不得超过境外直接投资总额的15%）。④ 在确定境外投资意向后，境内企业应及时向国家外汇管理局或地方外汇管理分局报告并提交“境外并购事项前期报告表”。⑤

境内机构境外直接投资获得境外直接投资主管部门（包括发改委和商务部等）的备案或核准后，需到所在地外汇局办理境外直接投资外汇管理登记，并获得境外直接投资外汇登记证，以办理相关外汇收支业务。⑥

此外，在境外投资过程中，如果境内机构（非银行金融机构和企业）向境外机构提供担保（通常为其境外子公司提供母公司担保）以承诺履行合同约定的义务，则还需单独向外汇局申请登记或核准。⑦

---

① 《反垄断法》，见第四章。

② 《国务院关于经营者集中申报标准的规定》（国务院令第529号），由国务院于2008年8月3日公布，见第3条。

③ 《商务部、国土资源部关于实行境外矿产资源开发网上备案的通知》（商合发[2004]408号），由商务部、国土资源部于2004年8月17日发布，见第1条。

④ 《国家外汇管理局关于发布〈境内机构境外直接投资外汇管理规定〉的通知》（汇发[2009]30号），由国家外汇管理局于2009年7月13日发布，2009年8月1日起生效，见第三章。

⑤ 《商务部、国家外汇管理局关于印发〈企业境外并购事项前期报告制度〉的通知》（商合发[2005]131号），由商务部和国家外汇管理局于2005年3月31日发布，2005年5月1日起生效。

⑥ 《国家外汇管理局关于发布〈境内机构境外直接投资外汇管理规定〉的通知》（汇发[2009]30号），由国家外汇管理局于2009年7月13日发布，2009年8月1日起生效，见第二章。

⑦ 《国家外汇管理局关于境内机构对外担保管理问题的通知》（汇发[2010]39号），由国家外汇管理局于2010年7月30日发布。

5. 国土资源部或地方国土资源管理部门

如果是投资境外矿产资源项目，投资企业还应及时向国土资源部或地方国土资源管理部门办理网上备案，并填报“境外矿产资源开发备案表”。备案的内容主要包括目标资产的具体情况，开发活动情况包括执行时间或预计执行时间、主要矿种、伴生矿种、储量、平均年产量、总投资、中外投资各方名称、投资金额以及股权比例以及地理位置等。

6. 其他相关部门

对于境外投资项目，除了涉及上述部门的审批程序，还可能涉及外事部门、财政部门、税收部门、海关部门的批准或支持措施（主要是针对鼓励类境外投资项目）等。例如，以设备及零配件等实物投资出口的，由海关部门按全国统一的出口退税政策给予退（免）税；在信息交流、领事保护、人员出入境、外派人员审批和国内协调、对外联系等方面由外事部门提供便利和协助。

综上所述，拟在境外投资的中国企业需根据相关法律法规的规定，向主管部门提交相应的申请文件和资料，申请相关的境外投资核准、备案或登记。主管部门在受理申请后，需要根据相关法律规定的程序，在必要时征求相关部门的意见和进行评估后，做出是否予以核准、备案或登记的决定。

第二节　境外投资运营阶段涉及的国内法律问题

中国企业在完成境外投资后，仍需依法向商务部门和外汇管理部门等相关主管部门履行统计、年检和备案等手续，并由国家或地方发改委监督检查。涉及境外国有资产的，国资委将组织产权登记、检查运营情况以及财政部对中央管理的境外企业的审核、备案等。

一、商务部或地方商务主管部门：统计、年检和备案

在完成境外投资行为后，境内投资者应按照商务部和国家外汇管理局的有关规定报送统计资料，并参加商务部和国家外汇管理局组织的境外投资联合年检（每年6月1日至7月31日）和境外投资综合绩效评价（每年4月1日至6月

30日)。[①] 另外,境外投资企业在当地注册后,应将注册文件报商务部备案,并向我国驻当地经济商务参赞处报到登记。[②]

需要注意的是,《境外投资管理办法》增加了核准文件和《企业境外投资证书》的时效性,规定了企业自领取《企业境外投资证书》之日起2年内,未在东道国(地区)完成有关法律手续或未办理包括外汇、银行、海关、外事等境内有关部门手续,原核准文件和《企业境外投资证书》自动失效,如需再开展境外投资,须重新到原核准机关办理核准手续。[③]

此外,在核准后如果境外投资企业的企业名称、注册资本、投资金额、经营范围、经营期限、股权结构等发生变化,其境内投资者应当向原核准机关申请办理变更核准手续。

二、国家外汇管理局或地方外汇管理分局:年检、备案、监督与管理

在完成境外投资行为后,境内机构应在如下情况发生之日起60日内到所在地外汇局办理境外直接投资外汇登记、变更或备案手续:[④]

(1)境内机构将其境外直接投资所得利润以及其所投资境外企业减资、转股、清算等所得资本项下外汇收入留存境外,用于设立、并购或参股未登记的境外企业的,应就上述直接投资活动办理境外直接投资外汇登记手续。

(2)已登记境外企业发生名称、经营期限、合资合作伙伴及合资合作方式等基本信息变更,或发生增资、减资、股权转让或置换、合并或分立等情况,境内机构应就上述变更情况办理境外直接投资外汇登记变更手续。

(3)已登记境外企业发生长期股权或债权投资、对外担保等不涉及资本变动的重大事项的,境内机构应就上述重大事项办理境外直接投资外汇备案手续。

境内机构持有的境外企业股权因转股、破产、解散、清算、经营期满等原因注销的,境内机构应在取得境外直接投资主管部门相关证明材料之日起60日内,

---

① 《对外贸易经济合作部关于印发〈境外投资综合绩效评价办法(试行)〉的通知》(外经贸合发[2002]523号),由对外贸易经济合作部(已变更)于2002年10月1日发布,2003年1月1日生效;《商务部、国家外汇管理局关于境外投资联合年检工作有关事项的通知》(商合函[2009]60号),由商务部、国家外汇管理局于2009年12月28日发布。

② 《商务部关于境外投资开办企业核准事项的规定》(商务部令2004年第16号),由商务部于2004年10月1日发布,见第10条。

③ 《境外投资管理办法》,由商务部于2009年3月16日发布,见第30条。

④ 《国家外汇管理局关于发布〈境内机构境外直接投资外汇管理规定〉的通知》(汇发[2009]30号),由国家外汇管理局于2009年7月13日发布,2009年8月1日生效,见第9条。

凭相关材料到所在地外汇局办理注销境外直接投资外汇登记手续。

另外,如上所述,境内机构(金融机构除外)应按照境外投资联合年检的相关规定参加年检。多个境内机构共同实施一项境外直接投资的,应分别到所在地外汇局参加外汇年检。

三、国家发改委或地方发改委:申请变更及监督检查

已经核准的境外投资项目如出现下列情况之一的,需向国家发改委申请变更:①

(1)建设规模、主要建设内容及主要产品发生变化;

(2)建设/投资项目地点发生变化;

(3)投资方或股权发生变化;

(4)中方投资超过原核准的中方投资额20%及以上。

另外,对于中央管理企业限额以下仅需向国家发改委申请备案的项目来说,除上述变更之外,如果在计划建设或收购交割期内未实施,也需要重新申请备案。②

值得指出的是,根据发改委有关规定,国家发改委可以对项目执行情况和省级发展改革部门核准境外投资项目情况进行监督检查,内容包括项目是否按照批准的规模和条件实施,是否对发生的变更履行了审批或备案手续,地方发改委是否按照规定的权限和程序对境外投资项目进行审批等。

四、国资委或地方国资委:境外国有资产产权登记和监督

国资委或地方国资委负责境外国有资产产权登记、监测境外机构国有资产产权的变动情况、检查国有资产营运状况等。③ 其中,凡占有、使用国有资产的境外机构,都必须由境内投资者及时办理境外国有资产产权登记。对于新批准设立的境外机构或境外机构再投资设立分支机构或控股投资项目在境外正式注册后60日内需办理占有产权登记。对于境外企业发生下列变动情形之一时,应自境内有关部门批准变动之日起60日内办理变动产权登记:

---

① 《境外投资项目核准暂行管理办法》(发改委令[2004]第21号),见第15条。

② 《国家发展改革委办公厅关于境外投资项目备案证明的通知》,由国家发展改革委员会办公厅于2007年5月30日发布。

③ 《境外国有资产产权登记管理暂行办法》(国资境外发[1992]29号),由国家外汇管理局、财政部和国有资产监督管理委员会于1992年6月25日发布;《境外国有资产产权登记管理暂行办法实施细则》(国资企发[1996]114号),由国有资产监督管理委员会于1996年9月11日发布。

(1)机构名称、住所、法定代表人、中方代表人改变;

(2)国有资本的增减变化;

(3)国有资产经营形式变化;

(4)境内投资或派出单位的变动。

如果境外机构分立、撤销、被兼并、被合并、破产或转让全部国有资产产权,则应经境内有关部门批准在对资产进行评估、清算和处置后60日内办理注销产权登记。

另外,国有资产管理部门对境外机构进行产权登记年度检查(以下简称年检登记),检查境外机构占有、使用境外国有资产情况,主要包括是否按规定申办境外国有资产占有产权登记、变动产权登记、境外国有资产的增减变动情况及其审批手续是否完备、出资人资金的实际到位情况、境外国有资产的安全、保值增值情况、境外国有资产的合法权益是否受到侵害以及以个人名义持有国有股权或拥有物业产权的情况等。该年检登记事宜,应在每年9月30日以前办理完毕。

对于中央企业的境外投资,还有一系列专门的规定。其中,中央企业境外企业的重大资本运营决策事项需由国资委或由国资委会同有关部门审核,并在必要时上报国务院批准。该等重大决策事项包括:①

(1)境外发行公司债券、股票和上市等融资活动;

(2)超过企业净资产50%的投资活动;

(3)企业增、减资本金;

(4)向外方转让国有产权(或股权),导致失去控股地位;

(5)企业分立、合并、重组、出售、解散和申请破产;

(6)其他重大事项。

而对于下列事项,中央企业须报国资委备案:

(1)不超过企业净资产50%的境外投资活动;

(2)企业子公司发生的上述重大决策事项。

另外,如果境外企业发生以下突发事件且影响特别重大的,应当通过中央企业在24小时内向国资委报告:②

(1)银行账户或者境外款项被冻结;

---

① 《境外国有资产管理暂行办法》(财管字[1999]311号),由财政部、外交部和国家外汇管理局于1999年9月27日发布。

② 《中央企业境外国有资产监督管理暂行办法》,由国务院国有资产监督管理委员会于2011年6月14日发布,2011年7月1日起生效。

(2)开户银行或者存款所在的金融机构破产；

(3)重大资产损失；

(4)发生战争、重大自然灾害，重大群体性事件，以及危及人身或者财产安全的重大突发事件；

(5)受到所在国(地区)监管部门处罚产生重大不良影响；

(6)其他有重大影响的事件。

此外，中央企业应当根据境外投资规划编制年度境外投资计划，并按时报送国资委。[①] 在重点投资项目实施过程中，出现项目内容发生实质改变、投资额重大调整和投资对象股权结构重大变化等重要情况时，中央企业应当及时报告国资委。对于中央企业重要子企业由国有独资转为绝对控股、绝对控股转为相对控股或者失去控股地位的，应当报国资委审核同意。[②]

自2012年开始，中央企业需每年组织对各级子企业执行《境外产权办法》的情况进行监督检查，并将检查情况以书面形式报告国资委。国资委每年将对中央企业境外国有产权管理情况进行不定期抽查。[③] 中央企业还应当于每年4月30日前将本企业境外国有产权管理状况以书面形式报告国资委。

---

① 《中央企业境外投资监督管理暂行办法》(国务院国资委令第28号)，由国务院国有资产监督管理委员会于2012年3月18日发布，2012年5月1日起生效，见第7条。

② 《中央企业境外国有产权管理暂行办法》(国务院国资委令第26号)，由国务院国有资产监督管理委员会于2011年6月14日发布，2011年7月1日起生效，见第10条。

③ 《国务院国有资产监督管理委员会关于加强中央企业境外国有产权管理有关工作的通知》(国资发产权[2011]114号)，由国务院国有资产监督管理委员会于2011年9月29日发布，见第7条。

第七章　境外投资应注意的境外法律问题

中国企业在境外投资时，除了要考虑目标国在政治制度、经济政策、文化等方面的差异以外，更重要的是要了解和遵守目标国的相关法律规定，从而确保合法进行投资行为、有效规避境外投资中的法律风险。中国企业在境外投资遇到的法律问题非常繁杂，本章将从如下几个主要方面讨论在跨境投资中应当注意的境外法律问题。

第一节　目标国的外资政策

投资活动发生在目标国，因此在开始投资前，必须要入乡随俗，研究和了解目标国与外国投资相关的政策和法律环境，为进行投资可行性分析、交易架构的确定以及后续运营规划打下基础。

一、目标国的外资鼓励待遇

世界上大部分国家对外国投资都在不同程度上表示支持和欢迎。有的国家甚至推出一系列优惠政策来吸引外国投资，如低价的土地、开设经济特区、税收减免政策、无息或低息贷款等。了解并充分利用这些优惠政策将对中国企业在境外投资项目中节省开支和增强价格优势等方面很有裨益。

例如，荷兰政府为外国投资者提供了若干补贴机会：在所谓的欠发达地区（如荷兰北部、林堡省南部和弗莱福兰省）投资，可以获得财政补贴；投资奖励计划（IPR）对创造就业机会的项目提供约为投资成本 1/5 的补贴；一般的税收方案对节能或环保领域的投资提供支持，最高可达投资成本的 55%。巴西中央政府为吸引外国投资增加就业机会，可给予外国投资者税收优惠，优惠视外国投资对巴西贡献而异，各州、市均由不同的税收优惠措施，如以优惠条件提供生产所需基础设施（土地、厂房）、水、电、燃料，减免商品流通服务税，提供低息贷款等。

再如，哈萨克斯坦政府对有意投资于其制定的优先经济活动目录所指定的行业的国外投资者，给免征企业所得税或授予从事投资项目的纳税人对其年收入总额进行额外扣除的权利，对在投资项目中新建的固定资产免征财产税，以及对用于投资项目的土地免征土地税。为了促进投资，德国通过对某些投资成本提供补助的方式设定了一系列的投资鼓励措施。这些措施通常有现金鼓励（地区经济结构促进发展共同任务项目和被称为“投资补贴”的为促进东德地区投资活动而设立的特殊现金鼓励项目）、低息贷款（由德国复兴信贷银行或各州的发展银行向投资者提供低于市场利率且还款期限长的贷款）及公共担保（指由德国政府提供的可补偿的银行担保）。

二、外资限制措施

在进行投资前，不仅要看到目标国提供的优惠政策，还要对目标国法律环境进行总体了解。很多国家对外国投资也存在产业、国家经济安全、出口管制或外汇等方面的不同程度的限制措施，因此有专门针对外国投资的法律法规，以及相应的政府监管部门。例如，美国和加拿大对限制外国投资的行业都有专门的立法、审查机构、审查标准与程序。美国对外国投资虽然总体较为宽松，但某些领域如通讯、交通运输、金融等领域在联邦立法层面严格控制外资。俄罗斯对于外资进入电信业、在俄从事加工、生产、试验、修理及技术利用的航空企业，以及资源开发领域，对于外资持股比例分别有严格的限制。

总体来说，发达国家对外国投资的限制要比发展中国家相对少一些。各国限制外商投资的大多是具有战略地位、涉及国家安全或公共利益的领域，如石油、天然气、媒体、电信、军事、金融服务、银行、媒体、广播、能源等。在德国，原则上外国企业无须任何许可即可收购德国企业，但是在特定行业则有特殊要求能源供应企业需要许可：如果申请者不具备个人能力、技术能力和经济能力以长期提供能源或批准其提供能源会给能源需求者带来不利后果的话，则可能被拒绝批准。葡萄牙对外资完全开放，外资进入不受任何限制，但如果外资的性质、组成或实施条件等可能对葡萄牙社会秩序、安全、公共健康造成影响，例如武器、军需品和战争物资制造以及其他需政府机构参与的项目，必须在遵守相关法律规定并满足特别适用法律条款要求的情况下实施。葡萄牙对于某些特定经济领域（通常为具有重要战略意义的领域）仍限制私有经济参与，例如获取、处理及供应公共用水、邮政、公共服务制度下的铁路运输及海上石油开发。对上述领域，私人经济只能在政府部门的控制下参与经营。

外资限制的形式大多是以附加条件（外资股权比例）或者是要求办理审核或许可证方式体现出来的。一般来说，对于外国投资有限制的行业，政府会规定一套较为严格的审批程序。在论证境外投资可行性时，中国企业要充分了解目标国对外资的具体限制措施，合理评估这些措施对投资计划的影响，同时防止假借或夸大外资限制对中国企业产生负面影响。

值得注意的是，有的国家对某些敏感性的行业会完全禁止外资的进入，例如，越南法律禁止外国投资的领域包括：对国家安全、国防和公共利益有害的投资项目、处理从国外输入的有毒废料投资项目等。尽管外商直接投资某些领域被限制或禁止，外国投资者还是可能采用其他可行的变通模式。例如，俄罗斯法律禁止外资进入的产业和部门包括：核武、核能及国防、军工领域，信息及保密领域，卫生防疫等；尽管采矿活动的投标或采矿许可证的拍卖仅对俄罗斯公司开放，外国公司可通过全资的俄罗斯子公司间接参与。不过，在采取变通方式时要注意有些规避法律的做法是法律明文禁止的。

国家的法律总是不断变化的，特别是外资政策可能受国内和国际政治经济形势的影响而进行不断调整。因此，中国企业要及时了解目标国外资政策的最新情况，从而积极有效地应对。

第二节 外国国家安全审查制度

在近年来中国企业的海外并购中，投资目标国常常以并购威胁国家安全为由，反对或拒绝批准中国企业收购当地公司或资产。中国企业海外并购屡屡受挫也使国内企业开始反思并购交易遭到目标国安全审查的原因及应对之策。

从中国企业失败的海外并购案来看，投资受挫的对象不仅包括大型国有企业，也包括民营企业，如中兴、华为等发起的一系列并购案；被审查行业不仅包括能源和资源领域，还包括信息科技行业、制造业，甚至服务业。所以，企业身份及产业性质并不足以解释中国企业的海外并购为何屡屡受阻。究其原因，国家安全审查主要受各国贸易保护主义的影响，特别是自 2008 年金融危机以来，一些国家为摆脱本国经济困境开始采取更为严格的贸易保护措施。其中，国家安全审查已成为对中国企业海外并购影响最大的一项贸易保护措施。

有统计数据表明，中国企业进行跨境交易失败的概率（15%）比其他金砖五国公司的概率（8%）高出近一倍，比西方跨国公司的概率（5%）高出两倍。[①] 造成这一情况的原因之一就是目标国政府对中国企业的收购行为具有更高的政治敏感度，更加关注由于中国企业的并购行为带来的国家安全问题。这种对国家安全审查的关注和强调趋势，已经成为中国企业海外并购所面临的最大法律风险之一。中国企业是否能够有效应对目标国的国家安全审查，是其境外并购能否顺利完成的关键。

在境外并购中，目标国进行国家安全审查的一般原则是：对于涉及国家安全或国计民生的关键行业，进行严格的国家安全审查；而对于其他外资可以进入的行业，则视具体情况而定，有可能采取限制海外并购方在目标企业的股权比例等措施。很多国家都设立有专门的国家安全审查机构对外资并购交易进行国家安全或类似的审查程序。

鉴于此，中国企业在进行境外并购时，首先应做好详尽的法律尽职调查，了解东道国法律政策对国家安全审查要求，遵守东道国的法律法规及审查制度，对于可能成为审查焦点的内容做好预备方案。在接受国家安全审查的过程中，应及时并积极与审查机构进行沟通，适时向审查机构解释和陈述，做好公关媒体方案，或根据审查要求对交易方案做出的必要调整。中国企业在对外资敏感的领域或行业进行投资，还可以采取在东道国寻找战略合作伙伴联合行动，以弱化中国企业的影响因素。聘用有影响力的、能够向游说当地政府的特殊公关顾问协助审批也是一个常用和有效的方法。

对中国企业及中国法律背景的不了解正是东道国提起国家安全审查的动因之一。对企业文化、公司治理的积极宣传，特别是对中国企业的市场化运作以及与政府相互独立的运营，能够对海外并购的成功起到积极作用。最后，如果遭受不公正的审查结果时，中国企业可以考虑借助 WTO 贸易规则或投资保护协定等机制诉诸法律程序寻求救济，主张自己的合法权益。

以下将简要介绍中国企业境外投资的一些主要国家的外资并购安全审查制度的立法和实践。

---

① 参见“企业跨境收购成败归因”，载 http://roll.sohu.com/20121226/n361818325.shtml，2013 年 3 月 11 日访问。

一、美国 CFIUS 审查

美国是全球吸收外国投资最多的国家，也是大量中国企业最感兴趣的目标市场。但中国企业在美投资受挫的一系列案例，从中海油收购尤尼科失利，到华为收购 3Com 和 3Leaf 先后被否，到最近奥巴马政府向三一集团发出投资禁令，使中国政府及企业对赴美投资感到格外关注和紧张。事实上，提交国家安全审查并被否决的并购案只占美国并购案总数的极小比例，属于小概率事件。但由于这些案例被媒体反复报道，造成对美国国家安全审查机制的负面作用不同程度的放大。在实践中，很多中国企业在美国成功完成了投资并购，如作为国家主权基金的中投公司成功并购美国爱伊斯电力公司。如果充分研究国家安全审查机制，经过事先周密计划和制定策略，中国企业赴美投资在很大程度上是能够合理应对的。

1. 概述

美国的外资并购安全审查制度的主要法律依据包括：1988 年《埃克森—弗罗里奥修正案》（Exon-Florio Amendment），1992 年《伯德修正案》（the Byrd Amendment），《2007 年外国投资与国家安全法》（the Fomigu Investment and National Security Act of 2007）以及 2008 年美国财政部公布的《关于外国法人收购、兼并和接管的条例建议稿》[Proposed Regulations Pertaining to Mergers, Acquisitions and Takeovers by Foreign Persons（gINl505 – AB88）]。

美国负责国家安全审查的主管机构为美国外国投资委员会（Committee on Foreign Investment in the United States，CFIUS）。CFIUS 是一个跨部门的委员会，它被总统授权调查涉嫌威胁国家安全的由外国人控制的交易，并有权终止交易、允许或有条件地继续交易。CFIUS 的成员单位包括财政部、司法部、国土安全部、国防部、国务院、能源部等。

2. 国家安全审查的范围

美国国家安全审查的交易主要有两个条件：第一是交易会造成外国控制美国公司；第二是交易对美国国家安全构成影响。“控制”并不能简单地认为是控股，事实上，CFIUS 审查的交易范围包括控股及非控股投资。CFIUS 对“控制”给出的定义是直接或间接进行重大决策的权利。

但 CFIUS 并未对“国家安全”做出明确定义。从美国对国家安全审查相关法律的修订来看，美国安全审查对“国家安全”的解释正在逐步扩大，已从最初的国防工业基地以及技术转让上扩大到境外对美国重要基础设施的投资方面。

目前在美国有多个部门为视为属于“重要基础设施”范畴的经济部门，包括农业及食品、水、公共卫生、突发事件服务产业、国防、电信、能源、交通运输、银行及金融、化工或危险材料行业、邮政及航运、信息技术。除了传统的国防安全外，还包括所有“如果遭到破坏或被外国人控制会对美国国家安全造成威胁的系统和资产”，如银行、供水、关键技术、基础设施等，而威胁美国国家安全的关键领域以及“若受到攻击可能对生命和民众信心产生严重损失的关键资产（包括有形和无形资产）”。除此之外，如果外资并购威胁到美国在关键技术领域的世界领先地位，或影响美国的本土就业，都将被视为威胁美国国家安全。由此可见，CFIUS在调查中具有很大的裁量权。

3. 审查程序

CFIUS 审查属于交易方自主申报，即如交易方可以自主决定向 CFIUS 申报拟进行或进行中的交易。同时，CFIUS 也有权自主决定启动程序，调查涉嫌威胁国家安全的交易，不论该交易是否已完成交割，并且根据调查结果决定是否向总统建议禁止该项交易。因此，为了减少交易在被动情况下被 CFIUS 审查的可能性，如果交易方认为交易存在被调查的可能性，更好的方式是主动向 CFIUS 进行申报，配合调查。交易方在正式调查前也可以向 CFIUS 进行咨询。

国家安全审查分为四个阶段：申报或通报、审查阶段、调查阶段和总统决定，每个阶段都有严格的程序和期限规定，整个期限为 90 天。

审查程序可以由并购交易方主动向 CFIUS 提出，也可以由 CFIUS 成员就某项并购交易向 CFIUS 提出机构通报而启动。其中，申报需要并购交易方向 CFIUS 提交书面申报材料，披露主要的交易条款以及外国公司、其最终股东、董事和管理人员的信息。CFIUS 从并购交易方主动申报或提起通报后开始进入为期 30 天的审查阶段。如果 CFIUS 委员会认为并购不会对国家安全造成威胁，则会作出不予调查的决定，反之就会进入调查阶段。

在为期 45 天的调查阶段中，CFIUS 将会要求并购交易方进一步提供文件，或者与各交易方进行单独会面，以便确认如何向总统提供决策建议。CFIUS 还有权与并购方进行协商，要求并购方就相关并购交易做出一定“有利于或不损害美国国家安全”的承诺与保证。CFIUS 在调查完毕后会就调查结果向总统提交调查报告或建议后，总统需要在 15 日内作出决定并报告国会。

2012 年 9 月 28 日，美国总统奥巴马以“威胁美国国家安全”为由，签发行政命令禁止三一集团的关联公司罗尔斯公司在美国俄勒冈州一军事基地附近兴建四个风电场，并要求罗尔斯公司在 90 天之内从该项目中撤出全部投资。这也成为22年来头一次由美国总统下令禁止外国企业收购美国公司的事件。此案由于在美国大选期间发生，被认为是政治风险的法律化。这个案例也传达了一个信号，即中国投资者在对美敏感行业和区域投资时可能面临更为严格的审查。因此，中国企业对于美国国家安全审查制度应予高度重视，特别是要提前进行分析和计划，避免陷入被动局面。

二、澳大利亚安全审查

澳大利亚矿产资源丰富，又地处亚太地区，是中国企业矿产资源收购的热点目标国之一。近年来，为了在准入阶段就将具有国家安全威胁的不利资本排除在外，澳大利亚政府加强了对外国投资者的审查力度。

澳大利亚没有单独就国家安全审查立法，其国家安全审查制度体现在外资政策、外资并购法及实施细则以及财政部每年发布的外资政策中。如1975年制定的《外国并购法》（以下简称《75年并购法》，Foreign Acquisitions and Takeovers Act）及其实施细则《1989外资并购规则》（以下简称《89年并购规则》，Foreign Acquisition and Takeovers Regulation）。除此之外，外资并购还要受到行业相关法律法规的规制。

《75年并购法》和《89年并购规则》以及澳大利亚历年来修订的外资政策文件均没有明确的"国家安全"定义。2011年2月澳大利亚政府公布最新外资政策，规定审查外国投资时将从六个方面衡量投资是否符合澳大利亚国家利益，并首次明确提出将重点审查投资金额较大、目标企业员工众多、市场份额较大、对环境的影响大、涉及敏感行业或拥有特殊资产的外资项目。根据2011年澳大利亚最新修订的外资政策，澳大利亚外资审查的主要特点在于：

1. 审查制度区别化

澳大利亚外资并购审查针对并购方的不同身份背景采取不同的审查制度。第一，对外国政府及其实体的投资，无论投资金额大小和拟持有目标企业的股份比例，都需接受审查。第二，对美国以外的外国私营部门的投资，澳大利亚法律规定只要达到一定投资金额和一定股权比例就需接受审查。投资金额每年将根据澳大利亚国内生产总值进行调整，并在外国投资审查委员会网站上公布。而基于《澳大利亚—美国自由贸易协定》，美国投资者对澳大利亚投资享有更优惠的审查条件。

2. 审查机构和审查结果

澳大利亚的审查机构由行政部门、国家安全机构及外国投资审查委员会

(Foreign Investment Review Board,FIRB)组成,由FIRB及国家安全机构对具有重大影响的外资并购做出评估意见,由国库部部长根据签署评估意见作出审批决定。若国库部部长认为某项并购交易有损澳大利亚国家利益,有权禁止该项交易,或者附加一定禁止性义务后批准该交易,这又被称为缓和措施。

缓和措施最初是针对中国矿业并购审查时使用的,对中国矿业并购给予附加一定条件的批准。例如,兖州煤业对FelixResource的投资在2009年10月获得附条件的批准,即交易必需满足一系列具体条件才能实施:兖州煤业必须通过一家澳大利亚公司经营其澳大利亚煤矿、总部及其管理团队要设在澳大利亚、首席执行官与首席财务需常驻澳大利亚;并购后的公司至少有两名董事常驻澳大利亚,且其中一位为独立董事等。

缓和措施的出台表明,澳大利亚政府对于外国国有企业的外资审批和安全审查进入到一个新的阶段,更多通过以市场为导向的商业运作机制来维护澳大利亚的"国家利益",而非单独考虑政治战略等非商业因素。

3. 审查对象

澳大利亚外资审查法律制度将外国投资者对澳大利亚商业和不动产项目的直接投资作为审查对象。在界定商业项目直接投资时,关注外国投资者是否取得目标企业的控制权。因此,即使外国投资者出资比例低于10%,如该外国投资者能通过获得投票权、任命董事会董事和签署特定合同(如贷款、提供服务和承购协议)等方式对目标企业施加影响,也将被视为直接投资。此外,获得目标企业的资产或股票的担保物权也被视为直接投资。

4. 审查程序

澳大利亚对外国投资实行强制申报和事前申报原则,要求所有需接受审查的外国投资必须在交易完成前向FIRB申报。在审查程序的设置上,澳大利亚政府将外资审查分为初审和调查两个阶段。初审期为30天,之后国库部部长需在10天之内告知交易方审查结果。如国库部部长认为交易不会对澳大利亚国家利益造成损害,将批准交易正常进行。反之,如认为交易可能损害澳大利亚国家利益,一般将启动调查程序,调查期为90天,国库部部长需在此期间决定是否批准该交易。

三、俄罗斯的外国投资安全审查

2008年4月,俄罗斯联邦委员会批准通过了《外国投资者对保障俄罗斯国防和国家安全具有战略意义的商业公司投资程序法》(以下简称《俄罗斯投资程序法》），正式建立了针对外国投资者的安全审查制度。此外，俄罗斯还通过对《俄罗斯地下资源法》、《俄罗斯大陆架法》、《俄罗斯保护竞争法》及《俄罗斯外国投资法》等多部法律的修改，完善的外国投资安全审查制度的内容。

1. 涉及国家安全行业的范畴

虽然《俄罗斯投资程序法》并未对“国家安全”做出明确定义，但该法将从事特定业务种类的公司定义为“对保障国防和国家安全具有战略意义的战略性公司”，该法具体列举了42个具体行业，范围涵盖核工业、通讯业、武器装备业、航天航空业、矿业、出版业、水产业、印刷业以及会对地质及水文造成影响的行业，若外国公司从事《投资程序法》列举的战略性行业，则可能被俄罗斯政府认定为战略性公司，相关并购交易必须通过俄罗斯政府的外国投资安全审查。

此外，在战略性行业投资除了要受到《俄罗斯投资程序法》的约束外，还要受到行业相关法律法规的限制，如《俄罗斯矿产资源法》规定，外国投资矿产资源必须获得地质研究、勘探和开采的综合许可证，必须在俄罗斯境内成立法人实体及矿区开采权招标等限制条件；《俄罗斯联邦电力法》规定75%的电网公司和系统管理公司必须为国家所有；《俄罗斯联邦天然气供应法》规定俄罗斯国家在天然气工业公司注册资本所占比重至少需为51%；等等。

2. 触发外国投资安全审查的交易类型

《俄罗斯投资程序法》规定了六种必须获得预先批准的交易形式，包括：能够导致外国投资者有权直接或间接处置战略性公司50%以上股份，有权任命战略性公司1人执行机构或集体执行机构50%以上成员，有权无条件选派该公司董事会、监事会和其他集体执行机构50%以上成员的交易；旨在使外国政府及其控制下的机构直接或间接控制战略性公司25%以上股份，或阻止该公司管理机构作出决议的交易，以及旨在使外国政府及其控制下的机构直接或间接控制特殊战略性公司5%以上股份的交易；以及其他会影响战略性公司管理权转移的交易。

需要特别注意的是，《俄罗斯投资程序法》对涉及“有权利用联邦及矿产资源的战略性公司”的交易设定了更为严格的审查标准，包括将导致外国投资者有权直接或间接控制其10%以上股份，有权任命其一人执行机构或集体执行机构10%及10%以上成员，有权无条件选派该公司董事会、监事会和其他集体执行机构10%及10%以上成员的交易；以及在外国投资者已控制某有权利用联邦级矿产资源的战略性公司10%以上股份的前提下，该交易将有利于外国投资者获得该公司股份。

由此可见,《俄罗斯投资程序法》规定的外国投资安全审查所关注的是交易是否导致战略性公司控制权转移,而并不限定交易的具体类型。

3. 主管审批机关

负责外国投资安全审查的主管机关为俄罗斯工业和能源部,在审查中同时需要咨询俄联邦安全局及国家保密委员会的意见。在将各部门的审查意见汇总后,俄罗斯工业和能源部会将审查结果上报俄罗斯外国投资监管委员会,由该监管委员会根据审查结果对相关交易作出允许或不允许的决定。有时,俄罗斯外国投资监管委员会将在要求投资者作出相应保证和承诺之后批准交易。

《俄罗斯投资程序法》对外国投资安全审查期限并未作出严格的限制,一般来说,俄罗斯工业和能源部和外国投资监管委员会完成审查程序并作出决议的时限约为3个月,在特殊情况下,外国投资监管委员会有权决定延期3个月。

四、加拿大国家安全审查制度

加拿大是世界上第一个用成文法规范外商投资的国家。加拿大政府早在1973年、1985年就先后颁布《外国投资审查法》(Foreign Investment Review Act)、《投资加拿大法》(Investment Canada Act),并成立加拿大投资局,通过外资准入审查对外商投资进行有效管理。加拿大于2005年及2009年对《投资加拿大法》进行修正,并于2009年颁布了《投资国家安全审查条例》,确立了外商投资必须"为加拿大带来净利益"标准,将保护国家安全纳入外资规范目标,规定了对可能损害加拿大国家安全的外国投资的审查机制,从而完整地建立了外资并购国家产业安全审查法律制度。2012年,加拿大发布了为执行《加拿大投资法》的《国有企业指引修订》,明确了在执行《加拿大投资法》时,外国的国有企业和非国有企业将继续被区别对待,对现有的国家安全审查体系进行了有效补充。

1. 关于"国家安全"的标准

加拿大法律并未明确"国家安全"的定义,规定了进行国家安全审查的两项标准:一是外国投资必须为加拿大带来"净利益"标准,具体考虑因素包括:(1)投资对加拿大经济活动的水平和性质的影响,包括对就业、资源开发、加工和出口的影响;(2)在企业或者该产业中加拿大人参与的程度及重要性;(3)投资对加拿大生产率、生产效率、技术开发、产品创新、产品品种的影响;(4)投资对加拿大产业内部竞争的影响;(5)投资与国家政策、产业政策和经济政策的一致性;(6)投资对加拿大国际竞争力的贡献。二是不得"危害加拿大国家安全"标准,在该标准下,不论交易所涉及加拿大商业资产价值大小,或者并购目标企业股份比例的大小,只要存在危害加拿大国家安全的可能,就需要进行国家安全审查。

另外,加拿大法律特别规定,对外国国有企业的审查还需要特别考虑以下因素:国有企业对被收购的加拿大公司控制和影响的程度及所涉及的行业的控制和影响的程度;相关外国政府对该国有企业的控制与影响的程度;国有企业的公司治理情况。

除此之外,加拿大法律还将金融(银行、保险、证券信贷及信托业)、能源(石油及天然气生产、电力、核能)、交通(铁路、航空事业)及文化与通讯(广播、出版、电讯等)列为四大重点敏感行业,严格限制外资的进入或投资比例。

2. 审查对象

根据加拿大最新修订的《投资加拿大法》及《投资国家安全审查条例》,加拿大国家安全审查程序适用于非加拿大居民投资人,范围包括个人、实体、政府及政府机构。根据《国有企业指引修订》对外国国有企业的定义,除了被外国政府所有或控制的实体可适用加拿大国家安全审查程序之外,由外国政府直接或间接"影响的"实体亦被列为外国国有企业,可适用国家安全审查程序。

3. 审查程序

非加拿大居民投资人拟通过新设或并购控制加拿大企业,应当按照《投资加拿大法》的规定,将交易情况通报加拿大政府或提交投资审查申请。若根据《投资加拿大法》确定的交易审查限额,相关交易属于应接受审查的范畴,则由工业部部长进行投资审查,经审查,若工业部部长"有合理理由确信"由非加拿大居民进行的投资将有害加拿大国家安全时,可以在规定期间内向该非加拿大居民投资人发出可能对其实行国家安全审查的通知。在与加拿大公共安全和紧急情况准备部部长协商后,工业部部长可将该交易送交加总督进行国家安全审查,加总督有权停止该项交易,增加交易条件(如要求投资人提交承诺书)或者命令投资者退出对收购企业的控制。

4. 审查时限

工业部部长在收到投资人申报后45日内需完成投资审查,若在规定期限无法完成审查,工业部部长有权单方决定延长审查期限30日,如果相关交易被认为需提交加总督进行国家安全审查,工业部部长通知投资人。加总督的国家安全审查期为45日,针对外国国有企业展开的国家安全审查,则可进一步延长审查期限。如相关交易被认定有害加拿大国家安全,加总督应在15日内发出停止交易命令。在安全审查过程中,加总督做出的决定和命令以及工业部部长作出的决定均为最终决定，免予联邦法院司法审查，也不得向任何法院上诉或被审查。

2012 年 12 月 7 日，加拿大工业部长根据《投资加拿大法》批准了中海油收购加拿大尼克森公司（拥有巨大油砂资产的油气公司）以及马来西亚国家石油公司（Petronas）收购加拿大天然气生产商 Progress 能源公司的收购方案。

第三节 境外投资中所涉及的反垄断法问题

一、各国反垄断法的立法概况及对境外投资的影响

世界各国对并购投资的法律监管很多是从反垄断法开始的，特别是发达国家往往有比较成熟的反垄断法。由于企业的并购行为可能导致对市场竞争产生一定的负面影响，因此各国都从维护市场竞争的角度对并购行为进行一定的规制。

美国是世界上最早通过反垄断法的国家，在 1890 年就通过了世界上最早的反垄断法——《谢尔曼法》。继其之后，日本、德国、欧洲经济共同体等发达国家或地区都先后都颁布了各自的反垄断法。在 2007 年年底中国颁布了自己的反垄断法后，世界上主要的经济体和司法辖区都已经被反垄断法或竞争法所覆盖。在近年来，随着世界经济格局的不断变化，各国反垄断的执法体现出日益严格的趋势。

在面对一项并购交易时，绝大多数国家的反垄断法均要求并购各方应在完成其交易前获得反垄断主管部门的审查同意，否则有可能面临严厉的处罚，甚至被撤销交易。在跨境并购中，由于经济活动的全球化，收购方和目标公司很可能在多个不同国家及法域均有经营活动，因此交易也可能同时需要在很多不同国家进行反垄断申报，而不仅仅限于在收购方所属国及目标公司所在国。事实上，一项跨境并购交易常常需要同时在很多国家进行反垄断申报程序，需要协调这些不同国家的申报程序以及对交易进程的影响。因此，对交易可能涉及的目标国的反垄断审查进行事先了解和相应的准备，可以提高交易完成的速度，增加中国企业跨国并购成功的概率。

二、境外并购交易中需要考虑的反垄断法方面的主要问题

在境外并购的交易中，需要从以下几个主要方面考虑相关国家的反垄断法律要求：

1. 交易是否会产生严重的限制市场竞争的效果

企业并购行为不可避免地造成消灭市场上的竞争者,并可能因此导致或加强垄断性的市场结构。正是出于维护市场竞争的需要,各国反垄断法都有控制合并的规定。这种控制的目的不是限制企业的绝对规模,而是保证在交易后市场上仍然能够进行有效的竞争,从而保护消费者的利益。

各国监管机构都会颁布一些审查操作标准,用以衡量何种并购可以被批准或拒绝。比如美国从1968年以来,每隔若干年要颁布一次企业并购准则。到1992年为止,美国先后颁布了4部并购准则,它们在内容上的变化大体反映了美国政府对企业并购监管法制的变迁。特别是20世纪90年代以来,美国更是灵活执行反垄断法,尽量避免干预有利于竞争或者对竞争无利但也无害的并购活动。1997年美国司法部和联邦贸易委员会还对企业并购准则中有关效益的问题作了修正,更明确地承认了企业并购的效益,指出某项并购即使对竞争有危害,但只要能够证明并购的最终结果,如在改进生产与服务以及降低价格方面的效益可以抵消上述危害,那么这项并购仍然可以进行。

但是,如果某一项交易会造成严重的限制市场竞争的效果且不存在可以抵消危害的效益,反垄断审查机关就有可能对该交易的实施附加限制性条件甚至否决该交易,以确保有效市场竞争的存续。例如,在2001年,欧盟就曾否决了通用电气并购霍尼韦尔的交易;在2011年,欧盟在西部数据收购日立磁盘驱动器业务的交易中,则对交易批准附加了条件,即必须将一部分业务出售给其他独立的收购方。

因此,在对某项交易进行可行性研究时,除了从纯商业角度考虑之外,也非常有必要对于交易是否会引发反垄断法问题进行评估。如果从反垄断法角度确实可能导致一定的限制市场竞争效果,则交易方(特别是买方)需要提前计划在反垄断机关对交易提出质疑时的应对方案。

虽然目前中国企业在全球经济规模下的影响力还比较有限,因此真正可能对目标国市场竞争产生重大负面影响的交易仍比较少。但随着中国企业自身实力的不断扩大,所需求的收购对象的规模和市场地位会日益提高,中国企业的海外并购也将很快会面临与欧美跨国企业在进行并购时所面临的反垄断法规制问题。

此外,并购行为是否对市场产生影响是基于一个界定的相关市场来分析的。根据交易所涉及的行业、产品或服务的特性,相关市场可能是全球市场、区域市场,也可能是某个国家的国内市场。由于境外收购可能会涉及多个国家的反垄断申报,交易在某些区域(如欧盟)或国家不具有反垄断问题,但可能在其他国家根据该国的市场特点等,却存在反垄断问题。例如,当年的波音公司和麦道公司合并,虽然在美国获得了通过,但在欧洲却受到挑战,并最终被附加了限制性的条件。因此,在跨境并购交易中,首先要根据并购双方产品和服务涉及的市场确定需要进行反垄断申报的国家,然后针对不同国家的情况进行具体分析。

2. 交易是否达到需要进行强制性申报的标准

即使并购交易不构成对市场竞争的影响,但如果根据相关国家的反垄断法交易方或交易本身达到了法定的申报标准,同样需要完成申报并获得批准。虽然并购交易涉及的行业、类型和结构可能多有不同,但通常判断交易是否达到申报标准是基于两个条件:

(1)交易本身构成了目标公司控制权的转移;并且

(2)交易方营业额或资产额和/或交易本身规模达到了法定的标准。

通常来说,境外投资的方式包括资产收购、股权收购或设立合营企业。不论哪种方式,如果交易的结果是导致目标公司股权或资产的控制权发生了改变,则就可能构成需要进行反垄断申报的交易类型。控制权的改变不必须是完全的变化,部分获得控制权同样可能被认为是控制权转移。控制权也不以是否获得多数股权或合并财务报表为唯一标准,即使不满足这些条件,如果对目标公司的重大经营或商业决策具有特殊的否决权,或能够通过其他协议等方式对目标公司产生影响的,也很可能被视为产生了控制权的转移。

因此,在某些交易中,交易方在权衡各方面考虑的情况下,可能会对交易结构或条件进行调整,以避免或减少反垄断申报的程序,加快交易完成的速度。所以,在交易条件谈判的过程中(甚至在交易结构搭建时),就应当把反垄断申报的要求考虑进去。

在交易确实构成目标公司控制权转移的情况下,还需要判断交易方营业额或资产额和/或交易本身规模达到了法定的标准。以美国为例:当交易金额超过一定标准(2.7 亿美元),或交易方的资产或年销售额超过一定数额时(1.36 亿美元),就需要向美国司法部和联邦贸易委员会提交申报。

而在欧盟,如果参与交易的交易各方全球营业额超过 50 亿欧元且参与交易的各方中至少有两方分别在欧盟区域内营业额超过 2.5 亿欧元,则需要向欧盟委员会提交申报。即使未达到在欧盟层面进行申报的标准,但如符合欧盟成员国各自的申报标准的,仍然需要在该成员国进行申报。

需要注意的是,所谓交易方的营业额,并不单指具体参与交易的法律实体,而是包括其整个集团的营业额，不论是否与交易的行业相关，因此对于一些大型中国企业的海外并购交易，可能会比较容易达到目标国反垄断申报的金额标准。在中国国有企业境外收购时，还可能面临的一个特殊问题是，同属国资委下属的国有企业，是否会被均视为一个集团内的公司。截至目前，欧盟委员会尚未在任何以往案例中将同属国资委下属的国有企业营业额合并计算，但也从未作出明确表示不需要合并计算，而是采取其他方式避免对此作出明确结论。当然，这是一个涉及政治经济宏观层面的重大问题，而非某一两家企业能够从制度上完全解决，但在中国企业进行并购交易时对于此类问题需给予充分注意。

3. 申报的要求、程序和时间

在判断是否需要进行反垄断申报的同时，还需要对不同国家申报的要求、程序和获得批准的时间进行事先分析，以合理安排交易进程。

通常情况下，对于不存在市场竞争负面影响的交易，能够较容易的获得反垄断审批。在反垄断法比较成熟的国家或地区（例如美国和欧盟），申报所要求的文件量相对比较固定，程序也比较具有预见性，对于明显不会对市场竞争产生负面影响的交易，通常可以适用简易程序，在最短时间内获得审批，例如欧盟程序可最快在申报日起 25 个工作日完成。但是，在一些刚刚开始施行反垄断申报的国家或地区，获得审批所需的时间可能会较长，长达数月。因此，在交易方规划有关交易进程时，需要将获得反垄断审批所需的时间考虑在内，特别是在交易文件中包含了一方在最终期满日具有解除权的约定时，需要特别注意反垄断审批所可能造成的拖延。

4. 交易完成后在相关国家当地遵守反垄断法的要求

在交易完成之后，企业在日常经营中也需要严格遵守相关国家的反垄断法，主要包括禁止达成垄断协议和禁止滥用市场支配地位的规定。在美国、欧盟（包括各成员国）、澳大利亚、南非等国家，都对反垄断法有非常严格的执法，违反反垄断法会面临很严厉的处罚。在一些国家，如美国，如果违反禁止价格卡特尔的规定，还可能面临刑事责任。特别要注意的是，这不仅包括目标公司注册所在国家，还包括其经营活动覆盖的国家及地区。

完成海外并购的中国企业的经营活动会日益国际化，在全球市场上面临的反垄断问题也必然更加复杂和严重。因此在完成交易之后，应当考虑并购双方情况，完善和继续执行所收购企业的反垄断合规制度，对员工进行必要的反垄断培训，特别是在并购后的业务整合行为中，应充分考虑相关市场反垄断法的影响，以避免和减小发生违反反垄断法的风险。

第四节　知识产权保护

很多中国企业在境外进行战略性收购,主要目标是获取先进的技术、品牌等知识产权以及研发能力,以进行技术和产品的升级换代以及业务的扩张。在这类并购交易中,目标公司的核心资产和价值很大程度体现在知识产权资产中。与机器、设备、土地等有形资产不同,以专利、商标、著作权、商业秘密或域名等表现形式的知识产权因其无形性以及法律保护的地域性特点而具有特殊风险。

中国企业收购国外知识产权的方式主要有两种:一种是直接收购相关的知识产权资产,例如北京汽车工业控股有限责任公司收购瑞典萨博汽车公司萨博9-3及9-5车型的知识产权就是一个典型的案例。另一种是并购国外的现存企业,从而将企业拥有的知识产权收入囊中。不论采取何种形式的并购交易,为了防控和管理有关知识产权的风险,可以从如下几个方面考虑。

一、知识产权尽职调查

在以知识产权为核心的并购交易中,针对知识产权的尽职调查是必不可缺的程序。通过进行尽职调查,并购方可以详细了解目标公司知识产权资产的状况,包括权属、范围、期限、知识产权的行使是否受到限制,知识产权的经济价值和战略价值,侵犯他人知识产权的潜在责任等。知识产权的经济价值通常取决于知识产权的类型及范围、先进性、有效期、受保护地域的范围以及是否受到其他协议的限制等因素,可以通过一定的估值方法进行评估。知识产权的战略价值则取决于其是否适合企业的业务及战略发展目标和其是否能够有效地实施。

中国企业在海外并购中所面临的知识产权法律风险大致可以分为以下几类:实际上未获得有效知识产权或存在潜在权属纠纷、知识产权过期失效、权利范围或行使存在限制、相关知识产权的质量不高、存在潜在侵权风险等。值得中国企业注意的是,知识产权保护是具有地域性和时间性的,而且目标公司拥有或使用的知识产权本身可能存在种种局限。因此,了解目标公司所拥有的知识产权、其受保护的范围以及相关国家的知识产权保护制度是至关重要的。

在某些并购案例中,目标公司声称拥有某项知识产权,但其受保护的地域和范围非常有限,甚至专利已经过期,或者在专利许可合同中存在对受许可方极为不合理的限制条款。这些都是在涉及知识产权的并购交易中需特别关注的问题,尽职调查的结果不仅会直接影响交易价格,有时可能会导致交易结构的重新评估或改变，甚至决定并购的成败。在一个案例中，一家中国企业希望通过并购一家隶属于跨国集团的目标公司，从其手中取得一项关键技术，并用于在中国市场的生产和销售。但是通过尽职调查发现，该项技术的所有权实际属于位于跨国集团在瑞士设立的特殊目的公司，而目标公司仅仅拥有非排他性许可，该许可对于在其他市场的使用以及进一步开发改进都存在诸多限制。在此种情况下，企业最终决定放弃交易。

并购方通常会聘用在知识产权领域具备经验的专业机构（律师及知识产权机构等）进行专门的知识产权尽职调查。一般调查主要关注知识产权的真实性、合法性和可转让性，通过调查核实相关知识产权的权属、效力状况、期限以及是否存在质押或其他限制等。深度调查会进一步了解目标公司所处行业、产品状况及技术发展状况、目标公司研发流程、保密制度、知识产权管理制度、专利发明人与目标企业的关系、是否存在主动和被动的知识产权许可、是否存在知识产权有关的争议、相关知识产权的质量和稳定性等。

值得一提的是，知识产权尽职调查并不能完全依赖外部专业机构进行。在以技术为主导的并购案中，并购方与目标公司往往属同一行业或相关行业（上下游企业），因此并购方对行业知识产权的发展状况及趋势有着更深入的了解。并购方的技术人员需要与外部专业机构紧密配合，才能对技术的先进性、适用性以及匹配性作出更准确的分析和判断。例如，拟收购的知识产权覆盖范围能否满足企业后续发展的长期需要，只有了解企业的产品发展规划才能作出判断。

最后，很多国家限制敏感技术对国外的转让，有些国家则限制驰名商标的转让。这些限制性的规定可以归结为权属限制转让。所以，知识产权尽职调查还需要对相关国家在知识产权权属限制转让的规定进行调查。

二、侵犯第三人知识产权风险分析

由于知识产权的特殊性，在一般性的尽职调查之外还需要就某项知识产权是否侵犯第三人知识权的风险进行专题研究和分析，即知识产权所有人是否能自由地使用知识产权进行运营，因此知识产权侵权风险调查也称自由运作调查（Free to Operation，FTO）。

侵权风险调查主要指通过调查以确定目标公司的产品或服务是否侵犯了任何第三方的专利、商标等知识产权。如果目标产品与服务所在行业存在专利保护，而目标公司实际不拥有专利，或者拥有的专利范围不能完全覆盖目标公司的产品与服务，或者目标公司拥有的专利仅仅为从属专利、使用该项专利还有赖于他人在先的基础专利，则目标公司将面临专利侵权指控的风险。如果目标产品与服务使用的商标并未注册，或者注册的商标实际并未投入使用，则目标公司可能面临商标侵权指控的风险。例如，在一家国际知名的制药企业拟收购某新药成果的资产并购案中，经调查分析发现，该新药成果的实施还依赖于几个在先基础专利。如要进行商业化生产，必须获得这些在先专利的实施许可，或等待其到期失效。这些将实质性增加收购的成本，经过多轮内部论证，该企业最终决定放弃收购。

显然，如果投资人在决策前未对潜在的知识产权侵权风险进行评估，则一旦出现侵权指控，往往会导致技术不能实施、停止运营，甚至面临侵权诉讼等严重后果，不仅交易目的根本落空，还可能遭受重大损失。此时即使追究交易对方的违约责任，也难以完全补偿投资人遭受的损失。

进行知识产权侵权风险的调查分析，需要了解相关技术领域的第三方专利或专利申请状况，分析目标技术与第三方专利是否构成法律意义上的相同或等同、是否落入第三方专利的权利要求范围，还要调查专有技术或专利的来源，分析使用技术是否可能侵犯第三方的商业秘密或知识产权，以及目标专利可否独立实施、是否存在基础专利、是否已获得基础专利的许可授权等。在此基础上判断是否存在侵犯他人知识产权的风险。

进行侵权风险分析往往需要得到目标公司的配合，由目标公司提供关于专利的详细信息以及在专利申请审查期间所引用的文件。另外，目标公司应披露相关知识产权是否存在已发生或正在进行的侵权纠纷，并购方可以在此基础上分析该等纠纷对知识产权收购带来的影响。

三、收购协议签署及交割中的知识产权保护

收购协议是并购交易中确定和划分双方风险承担的最重要文件，为了确保所获知识产权的法律权益，收购协议需要对双方关于知识产权的权利和义务进行详细规定。收购方为充分保护其利益，应根据通过调查获悉的知识产权状况及评估情况，有针对性地在收购协议中加入详细的知识产权条款。

首先，并购协议应对标的知识产权或目的企业的知识产权进行详细描述，例如权利人（共同拥有人）、权利种类或性质（著作权、商标、发明、不公开信息）、原始持有还是受让、权利是否完整、清洁无瑕疵、期限（剩余部分）、限定条件等，这些信息通常作为并购协议的附件。其次，出售方应该通过详尽的陈述及保证条款，对知识产权的权利状况做出承诺，若有违反则应承担违约法律责任。陈述和

保证的范围及程度往往是买卖双方谈判的焦点。由于知识产权一旦涉及风险可能会产生严重后果，出售方通常强烈希望在交易完成后即隔离风险，而不愿接受广泛的陈述与保证义务。在此种情况下，并购方应关注最重要的风险点，坚持得到基本和核心的保证。

对并购方而言，由于知识产权可能存在未来侵权风险的不确定，除陈述与保证条款外，并购协议还应明确规定在未来出现侵权争议的情形下双方的权利和义务，包括由谁主导应诉、抗辩或和解，各方诉讼中提供协助和配合的义务，以及诉讼后果及责任的承担等。

知识产权的交割指收购方与目标企业就涉及知识产权信息的核查、官方文件查验以及变更登记工作。在很多交易中，在交割完成后双方往往仍有相互配合或提供知识产权许可的义务，这些均应在并购协议中作出详细规定。

四、项目交割后的知识产权管理

技术驱动型的并购交易往往会涉及大量的分布在世界各国的专利资产。例如，在某企业的境外资产并购交易中，涉及近2000多件专利及专利申请，分布于美国、日本、韩国、欧盟等诸多国家和地区。在通讯、电子等技术密集型产业，并购交易涉及的专利可能达到数万件。对中国企业而言，交易完成后如何顺利对接和有效管理这些专利和知识产权至关重要。

建立有效的知识产权管理体系是避免、控制或减少知识产权侵权风险，充分维护自身合法权益，获得和保持竞争优势、并遏制竞争对手的重要方法和手段。对于拥有全球知识产权资产的中国企业，知识产权管理主要包括以下几个方面：

首先，企业要系统地维持和管理全球范围内的知识产权，包括在相关国家聘用代理机构并协调管理其工作。涉及专利资产（patent portfolio）的，需要处理全球范围内的专利申请、确权和登记工作，包括新生知识产权。针对商标，需要根据登记国法律要求及时做好日常维护、续展工作及其他当局要求的工作。除常规管理外，还要防止相关知识产权被取消或认定无效。

其次，针对庞杂的知识产权资产，企业需要建立知识产权定期审计制度，对现有专利及专利申请定期进行复查和筛选，放弃不必要的专利，以提高效率和降低维护成本。同时考虑部分知识产权对外转让或许可，加以商业化利用，通过收取转让费和许可费的方式增加收入，降低成本。除此之外，企业还需要在相关国家进行侵权监控，如果发现涉嫌侵权行为及时通过当地行政及司法救济手段寻求有效保护。

就实现企业的总体商业目标、享受税收和投资便利的角度而言，拥有全球知识产权资产的企业应该选择或安排合适的知识产权所有权结构。例如，在涉及大量知识产权的并购交易中，企业可考虑在税收优惠鼓励知识产权转让、许可的国家（例如卢森堡或爱尔兰）专门设立知识产权持有公司，充分利用知识产权许可费、转让费的优惠税率，以便于企业对知识产权进行有效管理和使用，并有利于进一步的对外投资。

五、中国对技术投资境外的法律规定

在境外并购案，除考虑目标国及知识产权所涉及的其他国家关于知识产权的法律制定外，还要考虑中国法律关于知识产权投入境外目标企业的限制和要求。如果在境外投资中涉及将中国企业的技术和知识产权投入境外企业，需要根据具体情况需要办理审批、核准及登记备案手续。

按照《中华人民共和国技术进出口管理条例》（2002 年 1 月起实施），技术划分为禁止出口、限制出口以及允许出口的不同类别。属于禁止出口的技术，不得对外出口。属于限制出口的技术，国家实行许可证管理；未经许可，不得出口。国内企业取得商务部颁发的技术出口许可意向书后，方可对外进行实质性谈判，签订技术投资合同。

对于不属于禁止及限制出口的技术，根据《技术进出口合同登记管理办法》（2009 年 3 月 1 日实施），则实行合同登记管理。相关技术合同自合法订立时生效，但应在合同生效时在商务主管部门办理合同登记手续。如果涉及出口核技术、核两用品相关技术、监控化学品生产技术、军事技术等出口管制技术的，依照有关行政法规的特殊规定办理。

第五节　投资矿产资源项目

近年来西方跨国公司之间加速并购，加强了对全球重要矿产资源的争夺和控制。与此同时，中国企业在矿产资源领域的境外投资快速增长，已经成为国际矿产资源市场上的一支不可忽视的力量。与其他行业相比，矿产资源领域投资的特殊性在于投资东道国选择的局限性和采矿业建设和运营的行业特点。因此本节主要介绍投资矿产资源项目从项目初期考量项目实施阶段需要关注的特别事项。

一、初期考量因素

在境外投资矿产资源项目，在进行项目考察和筛选开展的初期，除一般境外投资普遍涉及的问题之外，还需特别关注如下因素。

1. 投资东道国矿业法律环境

在主要矿产国家，矿业资源一般属于法律高度监管的行业，对矿产资源开发、利用和保护都有专门的立法。有的是针对多种矿产资源的综合立法，也有对某些矿种（如石油、天然气、煤等）的专门立法。这些法律对矿产的勘探和开采条件及许可程序、土地及环境保护等各方面作出规定。有的国家的矿产资源立法对外国投资限制较多，例如限制外资比例、禁止外资投向某些矿种，或者规定政府部门有权在资源使用者的行为威胁到国家与公众安全或健康时，可以单方面停止履行其在资源使用合同（例如采矿合同）项下的义务。

各个国家根据自己的社会经济发展状况和矿产资源丰足程度、国家经济政策、矿产资源对国家安全和对外政策的影响、环境保护需求等具体情况，采取不同的政策和措施来实现矿产资源的保护。总的来说，这种保护措施可以分为两类：第一类是通过严格的环境保护政策限制矿产的开发，提高矿产企业勘探的成本和准入门槛，从而达到限制开采，保护矿产资源的目的；第二类是制定具体的矿产资源保护政策和法规。

第一类的代表性国家为美国等西方主要工业化国家。由于其经济发展水平高，为实现保护国内资源和环境的目的，无论其国内矿产资源是否丰富，都主要是资源输入国而非输出国。美国的地下矿权归属于地表土地的所有者，并且矿权可以通过转让、出租等方式与所有权分离。在实践中矿权的所有人与实际开采作业人往往是分离的，二者之间的关系根据项目结构的不同各有差异，例如组成合资公司、合作开采或提供服务等不同结构。从联邦法律的层面来看，对矿产资源保护的重心为对矿业用地以及周边环境的保护，如美国 1969 年制定了国家环境政策法、1970 年制定了清洁空气法、1977 年制定了露天采矿控制及复垦法、1992 年制定了清洁水法等。另外，各州对环境保护也有自己的立法。因此环境保护是在美国进行矿产资源开采的一个重要考虑因素。

而对于加拿大、澳大利亚、南非等矿产资源丰富的国家来说，矿业开发是其经济基础，主要通过制定相应的矿产资源和环保法律法规进行规范，实现有限度的开发矿业资源，属于第二类保护措施。例如，澳大利亚由各州负责监管采矿及矿权的授予，但除此之外特定的联邦法律也适用，如有关原住民权利以及环保方面的法规。在澳大利亚从事矿业投资项目需要获得外国投资审核委员会的审批、州和联邦的环境保护审批以及项目开发审批等。在加拿大,除了部分省级或原著民所有权外,地下金属矿藏属于省级或特区政府所有,矿权的监管由联邦和省级政府负责。

2. 矿产资源类项目的不同开发阶段及投资考量

与其他资产类型不同,矿产资源项目的一个重要特点是项目在不同的阶段所带来的投资风险与回报有着巨大的差别。因此,投资者必须审慎考虑,从商业的角度对其风险偏好以及驾驭不同阶段项目所需要的技术、资金及销售能力作出判断,并在此基础上决定适合其投资的项目类型。

对处于勘探阶段的项目,即通常所说的"绿地"项目,由于需要投入大量的资金进行风险勘探工作以证明资源量和储量。因此,风险和不确定因素非常大。当然,这通常意味着投资者如果在此阶段上进入,有可能以较小的投资获得较大的项目权益。

如果项目已经做到所谓的"银行级可行性研究阶段",这通常意味着项目的所有人已经根据适用的资源和储量评判报告标准(见下文)对拟议进行开发的矿山的资源量(储量)获得了可以进行大规模商业性开发的确认。同时,其对项目开发所需要配套的土地、基础设施以及销售市场等因素也都进行了翔实的商业可行性研究。因此,这些报告为投资者提供了合理评估项目价值和风险的重要基础。在矿产项目开发的这一阶段进入投资,其风险相对可控,但进入的成本通常也因此会比绿地项目高很多。

对于已经完成建设并进入投产阶段的项目,初期矿业项目在资源量判断上特有的风险已经不存在,通常而言,有关基础设施的问题也应当已经解决,并且项目已经投入运营并能够产生现金收入。因此,项目的风险大大降低,估值到达最高峰。财务投资人以及对项目产出的特定矿产有需求的终端用户比较青睐此类矿业项目。

3. 资源及储量分类及报告标准

一个矿业项目的价值,在很大程度上取决于其具有商业性开采价值的矿产资源量的多少。由于项目的资源量在其不同的阶段上具有不同的确定性,因此,对项目在某一阶段上的资源量进行报告时,必须依据一定的标准进行。

由于经济、社会和政治等因素影响,不同的国家形成了差异很大的资源及储量报告制度,作为向投资者报告勘探结果、矿产资源和矿石储量的标准和规范。概括而言,主要分为通过国家法律规定强制性实施的体系(如苏联及中国适用的国家标准)，以及通过市场体系自然适用的体系(如澳洲及加拿大的标准)。为了弥合不同的资源(储量)报告体系间的巨大差异，联合国经济欧洲经济委员会(UN-ECE)的一个专门委员会从2001年开始，一直在积极推动各国使用联合国分类框架(UNFC)的体系，但似乎成效并不太大。

矿产资源大国澳大利亚的矿业行业普遍采用"勘查成果、矿产资源量、矿石储量报告澳大利亚规范(Australasian Code for Reporting of Exploration Results, Mineral Resources and Ore Reserves)"，作为报告单个项目资源的普遍标准，简称"JORC标准(JORC CODE)"。该标准是由"亚澳采矿及冶金协会"(Australasian Institute for Mining and Metallurgy)、"澳大利亚地质科学家协会"(Australian Institute of Geoscientists)"以及"澳大利亚矿产委员会"(Minerals Council of Australia)三家机构所组成的联合委员会在1999年首次联合制定并颁布。JORC标准其后被并入澳洲证券交易所(ASX)的上市规则中，成为在ASX上市的矿业公司必须遵守的强制性规范。

JORC标准在国际上产生了重大影响并被主要的国际矿业公司作为其内部和外部进行资源报告的通用标准。同时，JORC标准也通过"采矿和冶金机构协会"(CMMI)成为澳大利亚、加拿大、南非、英国和美国等国同意实施矿产资源和矿石储量的国际标准定义的基础。这些国家在此基础上先后公布了修改后的标准，包括加拿大适用的NI43-101矿产项目披露标准(National Instrument 43-101 Standards of Disclosure for Mineral Projects)以及南非适用南非矿产资源委员会规则(South African Code for Reporting of Exploration Results, Mineral Resources and Mineral Reserves)等。

对于投资者来说，一份由知名的地质工程师(或相关的专业服务机构)签发的、满足JORC标准的资源及储量报告，对其确定项目的投资价值和风险具有重要的参考价值。矿产资源的价值在很大程度上取决于已探明或推测的资源储量以及开采的地质条件和开采成本，因此矿藏的情况是技术尽职调查的重要内容。一般而言，大型矿业项目的投资者需要自己聘请专门的中介机构，对拟议投资的项目根据JORC标准进行技术尽职调查以判断其资源量的情况。

4. 基础设施状况

矿业项目的作业和运营需要基础设施进行配套。项目从开采、提炼加工到运输、销售等各环节，需要相应的水力、电力供应、仓储、内陆运输、远洋运输、港口等服务设施。对于投资者来说，需要重点考虑所需基础设施的可获得性。如果项目周边基础设施建设完备，服务价格属于市场水平，那么矿产项目的经济价值也易于实现；如果矿产项目所处地理位置偏远，且缺乏配套基础设施服务，那么则需要考虑如何获得或建设这些基础设施以及所需投资成本，作为项目整体方案的一部分。

二、尽职调查

与其他行业的境外投资项目一样，为调查和评估项目可能存在的风险需要对目标公司或资产进行尽职调查。除一般调查所涵盖的范围以外，在矿业项目的尽职调查需要特别关注矿权、土地的权属、基础设施、环境评估及合规问题等，在澳大利亚的许多州和加拿大的许多省还涉及原著民对拟议开采矿产的土地的所有权问题。

1. 矿权及矿藏

矿权无疑是矿产资源项目中最重要的资产。投资者在进行尽职调查时，需对矿权的种类、有效期、特许权使用费、是否设置第三方权利、是否可转让以及同一项目已颁发矿权证书数量和类别等进行详细调查。除一般尽职调查常用方式以外，往往还需要在颁发或登记矿权的机构进行独立调查。如前所述，对矿权的调查首先要以目标国对矿权的法律规定为基础。以澳大利亚为例，州政府拥有对矿产资源的所有权，负责颁发各种矿权并对矿业进行管理。联邦仅对海上固体矿产(海基线 3 英里以外海域)拥有所有权。澳大利亚各州的矿权设置不完全相同，但基本上分为五类，每种矿权授予持有人不同的权利，即普查许可、勘探许可、采矿租约、一般目的许可以及其他许可。

对矿权的调查结果不仅会影响到交易的决策和估值，也会影响到交易结构的设计。例如，如果部分重要的矿权证书属于不可转让的性质，则资产收购的交易方式可能会存在障碍，投资者可以考虑通过股权收购的方式进行投资。

2. 与矿权相关的权利：土地权和原著民权利

矿业开采活动不可避免地需要使用矿区及附近的土地，因此如何获得所需土地权是尽职调查的一个重点。与中国不同，在很多国家，矿权和土地权分属于不同的所有人，矿权持有人需要通过租赁或者产权转让的方式从土地所有人获得土地使用权。例如，在澳大利亚，如果是在私有土地上采矿，则土地所有人对采矿租约的授予享有有限的异议权，因此需要与土地权人进行协商，通过向其支付补偿金等方式获得土地的使用权，或者购买相关地块的所有权。

在澳大利亚、加拿大等国还存在矿业项目与当地原著民(土著居民)权利相冲突的问题。在澳大利亚，根据《原著民权利法》(联邦)，采矿租约的申请人必须与原住民权请求权人进行“协商”。在加拿大,最高法院裁定了一项法律义务,对任何影响原住民权利或其土地的活动都要向他们进行咨询。咨询的内容因项目的不同而有所差异,对原住民权利影响较轻的项目只要求发布通知和进行讨论;而对原住民权利产生重大影响的项目则需要获得原住民的同意。因此,矿业投资者需要注意拟矿区所在地是否属于原住民权利覆盖范围,以及当地法律关于原住民权利保护的要求,以充分考虑和保证根据当地法律履行相关原住民权利保护的程序。

3. 环保责任

开采矿产资源需要改变原有的地貌和自然生态,必然对环境发生影响从而产生环保风险。以环境许可为例,在大多数国家开采自然资源,都需要经过环境影响评估、制定环境保护计划以及取得开采资源的环境许可。由于环保标准的日趋严格,取得环境许可通常是一个费时费力的过程,也是影响矿业项目的可行性及投资成本的重要因素。投资矿业项目不仅需要满足现有环保法规的影响,还要考虑环保标准变化的可能性及未来趋势,从而评估对项目未来运营的影响。

对于收购现有矿业资产而言,收购方通常要承担目标公司或资产任何历史原因导致的环境责任,即使这些责任是由项目的前任所有人造成的。因此,需要进行专门的环境尽职调查,对目标资产或目标公司的环保责任进行详细评估,以避免潜在的风险。

另一项对矿业项目有重大影响的环境义务是关于矿场关闭和复垦的义务。大多数据国家的法律规定矿产开采完后要将矿区土地和周围环境恢复到可以使用的状态,有些国家甚至在取得矿权时即需要开采者准备复垦份划并提供相应的财务保证,这些都会对项目的未来运营产生实质性影响。因此,投资者需要在投资前了解法律法规就关闭矿场及复垦相关的责任和成本,以评估对项目产生的影响。

三、矿业项目的投资结构

项目投资结构设计需要考虑多种因素,特别是项目所处的开发阶段、尽职调查情况以及项目的利益相关方。常用的矿业项目投资结构包括设立合营企业、合作开发进行产品分成或收购现有矿产或矿业公司等。

1. 合营

一般而言,外国投资者直接以其名义申请勘探权和采矿权的情形并不常见,而多采用由若干投资人合营的方式进行共同投资。合营的投资结构优势在于,某些缺乏在当地投资或开采矿产的投资人可以通过与有矿产开采经验的投资人或在当地拥有矿权的投资人共同投资,分摊投资成本、风险和收益。合营方常常包括在当地拥有矿权的所有人、购买矿产品的大宗承购商或者对矿产项目勘探、开采作业有专长的运营商。在有些国家,东道国政府或其指定的机构也会成为矿业项目的合营一方。政府作为合营条件投入可能包括矿权、土地或服务等,这些合营条件往往难以按照市场价值进行评估,但实际是投资人在当地参与矿产投资的条件。东道国政府的参与对合营本身也各有利弊。

合营的具体形式通常可分为合伙制、公司制和契约制。合伙制企业通常根据合伙协议来调节投资人之间的关系,收益和亏损在合伙人层面分享,合伙人之间的关系可以相对比较灵活。合伙通常可以分为普通合伙制或有限合伙制:普通合伙人可以参与管理,但需对项目承担无限责任;在有限合伙制下,有限合伙人仅需承担有限责任,但受到限制不能参加合伙企业的管理。合伙制企业的一个优点是可以实现税收穿透,即税负由合伙人直接承担,而无须在合伙层面纳税。公司制的合营是在项目当地以公司形式注册合营企业,对投资人来说可以通过有限责任的方式限定投资项目的风险,但是合营公司事务受到更多当地法律强制性规定的限制,公司治理结构在法定限度内由股东协议和公司章程约定。与合伙制不同,合营公司需要在公司层面计算和缴纳税收,然后将税后利润向股东分红。契约制的合营则通过各方之间订立的合营协议进行规范,比合伙制享有更大灵活性。合营各方可能按照意愿自行建立管理架构,各方根据协议分担项目成本、分取产品销售的收入或直接分配产品。

具体采用哪种合营形式,取决于投资方之间关系的商业安排以及风险承担和税务的考虑。如果合营一方同时承担作业运营者的角色,运营商还要与合营企业或者其他合营方签订作业协议,规定作业运营者应达到的运营标准、权限和责任以及更换运营者的程序等。

2. 收购矿业资产

大部分中国企业投资矿业项目是通过收购现有矿产的方式进行的,包括以资产交易的方式直接收购特定的矿业资产,或者收购现有矿业公司的股权,从而间接收购其持有的资产和业务。关于资产收购及股权收购,包括对上市公司收购的详细介绍,请见第五章和第六章的内容。对收购方而言,采用资产交易的方式可以选择收购哪些资产,在一定程度上也选择承担哪些责任和债务(有些法定责任,如环保,无法通过协议方式排除)。而对于收购已经进行运营的矿业项目,或同时收购同一公司持有的不同矿业项目,则更多采用股权收购的方式。值得注意的是,一些国家(如加拿大)要求矿权所有人的控制权变更应获得相关审批。因此,即便采用股权收购的方式进行投资,也可能涉及矿权主管部门的审批。

取决于收购方的意图,在收购矿业资产时还会与目标公司达成附属商业安排。矿产项目的经济价值不仅仅体现为现金流,投资者直接获得矿产品有时候能获得更高的经济效益或更符合其商业意图。因此,在以获取矿产资源产品的稳定供应为目的的并购项目中,收购方会要求与目标公司达成长期包销协议(Off-take agreement),即规定矿业项目产出的产品将全部(或按比例)按照议定价格由买方包销。例如,甘肃金川集团收购赞比亚最大镍矿穆纳利镍矿51%股份,作为交易条件的一部分,双方达成之前产品包销协议,由金川集团收购穆纳利出产的镍矿产品进行冶炼。

四、东道国政府对项目的影响

相对于其他行业而言,矿产资源项目的投资和运营更大限度地受到东道国政府行为的影响,包括法律变更、政府征用等。东道国政府的行为,例如调整税收、实行进出口或外汇管制或者提高环保标准等,均可能直接影响到矿产项目的正常作业及获得投资收益,甚至导致项目无法实现其原始投资目的。

由于东道国政府行为的风险不仅在政治环境动荡的发展中国家存在,在发达国家也同样存在。比如在1976年澳大利亚的Fraser岛一案[Murphyores vs. Commonwealth of Australia(1976)136 CLR1]。该案涉及了一个澳大利亚矿业公司和一个美国矿业公司在Fraser岛从事开采金红石业务。由于在澳大利亚本国没有金红石市场,这两个公司所开采的金红石均需通过出口获利。这两个公司的作业均获得了昆士兰州的采矿许可,也遵守了联邦和州的各项法律。但是后来由于民众认为采矿作业对Fraser岛脆弱的生态环境产生损害,导致联邦政府发布了行政命令,不再颁发金红石的出口许可。这两公司尽管仍然拥有矿产,但是由于无法出口产品,实质上该项目丧失了经济价值。这两家公司上诉至法院,并最终由联邦政府向其提供了一定的经济补偿。

因此,东道国的政府行为及法律变更风险是矿业项目的投资者以及融资方最关心的风险之一。投资者在项目的任何阶段都需要密切关注投资东道国政府以及法律制度的变化。一些大型项目的投资人会寻求和东道国政府签订投资协议,特别是在地法律法规相对不健全的发展中国家,以规定对投资者的保护措施,包括税收及其他政策的稳定性等。但和东道国政府的谈判往往取决于很多因素,包括项目的规模和重要性,谈判过程耗时而复杂。

很多国家为吸引外国投资而签订了政府间的投资保护协定,从而为受到政府行为损害的投资人提供了一个保护渠道。如果中国和东道国政府签有投资保护协定,而中国投资者在当地的利益受到政府行为的侵害,例如,国家征收或者违反最惠国待遇,可以通过国际仲裁方式寻求救济。关于投资保护协定的介绍见第三章第三节。

应对政府行为风险的另一个办法是购买覆盖政治风险的保险。政治风险保险通常覆盖政府征用(或国有化)、货币汇兑限制、战争行为或政府违约等由于政府行为而产生的风险。

第六节 其他境外法律问题

中国企业在境外投资涉及的法律问题范围很广,不仅有和投资并购行为直接相关的法律,还有投资后在当地持续运营所涉及的法律法规。这些与运营相关的法律法规包括劳动法、社会保险、环境保护、进出口管制等各个方面,各个国家的法律范规也千差万别。本节对境外投资所涉及的一些最常见的法律问题进行简述。

一、劳动法

在中国企业境外投资的主要目标国,特别是欧美发达国家,包括劳动合同、社会福利、养老金、工会组织等在内的劳动法律体系相当发达,对员工的保护比较成熟和完善。一方面,这些法律制度保障了雇员的合法权益,维持了社会福利的标准,但另一方面,也给企业带来了较大的经济负担。中国企业进行境行投资并购,通常会涉及当地员工的劳动合同、补偿、留用或裁员等各方面问题,需要充分重视劳动问题,了解当地法规要求,而不能简单地把国内的一些观念和做法带到境外。

1. 工会组织

在很多国家,工会有强大的势力和权利,法律允许存在多个组织体系相互独立的工会组织,工人可自愿选择加入工会或组织建立新的工会。法律赋予工会和劳动问题相关的广泛权利,工会在企业运营、并购重组、甚至搬迁、裁员和撤资的过程中发挥重大影响。

在一些国家,在对目标公司进行并购或重组之前,需要征求工会的意见并与工会进行协商。法国和德国的劳动法即有这样的要求。而工会在协商时往往要求收购方承诺在相当时间内不得裁员或降低现有雇佣条件。为了得到工会的支持和同意,中国收购方需要尽早与工会进行沟通,向其介绍投资方案及后续经营计划,并进行谈判。

在企业经营中,很多国家的法律允许工会代表员工与企业进行集体谈判,并且赋予了工会为争取劳动权益合法罢工的权利。例如,加拿大法律规定,工会是代表希望集体谈判的工人进行集体谈判的唯一机构,并且绝大多数工会有权通过罢工实现谈判要求。在很多国家,员工可以选择参加不同的工会,企业在经营中需同时处理和多个工会的关系,各工会与公司可能有不同的集体合同。中国企业在并购前的尽职调查中,需要详细了解目标公司的工会组织以及现有集体劳动合同的情况。

另外,如企业准备搬迁、裁员或关闭,也要衡量具体情况处理好与工会的关系,以免发生大规模纠纷、抗议或罢工。在很多国家,企业要进行上述行为需要和工会协商或征得工会的同意,否则可能导致法律纠纷。

2. 高管和核心人员的聘用

在很多并购交易中,收购成功的关键在于留用目标公司的高级管理人员及核心技术人员。因此,如何确保在收购完成后能够继续留用关键人员为目标公司服务,需要在交易谈判阶段就进行计划。并购方可要求出售方促使目标公司与这些人员签署锁定协议,并将锁定协议的签署作为交割的先决条件之一,让出售方的利益与并购方绑定。另外,中国企业还应该根据当地市场的惯常做法,考虑给予关键人员留用奖励,并设计实施高管股权激励计划,使得核心人员的利益和企业一致,以确保留住核心人员,保证目标公司实现平稳过渡运营。

还有,值得注意的是,在一些劳动法严格保护劳动者的国家,例如,在欧洲的很多国家,提前解聘高管需要支付昂贵的代价,这需要中国公司在确定高管人员的聘用之前仔细考察,并对劳动合同的条款认真审查。

3. 员工雇佣

在完成境外投资后,企业运营中的员工雇佣安排需要符合目标国的法律要求。为此,进行投资的中国企业需要详细了解目标国的劳动法,例如,目标国法律是否限制雇佣本地员工和外国员工的比例,是否存在外国人的就业限制,及何种雇佣方式既合法又有效率等。有些发展中国家,如巴西、墨西哥、委内瑞拉、沙特阿拉伯等国,要求公司中的外国雇员人数不能超过一定比例。另外,中方投资者一般会派遣员工到目标公司工作,因此还应事先了解目标国的移民和签证政策及对入境工作是否存有限制。

对于雇佣当地员工,应遵守当地法律对于雇佣方式(如临时雇佣、固定期限雇佣和无固定期雇佣)的法律要求,并在法律允许的范围内选择经济有效的方式。例如在加蓬,如果一个临时工持续为某雇主工作一周以上,便自动转为长期工,雇主与其解除劳动关系应支付补偿。中国某工程公司在加蓬的建设项目中,因不了解法律要求而使用了大批“临时工”,拟在工程结束后予以解雇,最后遭到工人抗议和起诉,当地法院判决该公司支付相当于已付全部工资的大笔补贴。

另外,有些国家存在关于雇佣员工的特殊规定或做法,中国企业在投资前必须做好预习。例如,南非著名的黑人经济授权法案(BEE)作为南非政策经济改革战略的核心,为了提高黑人在南非经济中的参与程度,在南非境内所有行业适用该法法案。南非政府将会使用一种“记分卡”,对各企业实施 BEE 法案的情况,包括吸收黑人投资、聘用黑人雇员、为当地社区所做贡献等各项指标进行打分,并且在企业申领执照、许可,参加招投标和政府采购时考虑企业的 BEE 地位。虽然名义上 BEE 不是强制适用,但由于其对在南非经济和社会活动中的重要影响,外国投资者事实上必须遵守,否则举步维艰。

4. 裁员及解聘

在收购完成后,特别是收购困境中企业的情况,收购方往往需要对目标公司进行业务重组,以实现收购方的整体商业策略,而裁员又不可避免的是业务重组的一部分。裁员所需的程序和成本均需事先做好充分计划。在 TCL 收购 Thomson 后进行重组,发现裁员的困难远远高于最初的预期,不仅就裁员方案要和工会进行旷日持久的沟通,而且为此支付了巨额成本。

为了避免实施裁员计划时出现被动局面,收购方需要预先详细研究当地法律对裁员及解聘员工的要求,分析政府和工会对裁员可能采取的态度。收购方要事先制订细致周全的裁员方案,保证裁员工作能顺利稳妥地进行,避免发生劳资纠纷,从而最终顺利实现重组计划。

关于裁员计划,交购方早在交易实施前就需要进行策划,一方面在与目标公司及工会的谈判中需要充分考虑,避免做出对未来产生不合理限制的承诺;另一方面需要把裁员所需的成本和要求计算到整个交易的投资计划中。另外,根据目标国的法规,收购方就裁员计划还可能需要与当地政府的劳动部门进行协商,以获得其对收购交易的支持。

5. 中国企业的应对措施

在项目的尽职调查阶段,中国企业应当详细进行与劳动问题相关的调查,一方面需要宏观了解目标公司所在国的劳动法律环境,对劳动合同、工会、裁员、社会福利、养老基金等各方面要求了然于胸;另一方面要微观掌握目标公司的具体劳动情况,如雇员总数及结构、劳动合同、集体合同、工会组织、社会福利、员工股权激励计划;等等。

针对交易可能涉及的每个劳动法律问题,进行并购的中国企业均应计划应对方案。例如,如果当地法律或集体合同要求并购必须获得工会同意,则应当在收购协议的先决条件中加入获得工会同意。此外,还应区分解决相关劳动法律问题的责任方,例如,和工会的谈判,应明确谁是主要谈判方,谈判条件的确定应经过什么程序,相关责任由谁承担等。在收购重组完成后,中国股东还应促使目标公司持续遵守当地的劳动法律。

二、环境保护法

长期以来,很多中国企业环保意识较为淡漠,但在境外投资行为中,环保是一个需要高度关注的问题。目标国法律以及中国所签署的国际条约关于环境保护的要求对境外投资项目的合法性、可行性、成本等都会产生影响。中国政府在审批境外投资项目时也关注投资项目可能涉及的环境问题。商务部于 2005 年发布的《境外投资开办企业核准工作细则》,其中第 8 条规定关于境外投资涉及履行有关国际协定义务,在核准中重点把握与环境保护和濒危动植物保护有关的国际协定,体现了中国政府对环境保护相关问题的关注。

在投资目标国,环境保护的政府机构、环保组织以及公众对外国投资对环境的影响非常关注。处理不慎会会对投资项目产生负面效果。尤其是发达国家环保标准高,环保要求十分严格,环保问题更是可能造成巨大风险和危机。例如,2010 年,英国石油公司(BP)所位于美国墨西哥湾的钻井平台发生爆炸,酿成美国历史上最严重的原油泄漏事故,造成了重大的环境污染。英国石油公司因此付出了高昂的代价,不仅根据美国联邦地方庭法官批准的刑事和解协议需支付 40 亿美元刑事罚款,还要向联邦政府、美国国家鱼类和野生动物基金会、美国国家科学院和美国证券交易委员会支付高达几十亿美元的民事罚款和赔偿。

1. 并购交易涉及的环保责任

在并购交易中,针对具体的目标公司或目标资产而言,并购方需要在环境保护、健康和安全方面进行尽职调查,以评估其在历史上以及将来持续的经营活动存在的环保责任或可能面临的环保风险。对于环保风险高的行业或目标公司,如化工、矿产资源开发等行业,需要进行专门的环保尽职调查,除对目标公司的环保记录进行核查外，还需要有专门的环保人员进行土壤取样化验和实地检测。

世界上大部分国家对环境污染所带来的损害赔偿均规定了较长的诉讼时效，尤其是发达国家，对环境污染所造成损害的惩罚措施非常严厉。在并购合同中，针对可能存在的环保风险，一般要求出售方或目标公司就环保问题进行专门的陈述与保证，并规定赔偿安排机制。关于环保责任的索赔期通常比一般性保证责任要长。但正由于环保责任所涉及的高风险，也由于环保问题难以严格区分责任，出售方一般会对出售方的保证和赔偿要求进行抵制，甚至要求收购方对未来可能产生的环保责任向出售方提供反向担保，以保证出售方实现"干净"的退出。

在实践中，有时双方会达成在交割后的一定时间内在无法分清责任时由出售方和收购方按约定比例分担风险，或通过第三方保险等方式解决。值得注意的是，谈判过程中所做的妥协应当是以尽职调查环保责任和风险进行准确评估为基础来判断，才能避免盲目决策。对于绿地投资项目而言，投资人在实施项目前也需对当地环保要求进行评估，以确定达到环保标准对投资成本的影响。

2. 目标国对环保的要求

中国企业在进行境外投资时，还应当了解投资所在地的环保法规和环保要求。通常，发展中国家环境保护方面法律法规相对松散，而发达国家对环境保护有更严格的法律标准和执行程序。除了投资所在地的环境法律法规外，投资者还需进一步了解投资所在地的国家或地区参加的有关国际条约或与中国签订的双边环境保护条约以及相关的国际惯例。

不论是并购项目，还是绿地投资，投资活动完成后的后续经营都需要遵守当地的环保要求和标准。确保环保合规的前提首先是对当地环保法的了解。例如，澳大利亚环境法主要分联邦和州两级，联邦和各州都有自己的环境法规，有时还有更低一级的地方环境法，投资者需要对不同层面立法的环保要求全面了解。澳大利亚联邦政府依据《环境和生物多样性保护法(1999)》(EPBC)的规定，对可能国家环境造成重大影响的活动进行环境评估和审批，而各州政府对本州内实施的项目进行环境评估，虽然向环保部门提交环保评估提议不是法定要求，但环保部门的批准可以为环境污染或损害赔偿诉讼提供抗辩，因此，对于在澳大利亚的投资项目来说，可能需要同时获得联邦和州两个层面的环保批准。

特别是投资于对环保要求较高的行业，是否能达到环保要求以及相关成本构成项目投资可行性的重要组部分。在巴西投资矿产项目必须获得巴西环境和可再生资源协会(IBAMA)发放的环保许可。环保证书是建设任何有可能对环境产生污染的设施时必不可少的法律证明，企业在项目投资前必须向该协会或其地方分支机构申报，依据巴西有关法律以及公众听证会等程序得到批准后，项目才能够正式进行。矿业投资属于对当前或将来可能造成环境污染的项目或活动，因此要实施环境影响研究分析，出具环境影响分析报告。

3. 环保对融资的影响

环境保护问题对投资项目所需的融资也存在很大影响。国际银行机构已经制定了关于自然和社会环境保护的贷款标准，特别针对水电、石油管道和炼油厂等大型开发项目。赤道原则是目前国际上最具代表性的绿色信贷标准，其是2002 年 10 月世界银行下属的国际金融公司和荷兰银行，在伦敦召开的国际知名商业银行会议上，提出的一项企业贷款准则。这项准则要求金融机构在向一个项目投资时，要对该项目可能对环境和社会的影响进行综合评估，并且利用金融杠杆促进该项目在环境保护以及周围社会和谐发展方面发挥积极作用。赤道原则适用于全球各行业总成本超过 1000 万美元的新项目融资。

目前全球已有 32 个国家的 79 家金融机构正式采纳了赤道原则，覆盖了全球新兴市场超过 70% 以国际项目融资额。2008 年 10 月底，中国兴业银行宣布采纳“赤道原则”，成为中国首家采纳“赤道原则”的金融机构。投资方在环境保护方面的风险评估和措施越来越多成为金融机构审查信贷的一项标准。因此，环境保护将不仅仅是投资东道国的法律要求，还可能构成项目融资的门槛，要求投资方充分重视环境评价工作。

三、进出口管制

世界上几乎所有的国家都会对货物及技术的进出国境采取不同程度的限制措施。中国企业在境外投资项日中，除了为了获得投资回报以外，还有不少旨在获得目标国的资源、设备、技术或产品。因此，投资行为和商品与服务的进出口常常是密不可分的。了解目标国对相关货物或技术的进出口限制规定，成为境外投资项目前期工作中的重要一环。

1. 进口限制

不少国家为了保护本国民族工业的发展，对外国投资者进口设备和货物用于投资项目进行限制。除了对某些货物的进口直接要求取得许可证外，还要求投资项目必须采购相当比例的当地设备和材料，保持一定的当地成分（local contents）。例如，发展中国家出于保护本国汽车产业的目的，对汽车行业零部件要求一定的国产化比例。1993 年到 1997 年，印尼实施了一系列鼓励汽车工业采用当地产品、零件、部件的措施。如果相关企业的当地成分能够达到政府规定的水平，就可以减免进出口关税、奢侈货物销售税、增值税等。

但是，世贸组织注意到一些国家规定的投资措施阻碍了国际贸易以及跨国投资的开展，因而通过其成员国之间达成协议，确立了一些基本原则以规范国际直接投资。对国际直接投资间接适用的世贸组织协议包括乌拉圭回合达成的“服务贸易总协定”和“与贸易有关的知识产权协议”；对国际直接投资直接适用的是“与贸易有关的投资措施协议”（TRIMS）。TRIMS 要求在国际直接投资中适用国民待遇原则和透明度原则。另外，TRIMS 还规定禁止与贸易有关的投资措施，包括当地成分要求、进出口平衡要求、进口用汇要求以及国内销售要求。自乌拉圭回合后，已发生多起关于某些发展中国家的汽车业政策是否符合 GATT 的有关规定和 TRIMS 的争议，并提交给 WTO 争端解决机构解决。这些争议主要是由日本、美国和欧盟对印度尼西亚、菲律宾、巴西等发展中国家提出的。WTO 成员应当停止被 TRIMS 禁止的强制性贸易方面的要求，逐步取消国产化方面的要求，以避免这类争议的发生。

2. 出口限制

许多国家对一些战略性资源、货物或技术设有出口管制措施。在中国企业投资比较集中的国家，如美国、加拿大、欧盟等均设有货物及技术出口管制清单，对相关货物及技术向任何国家或某些国家出口要求取得出口许可证，或者禁止向某些国家出口，例如可用于军事用途的货物或技术。如果中国企业境外投资或并购涉及目标国法律规定的出口管制产品，则项目的难度和障碍会大大增加。在一些并购交易中，为了能成功完成交易，目标公司把涉及的出口管制产品和业务进剥离，然后再出售给外国公司。

美国有关出口控制的主要法律法规包括《出口管理法》、《出口管理条例》、《武器出口控制法》、《武器国际运输条例》等，它们是有关机构组织和实施产品与技术的出口控制的主要法律依据。在美国，如某项产品属于美国军需用品清单上的物品，需要在国防贸易管制局（DDTC）注册并获得出口许可，遵照国际军火贸易条例（ITAR）的规定出口。如收购目标为根据 ITAR 注册的公司，应在交割前 60 日向 DDTC 发出通知。美国军需用品清单之外的产品由财政部管制出口，根据出口管制法规（EAR），需要获得出口许可。违法出口限制可能带来民事责任和刑事责任。

加拿大实行出口限制的法律依据是《加拿大进出口许可法》（Export and Import Permits Act）。加拿大公民或企业在出口货物和技术时，如果这些货物和技术的出口目的国在“地区控制清单”里(目前为安哥拉和缅甸),则出口商需要从加外交国贸部获得“地区控制许可”。如果出口货物和技术在“出口控制清单”里,则需要“出口控制许可”。加拿大外交国贸部所属的进出口控制局下设出口管制处(Export Control Division)主要负责货物和技术出口的管理工作。加拿大需要管制的出口货物及技术,即“出口控制清单”包括军民两用品、军需品等八组。除上述主要由外交国贸部审批的出口货物和技术外,加拿大联邦政府的其他部门也负责各自业务范围内的一些出口审批项目,如加拿大小麦局、卫生部、农业部、文化遗产部、金融监督局、自然资源部、环保署以及海洋渔业部等。

作为西方国家最主要的联合体,欧盟对华技术限制已长达半个多世纪。五十多年来,无论是冷战时期的“巴黎统筹委员会”,还是近二十年来的“瓦森纳协议”和“1334号法令”,欧洲国家对中国的出口管制政策未见松动。而除了欧盟名义下的封锁措施,欧洲各国也根据本国的情况制定出了各自的限制措施,包括列出复杂详尽的“出口清单”,完全禁运,限制出口或者实施申报审批制度等。当今技术发展前沿的电子信息、新材料、新能源、激光传感、航空制造、船舶与海事设备等众多领域的技术,均位列明令禁止向中国出口的“黑名单”上。

3. 贸易制裁

欧美国家对某些国家(如伊朗、古巴、朝鲜等)仍实施严格的贸易制裁措施,禁止向这些国家出口货物或技术,或从这些国家进口货物。这些制裁措施对那些在欧美上市的中国企业也在不同程度上适用,因此这些企业在对相关国家投资时需要事先了解这些制裁措施的适用范围及是否可以采取规避措施。中国企业在向欧美国家投资时,常常被要求承诺遵守这些贸易制裁措施。由于一些中国企业和这些受限国家存在一定的贸易往来,在应对这些要求时需格外谨慎。另外,即使制裁措施对中国企业并不适用,也需要考虑对被制裁国家投资的外交政策风险。

四、外汇管制

企业在境外投资的目的是取得投资回报,因此投资方能将资本金、利润或其他款项汇回本国是投资行为的关键一步。如果目标国存在外汇管制措施的话,则需考虑这些措施对外汇资金的汇入汇出的影响。

1. 各国的外汇制度

各国外汇制度和政策,取决于该国的经济、金融情况和国际收支的顺差或逆差规模。经济和金融市场发达的国家和外汇收支持续顺差的国家通常没有外汇管制措施,外汇可以汇兑。而相对经济落后以及外汇逆差严重的国家则实行不同程度的外汇管理。

有些国家和地区实行严格外汇管制的国家和地区。即对国际收支项目,包括经常项目、资本项目和平衡项目都进行较严格的管制。这类国家和地区通常经济不发达、外汇资金短缺,为了合理运用稀缺的外汇资源、调节外汇供求,实行比较严格的外汇管制措施。实行计划经济的国家以及多数发展中国家,如印度、缅甸、巴西、哥伦比亚、伊拉克、阿富汗、摩洛哥、乍得、塞拉利昂、津巴布韦等国家都属此类。据统计,这类国家大约有 90 个。比如非洲的很多国家实行不同形式的外汇管制,包括大量的行政管理与向央行报告,较为动荡的政局更增添了政策的不稳定性。有的非洲国家不允许追溯审批,这意味着,如果外国投资在流入前未获得批准,则今后外汇对外流出可能会遇到障碍。

另外一些国家则实行部分外汇管制措施,包括一些比较发达但经济规模不大的工业国(如澳大利亚、丹麦、挪威等国)以及经济金融状况较好的发展中国家(如圭亚那、牙买加、南非等国)。目前,这类国家有 20 至 30 个。例如,在南非,储备银行负责执行南非外汇管理条例,并由指定的外汇授权银行协助执行。非居民是指不在南非居住并且不是南非移民的人员和公司。一般情况下,非居民投资所得资金的汇出不受限制。但如果非居民企业向南非企业汇入贷款,则必须获得授权外汇银行或储备银行金融监管部的批准。南非的外国投资可以用股息、利息、许可费和其他费用的形式汇给非居民。汇出利息、与当地生产无关的特许经营权使用费、许可费和专利权使用费和类似费用需要南非储备银行的事先批准;而生产性特许经营权使用费的汇出,则应得到南非贸工部的批准。此外,对于企业撤销或清算后的资金,如汇给非居民,还需出具文件对有关事实进行确认。

2. 外汇管制和汇率风险

外汇管制风险是指境外投资过程中,一国政府为平衡国际收支和维持本国货币汇率而对外汇进出实行限制性措施(包括出口贸易外汇管制,进口贸易外汇管制,限制对外支付使用的外币等)而产生的风险。在外汇管制的国家和地区,外汇结算必须经指定的机构或要先取得许可证,而外汇必须在一定时间内按官方汇率结售给指定银行或按比例留成。由于脱离市场机制,货币流通不足,企业无法利用境外的外汇市场即时兑换货币,减轻汇率波动的影响。

如果项目公司以当地货币取得经营收入,而投资目标国由于外汇储备少或对外汇兑换采取管制措施,会造成外国投资者无法兑换为国际流通货币。外币兑换风险会直接导致项目无法偿还外币债务、无法回收投资并汇回母国的财务后果。

另外,外汇管制风险还会表现为政治导向的汇率风险。政治导向的汇率风险贯穿于项目的建设期和运营期。在实施外汇管制的国家或地区,一般采用固定的官方汇率。表面上看来,这些国家和地区的汇率相对稳定。但事实这些国家在国内往往面对庞大的通胀压力,在国际层面,又经常被其他国家指责操控汇率、贸易不平衡,甚至冠以倾销或输出通胀等罪名。为了缓解来自国内外的经济和政治压力,这些国家有可能采用各种行政手段,突然改变汇率,甚至改变汇率机制。企业在实施外汇管制的国家投资时,面临着巨大的政治导向的汇率风险。

当企业在外国投资时,汇率波动是一种难以控制的风险因素。在实施外汇管制措施的国家这种风险会更加严重。汇率变动风险在绿地投资的建设期主要表现为外汇汇率波动引起的收支不匹配风险。由于项目融资大多以人民币或国际货币计价,而投资项目建设的设备、施工等重要合同和工程支出可能以其他货币计价,因此境外项目融资币种可能与项目工程支出币种不匹配。当国际货币对工程支出币种汇率升值时,支付相对较多的工程支出币种,导致项目投资成本增加的财务后果。

汇率变动风险在项目运营期则主要表现为外汇收支风险、外币折算风险和外汇兑换限制的不同形式。外汇收支风险即支出币种与收入不匹配的风险,是指未预料到的汇率变动,通过影响项目成本、价格从而对项目在一定时期的收入产生影响。在境外项目运营过程中,由于项目运营收入的币种与支付运营成本和融资还本付息的币种可能不一致,当收入币种贬值时,项目公司还本付息、支付运营成本费用即相对增加,并出现相应财务后果。外币折算风险是指项目公司采用与母公司不同的币种作为记账本位币,在将项目公司的财务报表合并入母公司而进行折算时,由于汇率变动而导致会计上的资产状况和损益的账面价值发生变动。它虽然不会产生实际交易的损益,但可能造成财务报表资产账面价值缩水,产生利润下降和股价下跌。

那么在境外投资中,中国企业应该如何应对外汇管制以及带来的风险呢?首先,应该了解投资目标国的外汇管制措施并对潜在外汇风险进行充分预估。在确定投资及融资币种的选择时,应充分考虑项目未来支出和收益的币种以及汇率波动风险。如下所述,试点开放人民币作为境外投资和融资对于中国企业来说,增加了结算货币和规避汇率风险的选择。对于汇率变动引起的风险而言,预先决定汇率和金额的远期外汇交易是一种最直接的弥补风险手段,可以用来避免一定时间内投资或融资所面临的外汇风险。对于外币折算风险，在会计上可用不同的处理方法：一是视同外币兑换风险，转化为当期损益；二是作为“货币折算差额”，单独设置项目，在所有者权益中予以反映。

3. 人民币境外直接投资

2011 年 1 月，中国人民银行发布了《境外直接投资人民币结算试点管理办法》，根据该办法，跨境贸易人民币结算试点地区注册的境内非金融企业，可开展人民币境外直接投资，包括设立、并购、参股等方式，在境外设立或取得企业或项目全部或部分权益可以直接将人民币汇出境外，而其在境外投资所获得的利润可以直接以人民币汇回境内。

在该办法颁布之前，中国企业在海外直接投资都是以外币计价，汇率风险全部由中国企业承担。在对外直接投资中以人民币直接投资结算，有利于规避汇率风险，减少汇兑损失，节约相关财务费用。能够帮助中国的企业更好地控制其风险。而且，企业使用人民币结算相关手续简便，只需在当地外管局办理境外直接投资登记手续时申请以人民币结算，获得境外直接投资登记后，就可以到银行办理境外直接投资人民币资金汇出或前期费用人民币资金汇出。

但是，中国企业需要注意的是，并不能简单地归纳为只要在境外投资中使用人民币结算就可以减免外汇风险。人民币在境外资本项目的使用还仅仅是试点，使用的范围仍十分有限，但这是人民币国际化的重要一步。在现行汇率环境中，中国企业还是要科学合理地选择使用投资结算货币。例如，中国企业在欧洲有一个为期五年的投资，而在现阶段欧元都处于相对最高点，而未来五年汇率波动不明朗的情况下，决定全部使用人民币进行海外直接投资未必是最佳的投资结算货币选择。因此，中国企业在决定是否采用人民币作为境外投资的结算货币时，全面考虑海外直接投资项目的周期、地域等因素，综合使用不同的外汇避险工具，并结合当时的宏观经济环境进行决策。

第八章　国际工程承包

国际工程承包是指外国政府部门、公司、企业或项目所有人（一般称工程业主或发包人）委托工程承包方按规定的条件承担完成某项工程任务。境外工程承包是一种综合性的国际经济合作方式，是国际货物贸易、国际技术贸易、国际服务贸易的综合载体，因而涉及建筑合同、采购、外贸、知识产权、劳务输出、海关、税务、保险、外汇、保函与国际结算等各方面的综合知识和经验。

第一节　国际工程承包的主要方式

一、施工承包模式

施工承包模式是中国承包商最为熟悉的一种传统建设工程承包模式。在这种模式下，设计和施工由不同的单位分别完成。一般是业主委托设计单位对项目进行设计。当设计完成或接近完成时，业主再另行委托一个施工承包商，按照设计单位完成的设计进行建设施工。

在施工过程中，业主在设计单位的协助下或者另外聘请工程师对工程进行监督，确保承包商按图纸和技术规格施工。设计单位在设计上要满足业主的预算和功能要求，承包商仅需严格按图纸和技术要求施工，一般不必对有疏漏和错误的设计图纸负责。在业主和承包商之间，业主要对技术规格的完整性和施工现场地质条件负责。

相比其他承包模式，施工承包模式下一般采用固定单价合同，相对简单，承包商的风险也比较小。但对业主而言，这种模式存在设计与施工相脱节、可能出现较多设计变更、合同总价存在不确定性、业主多头管理、工作量大等诸多缺点。因此,在境外工程承包市场上,这种承包模式已经越来越少见。

二、设计—施工(Design-Build)承包模式

设计—施工承包模式是指承包商按照合同约定,承担工程项目的设计和施工任务,并对承包工程的质量、安全、工期和造价全面负责,它是将设计和施工二者融合的一种工程承包方式,根据业主要求不同,设计—施工承包模式可细分为施工图设计—施工、初步设计—施工、方案设计—施工等不同类型。

在设计—施工承包模式下,承包商承担项目设计和施工的全部责任,在保证工程项目功能的前提下,可以发挥自己的技术优势和集成化管理优势,降低工程成本,提高项目收益。但另外,这种模式往往采用固定总价的定价方法,合同赋予承包商调整价格的权利有限,设计变更的风险一般由承包商承担。因此,承包商可以索赔的事由相应减少,承包商所承担的风险也随之相应增加。

三、设计采购施工(EPC)/交钥匙总承包模式

设计采购施工模式(Engineering Procurement and Construction,EPC),也称作交钥匙总承包模式,是指承包商按照合同约定,承担整个建设工程的设计、材料、采购、施工、安装调试及项目管理和施工管理等工作,并对所承包的建设工程质量、安全、工期和造价负全面责任,直至向业主提交一个符合合同规定、满足使用功能、具备使用条件的建设工程。这是目前国际工程承包市场上最为常见的一种工程承包模式。

在交钥匙总承包模式下,工程的设计、采购、施工和开车等工作全部由总承包商负责,业主只对项目进行原则性的目标管理和控制。在项目管理上,业主可以自行组建项目管理机构,也可以委托专业的项目管理公司代表业主对工程进行监督和管控。但总体而言,业主介入项目的具体组织实施的程度较低,总承包商更能发挥主观能动性和运用其经验创造效益,也拥有更多获利的机会。与之相应,更大的项目管理风险也从业主转移给总承包商。总承包商在项目设计、造价、质量、工期等各方面都要承担更大的责任和风险。

交钥匙总承包模式适用于规模较大、工期较长,且具有相当的技术复杂性的工程,如工厂、发电厂、油气开发等基础设施项目。需注意的是,由于在交钥匙总承包模式下总承包商承担了绝大部分的合同责任和风险,项目报价需要充分考虑各种风险准备金。与施工承包和设计—施工(BD)承包模式下的合同价格相

比,交钥匙总承包模式的合同价格一般都高出很多。

四、PPP 项目模式

近年来,在全球范围内,随着政府财政资金与公众对快速发展基础设施、公用事业需求的不相适应,在越来越多的工程建设项目中,承包商不再仅仅是根据建设承包合同提供设施,而是发展为集融资、建设、运营维护和提供公共服务为一体的 PPP 项目模式。

PPP 项目模式,即公共私营合作制(Public Private Partnership)一般主要用于发电厂、机场、港口、收费公路、隧道、地铁、供水和污水处理设施等投资较巨大、建设周期长的公益性和运营性基础设施项目。它是通过私营组织为公共部门的设施和服务提供融资、设计、实施和运营,将项目风险转移给私营组织,私营组织因此获得合理回报,从而解决公共部门的资金缺口问题。根据公共部门和私营组织的投入及合作程度和双方之间不同的风险分配机制,PPP 模式项下可以分为建造—运营—移交模式(Build-Operate-Transfer, BOT),建造—运营—拥有模式(Build-Operate-Own, BOO),建造—拥有—运营—移交模式(Build-Own-Operate-Transfer, BOOT),PFI 私人融资计划(Private Finance Initiative, PFI)等多种类型。①

对政府业主而言,PPP 等项目模式的主要优点是能够降低政府的财政负担。通过吸取民间资本和各种资金参与项目的建设,减少了政府借债和还本付息的责任,降低了政府的负债率。同时,由于项目大部分风险由私营部门的投资人承担,政府可以避免大量的项目风险。

对投资人而言,PPP 项目模式的项目前期工作量大,费用很高,时间长。往往从项目前期策划、可研到审批少则两三年,多则四五年。仅安排融资、落实项目资金至少也需要近一年,才能开始项目的施工建设,因此,项日的前期投入风险很大。另外,项目周期长,东道国的政治经济风险、项目运营风险和收回投资的不确定性因素很多,需要运用各种合同、担保安排、保险以及金融工具尽可能地分担和转嫁项目风险。此外,PPP 项目往往投资额巨大,除投资人的自有资金外,大量的建设资金还需要投资人或项目公司以项目融资、出口信贷支持、银团贷款、债券发行等方式解决。能否顺利获得项目所需的融资往往是此类项目成败的关键因素之一。

---

① 联合国欧洲经济委员会(UNECE)2008 年 Guidebook on Promoting Good Governance in Public-Private Partnerships。

以涉及特许权授予的BOT项目为例，东道国政府或地方政府通过特许权协议，将项目建造和运营的权利授予项目发起人设立的项目公司，由项目公司负责基础设施项目的融资、建造、经营和维护。在规定的特许经营期内，项目公司拥有投资建造设施的所有权，允许向设施的使用者收取适当的费用，并以此回收项目融资、建造、经营和维护的成本费用，偿还贷款。特许期满后，项目公司将设施无偿移交给东道国政府。

总体而言，与前述几类工程承包模式相比，PPP项目模式下法律关系更为复杂，涉及合营合作协议、特许权协议、项目融资协议、担保协议、建设工程承包协议、保险协议、运营维护协议、产品购买协议、原料供应协议、项目管理协议等不同类型的合同文本，当事人关系复杂，协调和管理工作量巨大，对项目投资人的综合实力和能力都提出了很高的要求。

五、境外工程承包常见合同条件

与前述各种工程承包模式相适应，许多知名工程管理专业学会和机构陆续编制了不同承包模式的合同范本推行适用，成为相应国家和地区的国际工程惯例。例如，英国土木工程师协会（Institution of Civil Engineers，ICE）编制的ICE①/NEC合同条件、美国建筑师协会（The American Institute of Architects）编制的AIA合同条件、国际咨询工程师联合会编制的FIDIC合同条件等。相比而言，中国承包商更加熟悉FIDIC合同条件。1999年，FIDIC全面修订了以往陆续出版的各类合同文本，重新出版了更为科学严密和格式统一的FIDIC合同条件系列，即99版FIDIC合同条件。除PPP项目模式外，前三种工程承包模式均有相对应的99版FIDIC合同条件：

（1）施工合同条件（Conditions of Contract for Construction），简称“新红皮书”，主要适用于“施工承包模式”。该合同条件的主要特点是，承包商的主要工作为施工，业主负责大部分设计工作，由工程师来监理施工和签发支付证书、业主按工程量表中的单价来支付完成的工程量。

（2）生产设备和设计—施工合同条件（Conditions of Contract for Plant and Design-Build），简称“新黄皮书”，主要适用于“设计—施工承包模式”。按照合同起草者的意图，该合同条件较适合机电设备项目。该条件下主要的合同安排是，业主只负责编制业主的要求，规定工程设备性能要求；承包商负责大部分设

① ICE合同条件在实践中仍有应用，但2011年ICE宣布放弃原ICE合同条件，将其持有的部分ICE合同条件的所有权转移给CECA和ACE，并表示将唯一支持其旗下的NEC合同条件。

计工作和全部施工安装工作;工程师监督设备的制造、安装和施工,签发支付证书;在包干价格下实施里程碑支付方式,在个别情况下,也可能采用单价支付。

(3)设计采购施工(EPC)/交钥匙工程合同条件(Conditions of Contract for EPC/Turnkey Projects),简称“银皮书”,主要适用“设计采购施工(EPC)/交钥匙总承包模式”。此合同条件为固定总价不变(合同价格调整事由非常有限)的交钥匙合同,合同价格业主按里程碑方式支付。业主代表直接管理项目实施过程,管理方式较宽松,但严格竣工检验和竣工后检验,以保证完工项目的质量。按合同起草者的设计,此合同条件下的项目风险大部分由承包商承担,但业主为此需多付出一定的费用。

总体来说,99 版 FIDIC 合同条件虽然体例类似,但在业主与承包商之间权利义务分配、风险责任分担上各有侧重。因此,承包商应根据项目实际情况在充分了解不同文本的风险分担机制基础上,灵活应用各种合同条件和条款,做出适合自身需求的修改和调整,保护自身合法利益。

由于 BOT/PPP 项目模式下涉及“一揽子”合同协议的安排,工程承包协议仅是其中一部分,因此在 BOT/PPP 模式项下,承包商或发起人除选择适当的工程承包合同条件外,还应根据不同合同目的和交易的具体情况编制、选择其他合同文本,如融资协议文本、产品/服务购买协议、原料供应协议文本等。

第二节 国际工程承包中的主要问题

近年来,越来越多人中国承包商地进入国际工程承包市场。但由于国际工程项目合同及程序相比国内要复杂得多,而很多中国承包商对于国际市场通行的工程合同条件尚不熟悉,缺乏国际工程管理的经验,在项目中遇到很多挑战。中国企业承包境外工程需要特别考虑以下几个问题:

一、遵守双重法律管辖和约束

工程建设项目往往涉及社会公共利益和公共安全,境外工程承包会受到工程所在国法律和中国法律的双重管辖和约束。一方面,项目工程的市场准入、招投标、质量、安全生产、劳动用工等受工程所在国法律管辖,不能通过合同约定排除适用。另一方面,中国法律对中国企业从事境外工程承包应当具备的资格条件、履行的相应手续作出了规定。例如,根据《对外承包工程管理条例》、《对外承包工程资格管理办法》,境外工程承包的承包人应当取得对外工程承包资格,并从法人资格、资金、管理人员和专业技术人员、安全防范能力、工程质量和安全生产保障能力以及商业信誉等方面，对取得对外承包工程资格的单位应当具备的条件作出详细规定。此外，对外工程承包活动，如工程质量和安全生产、投标、分包以及对外承包工程的人员外派也受到中国相关法律法规的规制。因此，中国企业应当了解工程所在国和中国法律对承包境外工程的相关规定。

二、工程所在国的社会和法律环境尽职调查

由于境外政治、经济、法律、社会、自然条件等均与中国国内情况存在诸多差异，为了提前识别和防范风险，中国企业在从事境外工程承包项目过程中应对工程所在国的社会法律环境进行充分深入的尽职调查。尽职调查应当包括社会环境调查和法制环境调查两部分。

针对社会环境调查，需要关注的问题包括：

（1）工程所在国政局是否稳定，是否存在战争、内乱、政府更迭、国有化、征收、受到国际制裁或禁运、恐怖主义威胁等可能性；国内政治派别、民族、宗教情况等。

（2）工程所在国经济发展状况、财政收支、支付能力、原材料和人工价格水平及变动趋势、建材设备的基本情况、外汇及利润汇出风险等。

（3）工程所在国工程市场近年发展状况、潜在业主的信誉、资金来源的可靠性，该业主其他项目的管理、支付情况，是否有扣划承包商保函的情形，项目所在地的治安情况。

（4）工程所在国的水文、地质、气候情况，发生自然灾害的情况及其规律。如在俄罗斯通常有冬季很长，而且冬季4个月不能施工；某些岛国夏季台风比较频繁，会对工期产生不利影响，这些都需要提前予以考虑。

就境外工程承包项目而言，法制环境的调查需特别关注以下问题：

（1）工程所在国市场准入、税收、外汇、进出口、海关出入境管理体系和制度；涉及的健康、安全和环境保护等方面的强制性规定、劳动用工、外国雇员、签证管理规定等。例如，有的国家不接受外国承包商直接投标国内建设工程，要求外国承包商在投标之前在当地办理公司注册手续，才准许其进行业务活动，也有国家允许其先进行投标活动，待中标后再办理注册手续。

（2）当地是否熟知国际工程的范本合同（比如FIDIC合同条件），能否以该类合同作为项目谈判基础，并在当地执行该类合同。

（3）工程所在国的法律体系是否赋予承包商任何法定的特殊保护机制。例

如，在业主拒付工程款情况下，承包商在合同约定之外是否还有其他的法律救济手段，是否享有工程的留置权，以及如何行使该类留置权。有些国家虽然赋予承包商对于工程的留置权，但是该留置权须向特定机构办理登机手续方能生效。

（4）在政府项目中，除项目业主本身的付款能力外，承包商可以根据项目实际情况考虑寻求其他的付款保障，例如，工程所在国政府能否提供履约担保，以及该类担保的合法有效性，如何得到执行，执行的程序和成本等。如果政府支付能力有限，能否通过资源换项目的方式使中国承包商得到补偿。

（5）在政府项目中，当地法律体系是否会赋予政府对司法诉讼和执行程序的主权豁免，能否要求政府放弃该类豁免权。

（6）由于境外工程项目多数采用在第三国仲裁作为争议解决途径，中国企业应当事先了解双方所选择的仲裁地国家是否属于《纽约公约》成员国，当地执行外国仲裁裁决的实践以及执行程序等。

三、境外工程承包的融资问题

前文提到，PPP 项目模式要求承包商提供从设计、采购、建设到管理、运营、提供服务等全程服务，承包商是否拥有雄厚的资金和强大的融资能力已成为能否赢得工程项目的重要因素。对中国承包商而言，除了价格、技术等竞争优势外，低利率低成本的信贷融资是目前中国承包商成功取得项目的重要支撑力量之一。中国政府近年来通过政策性融资和商业性融资方式鼓励和支持中国企业承担境外工程承包。

为增强自身在国际工程项目竞标中的竞争力，中国企业应该充分了解和利用现有国内银行的多项融资渠道（比如政策性银行的融资额较一般商业性银行更高，期限更长），而且承包商介入项目时可以提出一些有利于自身条件。另外，也要看到，目前中国政策性银行提供的出口信贷（详见第九章第一节的介绍）、优惠贷款以及商业银行的单一融资方式虽然尚能满足 EPC、DB 或者土建施工项目模式的需求，但随着 PPP 模式在境外基础设施、公共设施建设上的广泛应用，势必对承包商或发起人融资能力或更多样化的融资渠道和模式提出更高要求。

在 PPP 项目中，中国承包商或项目发起人需要考虑以下问题：

（1）搭建合理的项目合同结构，尽量争取无追索权的项目融资，即在项目所在国成立项目公司，以项目公司作为融资协议主体对外承担责任，项目发起人以出资为限向贷款人承担清偿责任。或者项目公司应当争取适当条件下（仅限于建设期)的有限追索融资,减少对母公司的风险。

(2)在具体项目协议中清晰、合理、高效地向各方分配风险和责任,即在项目特许权协议、建设合同、运营维护协议、原材料供应协议、产品包销协议中分配项目开发、设计、建设、运营、供给及维修的相关责任、义务和风险。在PPP项目中,东道国政府的担保在项目融资结构中扮演着重要角色,也是贷款人重点考量的因素。一般来说,东道国政府要放弃主权豁免,承诺付款义务,提供财政激励措施,保证项目不被没收、征用、国有化和剥夺,同意担保发生政治不可抗力或政府违约导致项目提前终止时对项目公司的赔偿义务。

(3)降低融资成本和风险,优化融资结构。项目发起人应力求融资组成要素的合理化、多元化,避免依赖单一融资方式、单一资金来源、一种货币资金、一种利率和一种期限的资金,根据实际需要,注意股权融资与债务融资相结合,优化利率结构、币种结构、债务还本付息的时间安排等。

四、分析交易条件,合理报价

一般而言,对于通过招标程序采购的国际工程项目,招标文件通常分为商务文件和技术文件两大部分。中国承包商在报价时需要认真审查招标文件,不仅关注业主技术条件、报价要求,还应关注业主提供的项目合同的结构、合同双方权利义务的对等性、合同价格的支付方式、可予变更价格和工期的情形、风险的划分、各类保函(包括投标保函、履约保函、质保保函等)的具体条款、违约责任及争议解决机制等交易条件,分析评估风险并在报价中相应预留风险准备金,或研究提出合同条件的合理偏差,为下一步合同谈判奠定基础。

目前,中国企业在境外承包工程遭遇的许多问题都源于投标报价,或是沿袭国内"低价中标、高价索赔"的做法,为开拓市场,不惜报出远低于项目成本的价格;或是未准确掌握理解业主要求和法律要求(即报价边界条件),在项目实施时才发现报价未包括相应成本的情况。这些问题无不给中国承包商带来了巨大的损失,需要引以为戒。

第九章　境外投资的融资

对于任何希望进行境外投资的企业来说,首先需要考虑的问题之一是:企业是否具有足够的能力来满足投资所需的庞大资金需求。实际情况是,境内企业常常缺少充足的自有资金来独力支撑项目所需的全部投入;部分企业即使具有足够的实力,也不愿意将过多资金锁定在某一项目上,而宁愿借助银行贷款或其他融资途径来满足项目的资金需求,从而可以将更多自有资金用于其他项目。因此,能否成功获得融资是决定中国境内企业能否“走出去”的一个重要因素。

根据境内企业“走出去”形式的不同,融资可以大致分为出口信贷和直接投资融资两种。我们将在本章分别予以介绍。

第一节　出口信贷

随着中国工业技术的进步,众多国内企业在机电产品、成套设备、矿山装备和高新技术产品等领域的生产能力和工艺水平已跻身或接近世界先进水平,对于发展中国家乃至于部分发达国家的众多进口商来说,已经在一定程度上成为替代欧美工业化国家供应商的选择。此外,中国的公路、铁路、通讯、电力、桥梁、农业等工程承包企业也已凭借业绩和成本优势,在国际工程承包市场树立了口碑,已将业务扩展到包括东南亚、拉丁美洲、非洲、东欧等在内的广泛区域。产品或服务出口已经成为国内企业实现“走出去”目标的一个重要途径。

产品或服务出口项目的前期,出口企业往往在出口合同或服务合同签订后进行原材料、设备的采购,以满足生产需要或用于工程服务的准备工作,而由于此时进口方尚未支付价款或仅支付了较小比例的预付款（通常不超过20%），采购所需资金主要部分还需由出口企业自行筹措。另外，中长期出口合同或贸易合同项下，进口方往往要求定期结算合同价款，如按季结算或每半年结算，而不是即期结算。所以，在上述安排下，出口企业的采购支出和出口项目收益的实现之间会出现一定程度上的错配。出口企业或者出于自身资金储备不足的考虑，或者为了将企业积累的资金用于其他项目的开展，往往通过向银行申请贷款融资以解决这一矛盾。对于资信状况良好的企业，银行在考察其出口项目的真实性、进口方的身份和财务能力等因素后，也乐于提供融资支持。

根据借款主体的不同，出口信贷大体可分为出口卖方信贷和出口买方信贷两种。顾名思义，出口卖方信贷是指由出口企业作为借款人，向银行申请贷款，而出口买方信贷则是指由国外的进口商向银行机构申请贷款，用于向中国出口企业支付产品进口或工程承包服务采购项下的合同价款。

中国进出口银行是中国目前提供出口信贷服务的主要银行机构。据其2007年年报显示，该行当年共新签出口卖方信贷人民币1206.7亿元，实际发放卖方贷款人民币1239.4亿元；新签出口买方信贷37.8亿美元，实际发放买方贷款23.8亿美元，为中国境内企业通过贸易形式“走出去”起到了强有力的融资支持。除中国进出口银行外，中国工商银行、中国银行等国有商业银行和中信银行等股份制银行也都不同程度的涉足出口信贷业务。

一、出口卖方信贷

出口卖方信贷的基础是对国家产业政策、对外经贸政策、金融政策和财政政策的贯彻，其目的在于支持中国企业积极开拓国际市场，并为其提供资金支持。因此，银行在经营出口卖方信贷业务时不以营利为主要目标，贷款利率相对普通商业贷款而言较为优惠。另外，出口卖方信贷所支持的出口项目通常具有金额大、期限长的特点。一般而言，银行在一项出口卖方信贷项下提供的贷款额度多为几千万元至上百亿元人民币，贷款期通常为5～10年，甚至更长。

对于考虑申请出口卖方信贷的企业而言，了解银行在审批贷款时的关注点显然有助于其获得所需信贷额度。具体来说，银行通常会在以下方面审查贷款申请人是否满足银行的要求：

（1）出口合同的金额（通常银行要求单项出口合同的金额不低于100万美元）；

（2）出口商是否已取得中国政府相关部门关于生产和出口相关产品或提供

相关工程建设服务的资质和批准；

(3)出口商是否具有良好的生产能力或履约能力以按时履行出口合同项下的义务；

(4)境外进口商是否在国际市场上具有良好的资信和口碑,其财务能力是否能够满足按期足额支付进口合同价款的需要；

(5)进口商是否已就产品进口或工程发包获得其所在国政府部门批准,其所在国政府是否将进口项目视为本国重点支持和发展项目并提供相应的支持；

(6)如果在出口合同项下境外进口商将延期支付合同价款,银行通常会要求出口商就延期付款部分取得由银行认可的金融机构或国家主权机构出具的付款担保,例如独立保函、备用信用证、保证合同、进口商出具的本票或资信状况良好的跨国银行承兑的汇票等担保方式,并由出口商将其在担保项下的权利转让给银行,作为出口商按期足额偿还银行贷款的保障；

(7)如果进口商的资信状况难以核实或存在明显瑕疵,银行可能要求借款人向国内相应的保险公司(如中国出口信用保险公司)购买出口信用保险,以确保在进口商违约时,出口商能获得保险赔偿金并用于偿还贷款；

(8)如果进口商所在国政治局势不稳定,或者其外汇管制政策存在经常性调整,银行可能要求借款人向保险机构购买相应的政治险,在因政治风险而导致出口商无法收到出口价款时获得保险赔付,并以此偿还银行贷款；

(9)如果出口商系国内某集团公司专营出口贸易或工程承包业务的子公司,则取决于出口商自身的资产规模大小和资产负债比例,银行还可能要求集团公司作为出口商的母公司出具还款保证担保。

在出口卖方信贷项目中,银行通常提供出口所需金额的80%～85%,并要求出口商自行解决剩余部分的资金需求。这种操作模式的原因在于,银行希望其所贷出的金额与其获得的还款保障金额之间存在一定差额,作为出口商提供的还款担保保障贬值或银行因故无法全额实现担保权利时的缓冲。另外,银行也希望通过要求出口商投入一定比例的自有资金,而促使其严格按照出口合同规定履行其合同义务,并在进口商违约时勤勉尽责地行使追索权。

此外,银行还会要求出口商在贷款银行开立和维持贷款账户和收款账户,并通过账户监管的方式对贷款资金和出口合同项下收款的使用进行控制和监督。贷款账户用于接收银行发放的贷款,账户内款项由出口商依据其预先提供的用款计划及出具关于前笔支出款项已用于和出口相关的支付的有效证明向银行要求提取或支付。收款账户用于接收进口商支付的合同价款,并优先用于偿还出口商的银行贷款。

二、出口买方信贷

与出口卖方信贷类似，出口买方信贷主要用于支持中国产品、技术和服务的出口以及能带动中国设备、施工机具、材料、工程施工、技术、管理出口和劳务输出的国际工程承包项目。和出口卖方信贷不同的是，在出口买方贷款项下，借款人为境外进口方，通常为进口国政府部门（财政部、中央银行等）、政策性国有银行或其他得到政府支持和授权的公司实体。

出口买方信贷的币种通常为美元，在特殊情况下，银行也可能提供其他国际流通币种的贷款，如日元、欧元等。在满足相关规定的前提下，买方贷款也可能以人民币发放。贷款期限与出口卖方贷款相似，多为5～10年的中长期贷款，贷款金额视项目规模从数百万美元至数十亿美元不等。

在很多情况下，出口买方贷款都以中国政府和外国政府之间在某个领域（如能源、矿产资源、基础设施建设等）的合作协议或合作备忘录为基础，中资银行提供的贷款融资是政府间合作安排的一部分。但是，这并不意味着银行将在贷款评审方面有所放松。银行关于是否提供出口买方贷款以及贷款条件的决定通常取决于以下几方面：

（1）进口商所在国政治和经济环境是否稳定。

（2）进口商是否具有良好的资信状况，是否具有足够支持偿债义务的财务能力，如果还款来源为某项具体项目所产生的收益，则还需审查项目的收益预测是否合理，是否会因市场的波动而恶化。

（3）出口产品或工程承包服务中的“中国制造”成分是否达到政府间合作协议规定的（或银行基于政策性考虑所要求的）比例。产品出口中的中国成分一般不应低于50%，而国际工程承包服务所带动的中国设备、施工机具、材料、工程施工、技术、管理出口和劳务输出价值一般不应低于合同总价款的15%。

（4）进口商提供银行认可的担保措施，如国际性银行开具的独立性保函或备用信用证、进口方国家政府担保等；如果进口商的还款来源为某一特定项目项下收益，贷款行通常还会要求进口商在贷款银行开立和维持收入账户并指示相关付款方将合同价款付至该收入账户。贷款银行将对收入账户进行监管，以保证其账户内余额优先用于偿还贷款项下债务。另外，贷款银行还会要求进口商将所有与项目相关的重大合同（尤其是项目产出销售合同）项下的权利都转让给银行，以便贷款行在必要时直接向合同相对方要求履行，保障还款来源的稳定性。

另外,同出口卖方信贷的结构类似,贷款银行通常也仅授予相当于合同金额80% ~85%的贷款额度,而要求借款人自行筹措剩余部分,从而在一定程度上缓解担保贬值或无法全额实现的风险,并督促借款人谨慎履行其在进口合同项下的义务。

第二节 绿地投资项目的融资

一、绿地投资项目及其常用投资结构

目前,新设投资,或称绿地投资,仍是中国企业在境外直接投资的主要方式。特别是中国企业在发展中国家的投资,由于其并购市场不够完善,大多数项目仍采取新设投资的方式。在这些投资中,很大一部分属于资源类投资项目,包括石油、天然气等能源和其他矿产资源类项目。资源类项目的特点是所需投入资金量庞大,回收投资周期长。为获得更大的投资回报率,避免大笔自有资金被长时间锁定在某一项目上,计划对外投资的企业常常考虑通过向银行借款来满足投资所需的资金需求。另外,资源类项目在政治、市场、法律等方面所蕴含的风险往往高于其他行业的投资项目,而企业并不希望这些风险直接体现在其自身的财务报表上,也不希望因其投资的某一项目的失败拖累其整体的财务状况并进而影响其信用评级。因此,境内企业多采用在境外设立的特殊目的公司的方式来实现债务性融资以取得破产隔离(bankruptcy remoteness)的效果。

境内企业通常通过间接控股结构来运营境外项目,即先行在公司税负较低的国家或地区,诸如英属维京群岛、百慕大群岛或中国香港地区等地,设立控股公司(以下简称离岸控股公司),再由离岸控股公司在投资项目所在国设立项目公司(以下简称项目公司),直接负责项目的开发和运营。在有些情况下,例如涉及不止一个项目发起人或项目发起人希望以一个离岸公司为海外平台投资并管理多个境外项目时,境内企业可能设立两级甚至更多级离岸控股公司。

如上所述,境内企业在东南亚、拉丁美洲和非洲部分欠发达国家的新设投资多与能源或矿产资源类项目有关,其模式多为境内企业作为项目发起人先获得项目所在国的探矿权,在探明或初步探明矿产储量及履行完毕中国境内对外投资相关手续后,即与项目所在国政府或合作方谈判并取得采矿权,同时在当地注册成立项目公司,将采矿权转移给项目公司。

二、绿地投资项目的融资方式

项目发起人通常自申请中国政府部门的境外投资时即开始与银行之间关于贷款融资进行恰谈。银行在收集齐备项目发起人关于项目的可行性报告并测算项目收益能力后，会与项目发起人就贷款的主要条款（如金额、利率、期限、担保机制等）进行谈判。

1. 融资主体

取决于税收、国别外汇管制政策等因素，向银行申请贷款融资的主体可能是离岸控股公司，也可能是项目公司。如果由离岸控股公司向银行借款，则其还需以股东贷款或资本金投入的方式将借款所得资金注入项目公司。相对而言，股东贷款是更受青睐的一种方式，因为在离岸控股公司以贷款回收的形式收获投资所得时，各国法律通常仅对还贷资金的利息部分征税，而如果以股权投资利润分配的方式回收投资，则离岸控股公司所收得的全部金额都将被纳入计税基础。同时，对项目公司自身而言，其偿债所需金额在计算利润所得和应缴所得税时通常可以作为成本支出从总收入中扣除，从而减少项目公司在其所在国应纳所得税额，但其对股东的利润分配则不可在税前予以扣除。

2. 项目融资

因为项目公司或离岸控股公司通常设立时间不长，不足以提供足够的财务资料以供银行进行信用评级。另外，这些公司通常资本金较少，银行无法依赖于其固有净资产作为还款来源。因此，与一般性公司贷款融资不同，为绿地投资项目所进行的贷款融资并无法以借款人的经济状况为还款保障。银行会相求或者提供母公司担保，或者以其他令银行满意的担保方式来防止信贷风险。

对于投资人来说，理解的融资方式是采取项目融资的形式，即依靠项目建成投产后产生的收入来偿还贷款，而无须借款人提供母公司担保。项目融资又称为无追索权的融资，即银行只能对项目本身的财产和收益求偿，而对借款人的母公司及其他资产没有追索权。由于项目融资能够有效将投资人的风险限定于投资项目本身，而与投资人的其他资产相隔离，因而为投资人所青睐。但这就意味着银行将尤其关注项目自身的风险。

3. 银团贷款

取决于项目规模的大小和所需贷款的金额，贷款银行可能采取多家银行组成银团的形式来提供贷款。在这种情况下，借款人主要与银团推举的代理行进行日常往来，但代理行仅为银团各成员的代理人，且其代理权限通常是有限的，与贷款相关的决定通常需银团多数成员甚至全体成员的授权或同意才能作出。因此，借款人应了解银团成员的需求，并努力通过代理行协调好与各家银团成员的沟通关系。

三、与项目融资有关的风险

银行通常会要求自行聘请技术顾问、环境顾问、法律顾问和其他专家，对项目的技术可行性、合法性及其他问题进行独立判断和作出结论，以资银行在确定融资结构、决定贷款的发放及监督项目建设运营时参考。是否了解银行通常关注的项目风险类型对于项目投资人而言，决定着其是否能够妥善提出应对方案从而成功获得银行贷款。

在项目融资的形式下，银行通常关注的项目风险主要包括：

1. 国别风险/政治风险

贷款银行是否能够安全回收贷款在一定程度上首先取决于项目东道国的政治和法律环境能否为项目成功实施提供充足的条件，并对项目投资人的权利形成足够的保护。政治风险主要是指战争风险、国有化风险及外汇管制风险。如果东道国在项目运营过程中发生战争或大规模暴乱，或东道国政府对项目实施国有化或变相国有化，则项目投资人的利益将遭受巨大损失，其用于还款的未来收入将中断。如果东道国禁止或限制项目公司将以当地货币取得的收入购汇，并汇出境外用于偿还贷款，贷款银行将难以收回贷款。

2. 财务风险

虽然项目投资人在贷款谈判过程中会向银行提供包含项目财务预测数据的可行性报告，并在提款前向银行提交预算报告，但有证据表明，85%以上的项目都会在建设期内发生延期和超支情况。因而，项目投资人是否能够在发生预算超支时自行筹集额外资金投入项目建设，以促使项目尽快完工达产，是贷款银行非常关注的一个方面。

3. 合规性风险

如果项目的建设和运营违反东道国法律，则东道国政府将对项目公司予以处罚，轻则罚款，重则撤销采矿权、特许权或其他权利，导致项目失败和贷款无法收回。因此，银行多要求项目公司确保其严格按照项目所在国的法律来经营项目，如劳动法、环境保护法等。

4. 市场风险

如果在项目运营期内产生市场波动，可能导致项目产出产品的价格下降或降低销量,从而使项目公司无法产生足够的现金流来履行其还贷义务。银行通常希望项目公司通过签订长期供销合同或包销合同的方式,来规避市场风险。

5. 违约风险

项目投资人往往雇用建设承包商和专业管理公司来分别负责开展项目建设和项目运营管理。建设承包商和管理公司在操作过程中如果发生违约情况,则项目可能受到较为严重的不利影响,造成项目无法顺利完工,从而影响银行贷款的按时足额偿还。另外,项目建设和生产所需原材料的供应商、运输商、设备提供方等如果发生违约,也会延误甚至阻碍项目的顺利进行。

6. 不可抗力风险

如果项目所在地发生战争、暴乱、罢工及自然灾害等不可抗力事件,均可能使项目难以为继,从而威胁到银行贷款的安全。

四、风险缓解措施

为了控制和减少上述风险给贷款回收带来的威胁,银行通常会要求项目发起人或借款人提供以下保障措施:

(1)要求借款人向出口信用保险机构(如中国出口信用保险公司)购买以贷款银行为受益人的政治险,或者承担银行购买上述保险的费用,以规避政治风险给银行带来的损害;

(2)要求项目发起人出具承诺函,在项目建设发生超支时注入额外资金以支持项目完工的需要;

(3)要求项目公司签订长期供销协议或包销协议,以期锁定项目产品的出售价格,确保项目有足够的现金流用于偿还贷款;

(4)要求项目公司购买包括营业中断险、建筑安装工程一切险、财产险、第三者责任险等在内的商业保险,并将商业保险项下获得赔付的权利转让给银行,以便在发生违约风险或不可抗力风险时将保险赔付款项用于提前偿还贷款。

除上述措施之外,银行通常还将要求以下安排以进一步保障贷款安全:

(1)要求借款人将其在建设承包合同、设备及原材料供应合同、项目产品购销合同项下的权益转让给银行,并将项目资产抵押给银行,以便银行在借款人发生贷款项下违约时对项目资产进行整体转让给第三方,最大化转让价款并将所得收益用于偿还贷款;

(2)要求借款人在项目所在国境外开立离岸账户,用于存放贷出金额和收取保险赔付金、项目产品出售价款等款项,使其免予项目所在国外汇管制政策变化的影响，并将账户和账户内款项质押给银行；

(3)要求项目公司将其持有的采矿权、特许权或项目所在国政府授予的其他权利质押给银行；

(4)要求项目投资人将项目公司的股权质押给银行，以便在必要时行使质权，通过出售项目公司股权来收回贷款；

(5)在贷款协议中对借款人或项目公司的其他债务性融资予以限制，以免借款人或项目公司因需要履行过多的还款义务而发生财务状况的恶化；

(6)与借款人或项目公司的其他债权人签署债权从属协议，明确要求其他债权人的债权从属于贷款银行债权，在银行贷款未回收前，其他债权人不能要求借款人或项目公司偿还贷款或行使其担保权利；

(7)鉴于项目建设期是项目前景最不稳定的阶段，银行往往要求项目投资人在这一期间提供连带责任的保证担保，以期依赖于项目发起人的信用来保障贷款的安全；

(8)在必要时，要求项目所在国政府出具安慰函或支持函，承诺在贷款完全回收之前不对项目实行国有化或外汇管制，并同意或认可项目公司就采矿权和其他政府授予权利进行的质押；

(9)为确保项目的正常进行，银行希望确保每一笔贷款均用于贷款协议所规定的用途。因此，银行会对借款人的支出状况进行严密的监控，并采取支出审核的方式来保证借款人用款的正当性。

特别值得指出的是，项目建设期是项目风险最集中的时期，因此银行所要求的贷款利率往往较高，以反映风险和收益之间的平衡。项目一旦完工达产并产生稳定的收入，借款人将可能通过第三方银行贷款或发行债券的方式取得利率较低的再融资，并用于清偿建设期贷款。这一安排有助于借款人减少财务压力，增加项目利润。但是，在资本市场贷款利率普遍较低的环境中，这一要求可能受到银行的抵制。借款人应尽量争取在早期谈判时即就此与银行达成一致，以免在项目运营期开始后陷入被动境地。

第三节 并购融资

由于中国及境外资本市场的对接以及监管等各方面原因，迄今为止中国企业进行的境外并购绝大多数采用现金对价支付的方式。因而，并购资金的融资安排是境外并购最终能得以成功实施的关键之举。

一、并购贷款

1. 并购贷款指引

2008 年 12 月,中国银监会于发布了《商业银行并购贷款风险管理指引》(以下简称《并购贷款指引》),明确规定符合条件的商业银行可以开展并购贷款业务,向中国企业提供融资,帮助其通过股权并购、增资、资产收购或债务重组等方式合并或实际控制目标企业。这是银监会首次明确允许银行贷款可以作为并购交易的融资途径。《并购贷款指引》出台后,国内各大商业银行纷纷推出相关信贷产品,为中国企业的境外并购提供融资。越来越多的中国企业开始通过银行并购贷款方式来筹措境外并购交易的融资。

《并购贷款指引》对并购贷款规定了一系列的具体要求和条件。例如,《并购贷款指引》要求并购方应有良好信用记录,并购交易合法合规,取得国家相关法律政策规定的批准和手续;并购方与目标企业之间具有较高的产业相关度或战略相关性,具有协同效应。并购贷款期限一般不超过 5 年;并购的资金来源中并购贷款所占比例不应高于 50%。《并购贷款指引》还特别规定,并购贷款涉及跨境交易的,银行应分析国别风险、汇率风险和资金过境风险等。

如果企业从国内商业银行取得并购贷款,则需受这些规定的约束。目前各大中国商业银行在境外很多国家和地区均设有子银行,考虑在交易当地放款、还款的便利性以及汇率因素,很多进行境外并购的企业选择由在境外设立的控股公司或项目公司从中资银行的境外子银行进行贷款。此类在境外进行的贷款由于贷款人和借款人都位于境外,大多选择适用外国法,严格来说不受《并购贷款指引》的管辖。但在中资银行的境外子银行在境外进行的贷款,其信贷审核视额度可能仍需要境内总行的审批,或由境内机构提供担保,因此仍然和境内银行并购贷款的规范相关。另外,也有越来越多的中国企业选择境外银行或银团进行并购融资安排。

2. 并购贷款的特点

并购贷款与新设企业贷款具有诸多相似之处。例如,二者均通过商业银行贷款来获得投资所需的大部分资金,均要求借款人提供一定形式的担保来保障贷款的安全,均对资金的使用具有较多的限制等。但是并购贷款和新设企业贷款也具有显著的不同。

首先,在跨境并购贷款中,目标企业或其所在国法律可能有严格的保密要求,从而延缓银行介入的时间。而且,由于并购的交易条件通常是交易方反复谈判蹉商的结果,银行对于并购结构和融资结构的发言权相较于其在新设企业融资项目中的发言权更弱,银行在很大程度上需要接受借款人已确定的交易安排。因此,银行可能会要求更强有力的第三方信用担保来抵抗贷款风险。

其次,如果收购方要求银行更多依赖于目标企业的资产和现金流,银行将更加关注目标企业单独的价值。反之,则银行会更多依赖于收购方在并购完成后的整合能力。但是,鉴于整合能力和其为目标企业带来的额外收益难以在事前准确估计,银行通常会要求对收购方除目标企业以外的其他资产拥有追索权。这对于收购方为其他项目寻求第三方贷款的能力会造成较大的限制。

第三,银行在决定贷款之前,需要对目标企业和收购方均进行严格的尽职调查,这会导致较大的法律和财务顾问支出,而这些费用银行通常会转嫁给收购方(即借款人)。因此,收购方和目标企业的资产负债数据是否清晰完整,尽职调查资料是否完备,决定了收购方额外承担费用的大小。另外,如果目标企业位于经济及法律制度较为完备的国家,收购方可能需要履行内容庞杂、耗费时间的披露义务。任何义务的违反,都可能导致并购活动的失败,从而威胁贷款安全。因此,在并购融资中,银行更为倚重于投资目标国律师出具的法律意见。

鉴于以上,收购方应在不违反相关法律和协议的前提下,尽早将贷款银行纳入并购过程中来,依赖其在财务测算和风险管理方面的专长,设计合理的并购融资结构,以配合交易进行,增加收购成功的概率。

3. 国际并购贷款协议

并购贷款可以由一家贷款银行提供,或者也可由多家银行组成的银团提供。银团会有代理行负责与借款人之间的联络和日常往来,但贷款相关的决定通常需银团多数成员甚至全体成员同意才能作出。

如前所述,即使是中资银行提供贷款,如果由其境外子银行作为贷款人,贷款协议也很可能适用外国法。国际贷款合同中采用最多的英国法,通常以伦敦贷款市场协会(Loan Market Association,LMA)的范本合同为基础。LMA 的范本合同相对而言比较平衡,在国际融资市场上被广泛接受。近来又推出 APLMA 范本合同,专门针对亚太银行债务融资市场,其中对 KYC(Know Your Customers)、税务等条款进行了简化和本地化的调整。

并购贷款通常分为两种:一是定期贷款(Term Facility),二是循环贷款(Revolving Facility)。定期贷款规定有固定的贷款期限,贷款分期或在贷款期限结束时归还,贷款一旦归还即不能再次提取使用。循环贷款则只要贷款金额不超过一定额度,可以循环使用,每一贷款期间实际为计息期间。

在和银行正式谈判贷款协议之前，往往会首先签署阶段性文件，如意向书或授权委托函、贷款条件清单等（Term Sheet）。贷款条件清单会列明贷款协议的主要内容，包括贷款价格、各种费用、期限、贷款用途、提款、还款、提前还款、提款额的取消、主要的财务监控指标、违约事件、合同的修改或放弃、适用法律、税收等条件。

贷款协议相比其他协议而言，其显著特点在于协议双方履约义务存在较大的时间差。贷款银行的最主要义务是放款，由于在放款完成后几乎只有借款人可能出现违约，所以合同对违约事件的描述及法律救济，基本上都是从贷款银行的角度出发而撰写的。由于贷款协议通常是以银行的标准文本为基础，因此协议谈判的空间有限。但协议的主要商业条件，包括放款条件、利率、期限、承诺范围、担保方式等仍然需要经过双方谈判达成一致。

国际并购贷款协议的生效时间和放款时间往往是分开的，必须满足贷款协议规定的放款先决条件后银行才会放款。在使用贷款前，借款人需要在拟定使用日之前的若干工作日前向贷款银行提交提款申请。《并购贷款指引》要求，商业银行应在借款合同中约定提款条件以及与贷款支付使用相关的条款，提款条件应至少包括并购方自筹资金已足额到位和并购合规性条件已满足等内容。担保也是贷款银行提供并购贷款的必要条件之一，担保形式包括资产抵押、股权抵押、第三方担保以及符合法律规定的其他形式的担保。目标企业的股权可以通过质押的方式来提供担保，但贷款银行对于股权价值和质押率的评估确定会更为审慎。

贷款通常是按照事先约定好的还款计划从提款期结束后的第一个付息日开始分期，或者在贷款到期后一次性偿还。贷款协议通常还会规定提前还款的情形和程序，包括自愿提前还款以及贷款银行要求提前还款。

利率的计算通常分为固定利率和浮动利率。固定利率通常适用于短期贷款，如一年；中长期贷款多采取由公式计算决定的浮动利率，公式的组成一般会考虑伦敦银行同业拆放利率（London Inter-bank Offered Rate，LIBOR）和利率差价（margin）之和。

除按时归还贷款本息之外，借款人在贷款协议项下的义务还包括：作出一系列陈述和保证，包括其法律地位、贷款合同的有效性、财务报表真实有效等；向贷款人承诺履行有关信息披露、合规性等方面的义务；承担贷款人因发放贷款及相关管理工作引起的费用，包括承诺费（Commitment Fee）和前段费（Upfront Fee）等。

值得一提的是，贷款协议除要求借款人作出通常的承诺与保证之外，还常常要求借款作出财务承诺（Financial Covenants），即对借款人在贷款期限内的财务状况进行定期（通常按季度）测试，保证达到规定的财务承诺指标。常见的财务承诺指标包括资产负债比、利息覆盖率、偿债准备金、速动比等。财务承诺的目的是及时监督和控制借款人的财务状况，建立预警机制，在借款人违反财务承诺事项时，贷款人可以及时采取行动，要求加快偿还贷款。

在并购贷款协议中，借款人是否违约不需要证明过错。借款人的违约事件可以使贷款银行从履行义务中解脱出来，同时银行有权采取要求提前还款等补救措施。借款人的主要违约事件包括不归还贷款本息、违反财务契约、违反陈述与保证以及违反其他贷款协议项下的义务等。一旦发生这些违约事项，贷款银行的补救措施通常包括暂停提款、取消未提款额度、解除贷款协议，或提前收回贷款，要求损害赔偿、执行各项担保权益。

4. 并购贷款和并购交易的相互衔接

并购贷款的目的是并购交易提供资金。因此，融资安排必须配合满足并购交易的各项需要，即融资资金必须按照并购交易要求的时间及条件足额到位，从而保证交易的顺利完成。

不仅如此，融资安排的进程也必须配合并购交易的要求。例如，在以竞标形式进行的并购中，通常要求竞标方在提交有约束力的报价时必须提供充足的资金证明，否则其投标可能被视为不合格的投标。因此，竞标方需要及时进行安排融资。在上市公司并购中，并购资金的筹措更是发起要约收购的重要条件。例如，在美国，对股东发起要约时必须披露并购资金的来源及金额。加拿大的并购规则有着更严格的要求，收购方在进行现金要约之前必须对收购资金做好“充足的准备”。通常这意味着收购方在发起要约前必须从融资银行取得具有约束力的承诺函。

另外，融资条件也要和并购交易的要求相匹配，例如能否以目标公司的资产和股票作为融资提保。例如，如果并购在美国公开上市公司的股票，并用收购的股票作为融资担保，则根据 Federal Reserve Board 的相关规则，融资额度一般不能超过收购股票市值的50%。贷款协议中对借款人的各项限制性条件，包括财务承诺指标，通常是根据交易及目标公司情况进行量身定做，并购方要考虑目标公司的财务及运营能力是否能够接受这些条件。

二、私募基金融资

由于银行贷款对企业的规模、资信能力以及担保有着较高的门槛，大量中小企业或民营企业难以通过银行贷款获得并购所需的资金。除了银行贷款外,多种类型的私募基金为企业提供了另一条并购融资的渠道。近年来,通过私募基金融资进行海外并购的典型案例包括,三大私人股权投资公司德克萨斯太平洋集团(Texas Pacific Group)、General Atlantic 及美国新桥投资集团(Newbridge Capital LLC)向联想集团提供 3.5 亿美元的战略投资,以供联想收购 IBM 全球 PC 业务之用;2008 年中联重科联合弘毅资本、高盛和曼达林基金收购意大利 CIFA 公司。

1. 私募基金的融资结构

私募基金向企业提供并购融资的方式有多种,包括不同结构的股权融资和长期债权融资。其中,比较典型的融资方式是私募基金作为财务投资人和收购企业共同参与并购项目,获得目标公司的部分股权,以此为并购项目提供资金支持。作为提供融资的条件,私募基金通常会要求产业投资人保证其退出机制。私募基金的退出方式包括未来目标公司上市、在市场上寻找其他投资人出售股份或由产业投资人回购股份。私募基金的一项典型安排是双方签署"卖出期权协议"(Put option),约定在出现行权事件时(比如在一定年限后,若目标公司或资产未能实现上市),则私募基金投资人有权按照一定的价格(一般为投资成本加上按照固定收益率计算的投资回报)向产业投资人出售其持有的股权。

2008 年中联重科联合弘毅资本、高盛和曼达林基金(合称"私募基金共同投资方")收购意大利 CIFA 公司,就是一个典型的私募基金参与境外投资项目的案例。该项目的交易结构如下:

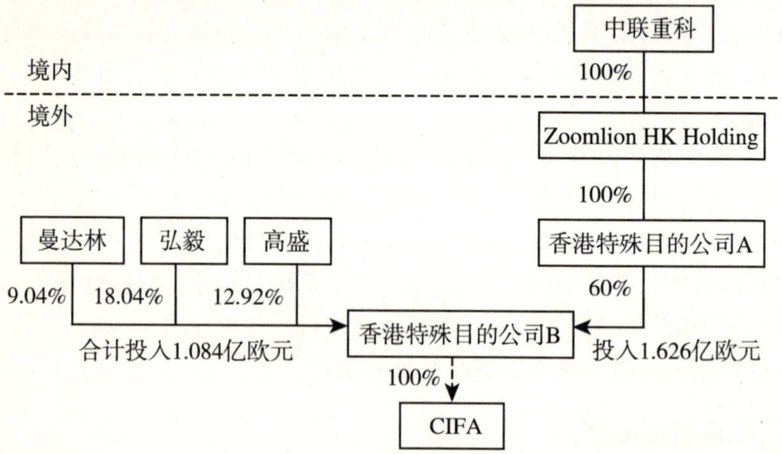

中联重科间接在香港设立了一家作为收购主体的特殊目的公司(即香港特

殊目的公司 B)，其中，中联重科间接持有该公司 60% 的股权，曼达林持股 9.04%，弘毅持股 18.04%，高盛持股 12.92%。该特殊目的公司作为收购主体直接收购 CIFA 的全部股权。为间接取得 CIFA 60% 股权，中联重科与各私募基金签署了一份《共同投资协议》，规定了中联重科与各私募基金之间的融资安排。具体来说，中联重科投资 1.626 亿欧元，私募基金投资人合计投入 1.084 亿欧元。其中，中联重科向巴克莱银行香港分行借款 2 亿美元作为其股权投资款，由中国进出口银行湖南分行提供融资担保，同时中联重科向进出口银行提供反担保。

另外，在《共同投资协议》中，中联重科和私募基金还约定了 CIFA 董事会席位分配、不竞争、买入期权和卖出期权以及交易费用等条款。其中，买入期权和卖出期权规定了私募基金投资方的投资回报和退出机制。即在交易完成后的 3 年届满之后，中联重科可随时行使其以现金或中联重科股票购买私募基金在香港特殊目的公司全部股份的买入期权，除非私募基金的退出价值低于其投资成本；各私募基金也可提前四个月书面通知，向中联重科行使出售其在香港特殊目的公司全部股份的卖出期权。

2. 私募基金融资的特点

与传统的银行融资相比，在境外收购项目中引入私募基金投资除能获得融资之外，还具备以下优势：

第一，私募基金一般来说对并购市场比较熟悉，尤其是，在交易实施、财务管理和项目管理方面，他们往往更有富经验。与私募基金合作共同投资，对于缺乏国际并购经验的产业投资人来说，能够借助基金的经验和专业知识，有助于实施交易。尤其是国际知名的私募基金，其经验和信息网络能够帮助收购方更好地完成交易，控制风险。

第二，目前，在国际市场上大量并购交易中，卖方通过竞标程序选择买方。在竞标程序中买方的资金能力是卖方重要的考虑因素之一，尤其是对于在国际市场上相对陌生的中国公司，卖方更为看重其履约的财务能力。在招标程序中，如果通过银行进行贷款融资，则卖方通常会要求买方出具银行承诺函，而此时银行往往尚未完成尽职调查程序，出具有约束力的承诺函的难度较大。若选择私募基金作为共同投资人，会有利于卖方对买方财务能力的评判，帮助买方在竞标程序中胜出。

第三，由于私募基金的投资是通过股权投资的方式进行，不会增加产业投资人的债务额度，也不会要求目标公司的股权质押或资产抵押，因此对于产业投资人或者目标公司而言，在财务报表方面不会造成额外的债务负担。

第四，私募基金投资的退出方式较为灵活。在很多情况下，私募基金作为财务投资人的投资目标是在促成目标公司在一定时间内上市，从而在二级市场实现投资收益。

但是，与私募基金共同投资，对于产业投资人和目标公司也存在一些局限性。特别是私募基金投资人获得了部分项目权益，因而会对目标公司进现一定程度的干预和影响。对于产业投资人而言，在收购后运营公司时，将会在不同程度上受到可能缺乏行业经验或长期目标的私募基金的掣肘。而且私募基金对融资及未来的退出往往会提出比较苛刻的条件，并把投资风险最大限度转嫁到产业投资人身上。而且，在交易中涉及多个共同投资方也会增加交易的难度，由于各投资方均有自己的利益诉求并分别聘请法律顾问，在进行项目谈判时需考虑协调各方的利益，对于快节奏的并购项目而言，在很大程度上会增加完成交易的难度。

因此，对于产业投资人而言，在进行境外投资项目选择融资方式和合作伙伴时，需要综合考量各方面的因素，以确定采用何种融资方式。

第十章　境外投资的税务问题

第一节　企业境外投资中进行税务筹划的必要性

税务筹划是企业境外投资管理中的一个重要环节。2008年1月1日实施的新《企业所得税法》也进一步体现了国家对企业“走出去”战略的支持。此外，许多国家和地区都就吸引外资方面提供了许多税收优惠，充分利用这些税法优惠条款可能为中国企业境外投资提供更为节税和有效的投资方式。在跨国公司的对外投资中，税务通常是一个重要考虑因素。但是从实践情况来看，中国企业在进行境外投资时还普遍缺乏对税务筹划的重视。

一、税务筹划

优质的税务筹划能够帮助企业降低投资经营过程中的税收成本，从而以最小的成本获取最大的利润。具体地说，税务筹划是指企业在税务法律法规的框架内，在进行融资、投资、利润分配等经营活动时，以企业最大经济利益为目标，对涉税事项进行全方位全过程的、周密细致的计划和安排。这就是说，中国企业在进行境外投资之前要为了税务优化的目的进行投资结构的设计。

二、税务筹划需根据中国和投资目标国的税法以及国家间双边税收协定

进行税务筹划必须对现行的相关税务法律法规非常熟悉，从而通过合法手段减轻企业的税务负担。中国企业在境外投

资的过程中涉及的税务问题受中国法律、投资目标国法律以及中间控股公司注册国法律的多重管辖。中国按照属人原则对本国居民企业的所有收入,无论是境内所得还是境外取得,享有征税的权利。同时,投资目标国按照属地原则对外国企业在其领土范围内的取得享有征税的权利。因此,在面对两国甚至更多国家的双(多)重课税时,税务筹划者往往要利用国家间签订的双边税收协定来寻求出路,从而缓解和消除双重征税,以确保实现企业投资利润的最大化。

投资目标国与中国的税务法律一般存在很大不同。中国企业在进行境外投资时应对目标地的税收体制有系统性的了解,例如,当地有什么税收优惠政策,当地有些什么与中国不一样的税种,以及目标公司在当地是否存在任何税务风险等。

总而言之,税务筹划能够帮助中国企业降低在投资过程中可能存在的税务风险,同时,通过减少税收成本的方式获取更大投资利润。

第二节　海外投资控股公司注册地的选择

中国企业境外投资,为了风险隔离、融资安排以及未来退出的考虑,通常会在境外设立一层或多层投资控股公司,通过投资控股公司最终投往项目所在地。而投资控股公司的地域选择必须综合分析投资环境等诸多因素,其中不同国家和地区的税制差别是最重要的考虑因素之一。本节将主要从税务角度分析海外投资控股公司注册地的选择。

一、传统的国际避税地

传统的国际避税地是指对企业的盈余、股息红利、资产转让所得等所有收入以及其他税种免税或按较低的税率征税,并且对企业的税务管制很少的国家和地区。例如,开曼群岛、英属维京群岛、百慕大等。国际避税地通常具备四个特点:一是对外国投资者免税,例如,根据百慕大的法律,所有在该地注册登记设立的公司,除了法定每年计缴的少量登记费用外,所有业务收入和盈余均免征各项税款;二是具备良好的金融环境;三是政治经济环境稳定;四是当地货币汇率稳定,并能与外币自由兑换。

在国际避税地设立公司的,该公司的所得是不用缴纳当地国家(地区)的所得税。可是需要注意的是,过去许多公司通过到这些避税地设立“空壳公司”想以此达到避税的做法,在新《企业所得税法》出台之后,这些“空壳公司”属于居民企业，所以其转让到境外的利润也将要按照中国国内的规定缴税，从而并不一定能达到避税的目的。另外这些避税地大多数与中国及其他国家没有税收协定，这也可能使中国企业在这些避税地设立“空壳公司”达不到避税效果。因此，中国企业海外投资时在这些传统的避税地设立控股公司的案例呈现减少的趋势。

二、提供税收优惠政策的国家和地区

有些国家按比较低的税率实行征税从而达到吸引外资的目的。例如，爱尔兰对公司积极所得的所得税率仅为 12.5%（股息利息所得税税率为 25%，资本利得 20%）。这在发达国家中是极为少见的，在欧盟其他大部分国家要征收 30% ~50% 的公司税率。

再如中国香港，凡是在香港设立的公司，只对该公司从香港产生或来自香港的所得征收利得税，而对公司来源于香港境外的所得不征收利得税。例如，一家香港公司对其来源于在中国内地投资的投资公司分配的股利并不需要在香港交税，因为该股息不属于来源于香港的所得。

三、与中国签订国际税收协定的国家或地区

国际税收协定是指两个或两个以上的国家或地区为了协调相互间在处理跨国纳税人征纳事务方面的税收关系，依照平等原则，通过政府间谈判所缔结的确定其在国际税收分配关系的具有法律效力的税收协定。国际税收协定按参加国的数量，可以分为双边税收协定和多边税收协定。双边税收协定是只有两个国家参加缔约的国际税收协定，多边税收协定是有两个以上国家参加缔约的国际税收协定。目前，中国主要采取的是双边税收协定，这也是国际上普遍采用的缔约方式。

当中国企业海外控股公司的注册地或其投资目标所在地与中国有税收协定时，就会遇到税收协定与缔约国本国税法之间的协调问题。如果税收协定与国内税法发生矛盾和冲突时，大多数国家采取的是税收协定优先的做法，也有一些国家将税收协定和国内法放在同等地位，按时间的先后顺序确定是优先还是服从。中国采纳的是税收协定优先的做法。因此，如果海外控股公司的注册地或其投资目标所在地与中国签订了税收协定，那么在到该地进行设立控股公司或投资时，税务筹划应同时考虑税收协定，中国税法以及公司注册地或投资所在地的税法。

从税务筹划、隔离收购风险及退出机制等角度考虑，中国企业海外收购时应考虑构建一个多层次的海外投资控股公司。如果仅设立一层控股公司，在多数情况下并不能完全发挥海外设立控股公司的功能。通常来说，两层到三层的架构能够最好实现税务筹备划的目的。例如，在与中国内地签订有较优惠的税收协定的国家或地区（如新加坡或香港）设立一家一级控股公司，然后在目标公司所在地区设立二级控股公司，再由二级控股公司完成对目标公司的收购，如下图所示：

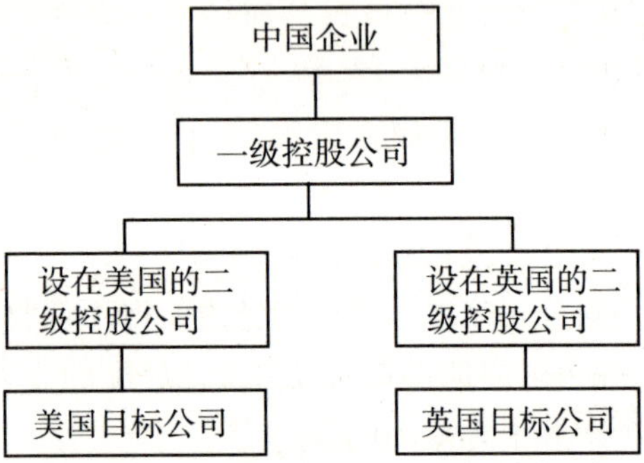

第三节　并购境外公司的税务筹划

一、税务筹划对并购的重要性

在商业因素考量之外，周详专业的税务筹划对一项并购交易的成功会起到举足轻重的作用，因为目标公司可能存在的税务风险或隐患、并购交易时的税务成本以及并购后的业务整合及运营的纳税成本，无疑都直接与投资方的整体经济利益挂钩，会影响企业的整体税负及投资回报率。

在跨国公司进行的跨境投资并购中，税务筹划无一例外是交易的一个必备和重要的环节，中国企业在进行海外并购时应更加关注税务筹划。事实上，税务筹划应贯穿于并购交易的始终。初期在筛选并购目标公司时，中国企业在有条件的情况下应对目标公司的税务状况有基本的了解，如该公司的盈亏状况、公司业务适用的主要税种及税率、是否享受税收优惠政策等方面，从税务角度初步判断该公司是否有被收购的价值。

在对目标公司进行税务尽职调查时，一方面应对目标公司的财税状况及税务处理有进一步全面了解，另一方面还应着重分析调查公司历史经营过程中可能存在的税务合规问题及潜在的税务风险，从而对税务风险提早提出解决方案，或者在对该企业的估值、并购方式、并购赔偿机制及并购后税务风险对公司的盈利影响等方面进行判断。

在尽职调查的基础上设计并购交易方式，税务筹划是重要的考虑因素之一。收购方应充分考虑各并购方式下的税务成本，对并购方式进行合理有效的税务筹划，以最大限度降低并购交易的税负成本。并购完成后投资者对目标公司进行整合时，为利于投资者企业集团的整体经济效益最大化及整体税负优化，收购方可考虑对企业集团进行适当的重组或业务整合。取决于每个并购的具体情况，企业的内部整合有时可与并购交易同时进行，甚至是先于并购交易完成前进行。

二、对目标公司选择上的税务考虑

在跨境并购交易中，并购企业在选择并购目标及其出资方式前都需要进行税收筹划，设计最优的成本结构来获得税收利益。不同类型的目标公司对并购方会产生不同的税务影响。

如果并购企业有较雄厚的投资实力，在其他条件允许的情况下可选择并购一家具有经营亏损的目标公司，通过并购后公司承继原目标公司的税务亏损达到盈利与亏损的相互抵消，从而实现并购企业税负的减少。也就是说，如果两个净资产相同的目标公司，假定其他条件都相同，一个公司有允许在以后年度弥补的亏损，而另一个公司没有可以弥补的亏损，那么亏损企业应成为并购的首选目标公司。或者说，亏损可能作为一项税务资产，影响交易的估值。

如果选择的目标公司尚有未使用完并可继续使用的税收优惠政策，那么并购企业通过承继目标企业这些税收优惠政策而达到减免税目的。并购企业在制定并购所需资金的融资规划时，可以结合企业本身的财务杠杆强度，通过负债融资的方式筹集并购所需资金，这样融资的利息支出可在税前扣除，从而带来税款的节省。而并购企业选择与供应商或下游企业进行合并，即进行纵向并购，可以增加或减少流转税的纳税环节。

当然，在目标企业的选择上，并购方会有多方面的考虑因素，包括资产质量、估值和自身业务的协同效应等。但目标企业对并购方的税务影响也应纳入并购方的考虑范围之内，并且作为交易结构设计和估值的重要考虑因素。

三、并购交易方式的税务筹划

从并购标的的性质而言，企业并购主要有股权并购和资产并购两种方式，而这两种交易结构在税务处理上有很大差异。因此,在交易结构的设计上,税务差别往往是重点考虑的因素之一。

1. 选择并购方式时的税务考虑

从税务角度而言,选择股权并购还是资产并购时通常会考虑以下方面:

(1)投资者的收购预期,譬如投资者希望并购的是一个完整的公司还仅是目标公司的部分经营业务,如投资者仅考虑收购部分业务,一般可考虑资产并购,或者是目标公司将其业务进行分拆装到一个新设的公司,投资者收购分拆后的新设的公司股权。

(2)目标公司所在国的税收政策对不同并购方式下的税务处理以及是否存在适用税收优惠待遇的机会。一般而言,股权并购涉及的税种相对较少,主要是所得税;而资产并购除所得税外,还可能涉及各种流转税或交易税,因此投资者通常比较青睐于股权并购,相对比较简单。

(3)目标公司自身的税务状况,如公司是否有可被承继的税务亏损、是否享受税务优惠政策、公司各项资产的折旧、摊销情况、公司的融资情况、公司现存的未决税务争议及潜在的税务和法律风险等方面。如果目标公司存在重大的税务和法律隐患且难以处理时,投资者可能不得不放弃股权并购的方式,而采用资产并购。反之,如果公司的税务状况健康,有可以被承继的税务亏损、税务优惠政策等,则应尽量选择股权并购方式。

2. 股权并购方式下的税务筹划

在股权交易的模式下,并购方取得目标公司的股权后,目标公司自身的经营不发生变化,因此其现有的税务待遇仍继续适用,同时,目标公司其自有资产的计税基础保持不变。

就企业所得税而言,目标企业的企业所得税不会受影响。对中国企业(并购方)而言,因其融资方式的不同,会涉及债权的税务处理;而对目标企业而言,则应依据其居民所在地的税法和双边税收协定做出相应的税务处理。另外中国企业还应注意的是双边税收协定下的税收优惠及避免双重征税的保护政策。

在股权并购后,由于目标企业的资产本身的计税基础不变,保持了延续性。并购方还将承继目标企业的税务亏损以及可承继的税收优惠。但同时,并购方也将承继以及目标企业在历史期间遗留的税务风险。因此,在股权并购方式下,并购方在尽职调查中要特别关注目标企业的历史税务风险。

3. 资产并购方式下的税务筹划

在资产并购交易中,资产并购涉及的税负种类相对较多,不仅包括所得税,包括预提税、资本利得税等所得性质的税种，也包括在资产转让环节产生的各流转税，如土地税、增值税、销售税等，还有交易可能产生的印花税等。因此，需要根据资产转让的范围进行测算资产交易是否是从税务角度更优的交易方式。

在并购企业整体资产时，可能需要将该收购分解为按公允价值对不同资产进行计价。并购完成后的资产按其计价重新订立计税基础，从而对目标企业的税务处理产生很大影响。

另外，并购方通常不能承继目标企业的税务亏损、税收优惠，但同时，并购方在一定程度上不承担被并购资产的企业的税务责任，从而隔离税务风险。但这并非一概而论，在很多国家税法规定，在业务整体转让的情况下也会导致税务责任的转让。因此，仍需对目标企业的历史税务风险进行分析和评估。

第四节　境外投资时应注意的其他税务问题

一、双重征税问题

中国税法采取居民管辖权和地域管辖权相结合的双重管辖权原则，这也是大多数国家的普遍做法。双重管辖权一般是指，一国对本国居民企业的所有所得征税，无论是来源于本国境内还是境外的；对非本国居民企业则就其来源于该国的所得征税。由此，管辖权的交叉将不可避免地导致双重征税问题。假设，某中国企业去甲国投资某企业成为其股东并获得股利收入，那么这笔股利收入既要向中国缴税（因为是中国居民的境外所得），又要向甲国缴税（因为是来源于甲国的所得）。

这种情形在海外投资的过程中经常会遇到，那么应如何进行税务筹划，解决该问题呢？

首先，应确定投资目标国与中国之间是否签订了国际税收协定。在国际税收协定中，国家间会协调这种交叉征税的关系，以消除企业的不合理负担。截止到 2008 年 11 月，中国内地对外正式签署的税收协定共计 89 个，生效协定 82 个，与中国香港、中国澳门签署了避免双重征税安排，请见附录三和中国签订税收协议的国家和地区清单。

其次，在两国没有签订税收协定的情况下，中国国内法律对企业境外投资的双重征税问题也提供了相应得消除或缓解办法。中国 2008 年《企业所得税法》保留了对境外所得直接负担的所得税给予限额抵免法，又引入了对股息、红利间接负担的所得税给予间接抵免法，这一立法将更有利于中国企业“走出去”，提高国际竞争力。

其中,限额抵免法,是指本国居民企业就其来源于本国境内、境外的所得汇总向本国政府计算缴税时,可以扣除其在国外缴纳的税款,但扣除的限额应是其来源于国外的所得按本国税法规定计算的应纳税额。

间接抵免,是指允许本国企业在外国间接缴纳的外国税款,抵免在本国应缴纳的税款。间接抵免实质上是专门用于跨国母子公司之间的抵免(中国要求本国企业直接或间接控制外国企业20%以上股份)。母公司和子公司分别是两个独立的经济实体,子公司在投资目标地缴纳的所得税不能在母公司所在国(本国)获得直接抵免。但是引入了间接抵免的措施后,母公司的抵免额还应包括计算母公司从投资目标地子公司取得的股息还原出来的那部分所得应负担的相应的外国所得税额。

二、预提税的问题

所谓预提税,是指一国政府对没有在该国境内设立机构的外国公司从该国取得的股息、利息、租金、特许权使用费所得,实行由支付方按支付金额扣缴所得税的制度。在国际税收协定中,预提税税率的高低会影响海外投资以及双方的商业往来,因此在进行对外投资时不要在评估整个投资成本中遗漏这一部分。

此外,由于不同的税收协定下规定的预提税率有所差别,不同所得的税率也有所差别,因此,一个合理的税务筹划可以帮助投资者降低其中的成本。假设,股息的预提税率是10%,利息的预提税率是7%,那么从税务角度上考虑,利用债券投资就比利用股权投资更具优势,因为未来所得的利息可以少缴预提税。

三、2008年《企业所得税法》概念与规则的影响

1. 新"居民企业"概念

借鉴国际经验,新税法明确实行法人所得税制度,并采用了规范的居民企业和非居民企业的概念。

法人所得税制下的纳税人认定的关键是着重把握居民企业和非居民企业的标准。新税法采用注册地和实际管理机构所在地的双重标准来判断居民企业和非居民企业。但对实际管理机构所在地,目前《企业所得税法实施条例》只有一个定义,但结合中国企业境外投资的实际,税务机关实际执行起来还需要更多的判定标准和实践操作。

同时,对居民企业身份判定,涉及国际税收协定问题,根据国际法优于国内

法原则，中国税务机关判断企业的身份还要考虑税收协定，而且要以税收协定为准。在遇到双重居民身份的时候，企业的居民身份应依照税收协定，通过两国相互协商确定。

2. 资本弱化规则

资本弱化，是指企业通过加大借贷款（债权性筹资）而减少股份资本（权益性筹资）比例的方式增加税前扣除，以降低企业税负的一种行为。在境外并购时，企业可以通过调节债权性投资和股权式投资的比例而达到减少税负的效果。

2008 年《企业所得税法》对企业的债权性融资做出了限制。相关规定并进一步对企业从其关联方接受的债权性投资与权益性投资的比例作出规定：对于金融企业，该比例不得超过 5∶1；对于其他企业，该比例不得超过 2∶1。超过规定标准而发生的利息支出，不得在计算应纳税所得额时扣除。

3. 新"受控外国公司"概念

2008 年《企业所得税法》引入了受控外国公司概念。这一新增条款是为了防范本国企业通过在低税率国家或避税地建立受控外国企业，通过各种不合理商业安排，将经营利润保留在外国公司或进行少量分配，从而逃避在中国国内的纳税义务。

中国相关税法规定由居民企业控制的设立在实际税负明显低于 20% 税率水平的国家（地区）的企业，并非由于合理的经营需要而对利润不作分配或者减少分配的，其利润中应归属于居民企业的部分，应当记入该居民企业的当期收入。

四、境外公司与国内公司及其他关联公司间的转让定价问题

1. 转让定价的定义

转让定价，是指关联公司之间进行商品、劳务或技术交易时采用的内部价格。在实践中，许多企业通过"高进低出"或"低进高出"而逃避税收、享受优惠。假设，一家中国企业去爱尔兰收购一原料厂（爱尔兰的企业所得税率低于中国的）。此后，该中国企业每次以 10 美元从该原料厂进口原材料，在中国又追加成本 2 美元，则产品最后成本为 12 美元。但是中国企业又将产品以 11.5 美元将产品卖到爱尔兰的公司，最后由爱尔兰公司以 15 美元卖出。虽然最终产品的销售产生利润的，但是在税务处理上，中国的企业利润是亏损的，爱尔兰企业利润是增多的，但由于爱尔兰的企业所得税率比中国低，因此总体缴纳的所得税就会比正常交易下减少。另外，在转让定价避税中，还可以利用无形资产的特殊性以

及劳务费用来避税。

2. 转让定价做法处理不当而被税务当局认定为不合法避税

在过去的几年中,国家税务总局已经投入大量的资源到转让定价调查中,并于2007年颁布了一系列的法规来提高转让定价调查实际操作的一致性。比如,在2008年《企业所得税法》中有一章就是专门针对关联方企业间业务往来的定价原则与调整。

由于通过转让定价避税的现象频发,税务机关加大检查监督关联企业间业务往来无可厚非。但是,税务机关的转让定价调查是一种事后调查制度。记录良好并准备进行境外投资的企业时常会遇到关联方企业间的交易,预约定价安排能够帮助此类企业未雨绸缪,避免纳税结果的不确定性。

3. 预约定价安排

预约定价是税务部门与企业纳税人之间通过签订协议或安排的形式,对纳税人在未来一定内的关联交易的定价方法及利润水平等相关事宜事先约定一系列标准,以解决跨国关联交易中复杂的转让定价问题。

实践中,作为降低转让定价风险的策略,预约定价安排已被越来越多的跨国公司采用。目前,国家税务总局已通过与韩国、美国以及日本签订的双边预约定价协议。

另外,预约定价安排在海外投资企业上还可以起到避免国际双重征税的效果。比如,在韩国投资的某中国企业以100美元价格销售给韩国关联公司某商品,这100美元在韩国要缴纳韩国企业所得税。如果一年后中国税务部门对该销售价格认定为80美元,中国对调增的30美元补征所得税,那么这30美元就重复缴了两次税。此时如果进行了预约定价安排,企业则只需将经过双方税务当局确认的利润分别纳税即可,不存在重复征税的风险。

境外投资产业指导政策

发改外资[2006]1312号

2006年7月5日

第一条　为加快实施“走出去”战略，推动境外投资有效、有序、协调、健康发展，指导境外投资方向，根据我国国民经济和社会发展规划，按照投资体制改革和产业政策的要求，特制定境外投资产业指导政策。

第二条　国家鼓励和支持有比较优势的各类企业对外投资。国家鼓励通过境外投资，充分利用国际国内两个市场，优化资源配置，提高企业参与国际竞争与合作的层次和水平，深化同各国的交流与合作，促进共同发展。

企业是境外投资的主体，在对外投资中应遵循市场经济原则和国际通行规则，坚持优势互补、互利共赢，遵守当地法律法规，树立良好国际形象，并充分注意防范各类风险。

第三条　本政策适用于我国境内投资者以现金、实物、有价证券、无形资产等，通过新设、购并、参股、再投资等方式，直接或通过在境外控股的企业，在国外及港澳台地区设立、购买国（境）外企业或资产，以获得所有权、收益权、经营管理权等为核心的经济活动。

第四条　境外投资项目分为鼓励、允许和禁止三类。国家发展改革委、商务部会同有关部门制订《境外投资产业指导目录》，以本政策附件的形式发布，并将根据需要会同有关部门适时修订完善，鼓励类和禁止类的境外投资项目，列入《境外投资产业指导目录》。不属于鼓励类和禁止类的境外投资项目，为允许类境外投资项目。允许类境外投资项目不列入《境外投资产业指导目录》。

第五条　本政策及《境外投资产业指导目录》是有关部门制定境外投资相关政策的依据之一。

第六条　属于下列情形之一的，列为鼓励类境外投资项目：

（一）能够获得国内短缺以及国民经济发展所急需的资源或原材料；

（二）能够带动国内具有比较优势的产品、设备和技术等出口和劳务输出；

（三）能够明显提高我国技术研究开发能力，以及能够利用国际领先技术、先进管理经验和专业人才。

第七条　属于下列情形之一的，列为禁止类境外投资项目：

（一）危害国家安全和损害社会公共利益的；

（二）运用我国禁止出口的特有工艺或者技术的；

（三）我国法律禁止经营的领域；

（四）投资对象国或地区法律禁止投资的产业，我国缔结或参加的国际条约规定禁止投资的其他产业；

（五）法律、行政法规规定的其他情形。

第八条 对鼓励类境外投资项目，国家在宏观调控、多双边经贸政策、外交、财政、税收外汇、海关、资源信息、信贷、保险，以及双多边合作和外事工作等方面，给予相应政策支持。具体的支持政策措施细则由各相关部门根据职能制定和实施。

（一）在宏观调控、制定国内行业规划和产业政策、进行国内产业重组合和结构调整，以及国内配餐项目立项等方面给予优先考虑。

（二）在坚持市场经济原则和遵守 WTO 规划的前提下，对符合条件的项目，给予必要的费用补助，以及银行贷款财政贴息支持。

（三）在符合贷款条件的前提下，给予政策性银行的贷款支持。

（四）在境外投资项目核准和境外投资设立企业核准时予以优先支持。

（五）在用汇上给予重点支持。

（六）以设备及零配件等实物投资出口的，按全国统一的出口退税政策给予退（免）税。

（七）在境外融资、投资咨询、风险评估、风险控制和投资保险等方面优先提供服务。

（八）在信息交流、领事保护、人员出入境、外派人员审批、进出口经营权登记服务和国内协调、对外联系等方面提供便利和协助。在政府及政府部门间的双多边合作机制下，予以重点推动和支持。

第九条 对禁止类境外投资项目，国家不予核准并将采取措施予以制止；对允许类境外投资项目，国家原则上不给予第八条中所列前五项优惠政策支持。

第十条 境外投资项目核准或备案文件、境外投资设立企业核准文件核批准文件抄送外交、发展改革、财政、商务、海关、税务、外汇管理以及相关行业主管部门和金融机构，作为有关单位核定优惠政策的主要参考文件之一。

第十一条 本政策自发之日起施行。

附：

境外投资产业指导目录

鼓励境外投资资产目录

一、农、林、牧、渔业

1. 天然橡胶种植

2. 油料、棉花、蔬菜的种植

3. 林木采伐、运输及培育

4. 畜牧业和养殖业，特别是优良种畜种禽、水产苗种繁育

5. 海洋渔业，包括海洋捕捞、海水养殖

二、采矿业

1. 石油、天然气的勘探、开发等，以及为此提供的服务活动

2. 铁、锰、铬矿勘探开发及选矿

3. 铜、铝土矿、铅、锌、镍、钴、钛、钒、铌、锡等勘探、开采及选矿

4. 金、银及其他贵金属矿勘探采选

5. 天然铀矿的勘探及采选冶

6. 钾盐、磷酸盐硫、硼矿石以及重要特种非金属矿产资源的开采、选矿

7. 煤炭开采、洗选

8. 油砂、油页岩、重油等非常规石油资源的勘探开发

9. 金刚石、石墨等勘探、开采

三、制造业

1. 纺纱生产，机织品、针织品、编织品、无纺织物及其印染后整理加工

2. 纺织服装加工、各类纺织面料鞋、帽的加工生产

3. 各类化学纤维及聚酯生产

4. 木材加工，主要包括木片、锯材、人造板、家具、地板及其他木竹制品的加工

5. 纸及纸浆制造

6. 农业机械组装生产，林业机械组装生产，施工机械研发制造，纺织、服装、化纤机械设备及零部件组装生产

7. 乙烯及其下游产品生产，芳烃、精对苯二甲酸（PTA）生产

8. 国内无法获得先进技术的化工产品制造，包括工程塑料、专用化工原料等

9. 钾肥、氮肥、磷肥及复合肥制造

10. 医药制造，主要是化学药品原料药和制剂加工生产、医药生物技术研究开发、生物医药制造与生物制品制造

11. 烧结矿、球团矿生产，铬铁生产

12. 铜冶炼、铝冶炼(含氧化铝生产)、镍冶炼、钛冶炼

13. 民用大容量通信卫星、移动通信卫星整星制造

14. 数控机床研发制造

15. 大型新型干法水泥制造,浮法玻璃制造,建筑卫陶瓷制品制造,石材开采、塑钢等建材加工生产

16. 量具、轴承、仪表组装制造

17. 乘用车产品(包括具有先进技术的发动机产品)、专用车产品、五档以上或CVT自动变速器产品、功能性汽车电子类产品

18. 家用电子产品和电器、电池、照明器具组装生产

19. 电子信息产品开发及加工生产,包括通讯设备及产品的开发及加工生产

四、服务及其他行业

1. 国际营销网络

2. 远洋货物运输

3. 通信网络的建设、运营

4. 软件开发及应用服务

5. 高新技术及产品研究

6. 跨境公路、铁路货物运输及跨境公路、铁路、桥梁的建设、经营

7. 宣传中国文化的新闻出版、广播电影电视及文化艺术传播

禁止境外投资产业目录

一、农、林、牧、渔业

我国特有的珍贵优良品种的养殖、种植(包括种植业、林业、畜牧业、水产业的优良基因)

二、制造业

1. 我国传统工艺的绿茶及特种茶加工(名茶、黑茶等)

2. 传统中药饮片炮制技术及中成药秘方产品的生产

三、社会服务业

1. 博彩业(含赌博类跑马场)

2. 色情业

四、其他

1. 运用我国禁止出口的特有工艺或者技术的

2. 我国法律法规禁止的其他产业

3. 投资对象国或地区的环境保护要求的产业

五、我国缔结或参加的国际条约规定禁止的产业

境外投资项目核准暂行管理办法

国家发展和改革委员会令第21号

2004年10月9日

《境外投资项目核准暂行管理办法》业经国家发展和改革委员会主任办公会讨论通过，现予以发布，并于发布之日起施行。

国家发展和改革委员会主任：马凯

2004年10月9日

第一章　总　　则

第一条　根据《中华人民共和国行政许可法》和《国务院关于投资体制改革的决定》，为规范对境外投资项目的核准管理，特制定本办法。

第二条　本办法适用于中华人民共和国境内各类法人（以下简称投资主体），及其通过在境外控股的企业或机构，在境外进行的投资（含新建、购并、参股、增资、再投资）项目的核准。

投资主体在香港特别行政区、澳门特别行政区和台湾地区进行的投资项目的核准，适用本办法。

第三条　本办法所称境外投资项目指投资主体通过投入货币、有价证券、实物、知识产权或技术、股权、债权等资产和权益或提供担保，获得境外所有权、经营管理权及其他相关权益的活动。

第二章　核准机关及权限

第四条　国家对境外投资资源开发类和大额用汇项目实行核准管理。

资源开发类项目指在境外投资勘探开发原油、矿山等资源的项目。此类项目中方投资额3000万美元及以上的，由国家发展改革委核准，其中中方投资额2亿美元及以上的，由国家发展改革委审核后报国务院核准。

大额用汇类项目指在前款所列领域之外中方投资用汇额1000万美元及以上的境外投资项目，此类项目由国家发展改革委核准，其中中方投资用汇额5000万美元及以上的，由国家发展改革委审核后报国务院核准。

第五条　中方投资额3000万美元以下的资源开发类和中方投资用汇额1000

万美元以下的其他项目，由各省、自治区、直辖市及计划单列市和新疆生产建设兵团等省级发展改革部门核准，项目核准权不得下放。为及时掌握核准项目信息，省级发展改革部门在核准之日起20个工作日内，将项目核准文件抄报国家发展改革委。

地方政府按照有关法规对上款所列项目的核准另有规定的，从其规定。

第六条 中央管理企业投资的中方投资额3000万美元以下的资源开发类境外投资项目和中方投资用汇额1000万美元以下的其他境外投资项目，由其自主决策并在决策后将相关文件报国家发展改革委备案。国家发展改革委在收到上述备案材料之日起7个工作日内出具备案证明。

第七条 前往台湾地区投资的项目和前往未建交国家投资的项目，不分限额，由国家发展改革委核准或经国家发展改革委审核后报国务院核准。

第三章 核准程序

第八条 按核准权限属于国家发展改革委或国务院核准的项目，由投资主体向注册所在地的省级发展改革部门提出项目申请报告，经省级发展改革部门审核后报国家发展改革委。计划单列企业集团和中央管理企业可直接向国家发展改革委提交项目申请报告。

第九条 国家发展改革委核准前往香港特别行政区、澳门特别行政区、台湾地区投资的项目，以及核准前往未建交国家、敏感地区投资的项目前，应征求有关部门的意见。有关部门在接到上述材料之日起7个工作日内，向国家发展改革委提出书面意见。

第十条 国家发展改革委在受理项目申请报告之日起5个工作日内，对需要进行评估论证的重点问题委托有资质的咨询机构进行评估。接受委托的咨询机构应在规定的时间内向国家发展改革委提交评估报告。

第十一条 国家发展改革委在受理项目申请报告之日起20个工作日内，完成对项目申请报告的核准，或向国务院提出审核意见。如20个工作日不能作出核准决定或提出审核意见，由国家发展改革委负责人批准延长10个工作日，并将延长期限的理由告知项目申请人。

前款规定的核准期限，不包括委托咨询机构进行评估的时间。

第十二条 国家发展改革委对核准的项目向项目申请人出具书面核准文件；对不予核准的项目，应以书面决定通知项目申请人，说明理由并告知项目申请人享有依法申请行政复议或者提起行政诉讼的权利。

第十三条 境外竞标或收购项目，应在投标或对外正式开展商务活动前，向国家发展改革委报送书面信息报告。国家发展改革委在收到书面信息报告之日起7

个工作日内出具有关确认函件。信息报告的主要内容包括：

（一）投资主体基本情况；

（二）项目投资背景情况；

（三）投资地点、方向、预计投资规模和建设规模；

（四）工作时间计划表。

第十四条　投资主体如需投入必要的项目前期费用涉及用汇数额的（含履约保证金、保函等），应向国家发展改革委申请核准。经核准的该项前期费用计入项目投资总额。

第十五条　已经核准的项目如出现下列情况之一的，需向国家发展改革委申请变更：

（一）建设规模、主要建设内容及主要产品发生变化；

（二）建设地点发生变化；

（三）投资方或股权发生变化；

（四）中方投资超过原核准的中方投资额20%及以上。

变更核准的程序比照本章的相关规定执行。

第四章　项目申请报告

第十六条　报送国家发展改革委项目申请报告应包括以下内容：

（一）项目名称、投资方基本情况；

（二）项目背景情况及投资环境情况；

（三）项目建设规模、主要建设内容、产品、目标市场，以及项目效益、风险情况；

（四）项目总投资、各方出资额、出资方式、融资方案及用汇金额；

（五）购并或参股项目，应说明拟购并或参股公司的具体情况。

第十七条　报送国家发展改革委项目申请报告应附以下文件：

（一）公司董事会决议或相关的出资决议。

（二）证明中方及合作外方资产、经营和资信情况的文件。

（三）银行出具的融资意向书。

（四）以有价证券、实物、知识产权或技术、股权、债权等资产权益出资的，按资产权益的评估价值或公允价值核定出资额。应提交具备相应资质的会计师、资产评估机构等中介机构出具的资产评估报告，或其他可证明有关资产权益价值的第三方文件。

（五）投标、购并或合资合作项目，中外方签署的意向书或框架协议等文件。

（六）境外竞标或收购项目，应按本办法第十三条规定报送信息报告，并附国家发展改革委出具的有关确认函件。

第五章　核准条件及效力

第十八条　国家发展改革委核准项目的条件为：

（一）符合国家法律法规和产业政策，不危害国家主权、安全和公共利益，不违反国际法准则；

（二）符合经济和社会可持续发展要求，有利于开发国民经济发展所需战略性资源；符合国家关于产业结构调整的要求，促进国内具有比较优势的技术、产品、设备出口和劳务输出，吸收国外先进技术；

（三）符合国家资本项目管理和外债管理规定；

（四）投资主体具备相应的投资实力。

第十九条　投资主体凭国家发展改革委的核准文件，依法办理外汇、海关、出入境管理和税收等相关手续。本办法第六条规定的中央管理企业凭国家发展改革委出具的备案证明，办理上述有关手续。

第二十条　投资主体就境外投资项目签署任何具有最终法律约束力的相关文件前，须取得国家发展改革委出具的项目核准文件或备案证明。

第二十一条　国家发展改革委出具的核准文件应规定核准文件的有效期。在有效期内，核准文件是投资主体办理本办法第十九条所列相关手续的依据；有效期满后，投资主体办理上述相关手续时，应同时出示国家发展改革委出具的准予延续文件。

第二十二条　对未经有权机构核准或备案的境外投资项目，外汇管理、海关、税务等部门不得办理相关手续。

第二十三条　投资主体以提供虚假材料等不正当手段，取得项目核准文件或备案证明的，国家发展改革委可以撤销对该项目的核准文件或备案证明。

第二十四条　国家发展改革委可以对投资主体执行项目情况和省级发展改革部门核准境外投资项目情况进行监督检查，并对查实问题依法进行处理。

第六章　附　　则

第二十五条　各省级发展改革部门依据本办法的规定，制定相应的核准管理办法。

第二十六条　自然人和其他组织在境外进行的投资项目的核准，参照本办法执行。

第二十七条　本办法由国家发展改革委负责解释。

第二十八条　本办法自 2004 年 10 月 9 日起施行。此前有关境外投资项目审批的规定，凡与本办法有抵触的，均按本办法执行。

国家发展改革委关于印发境外投资项目申请报告示范大纲的通知

发改外资[2007]746号

2007年4月5日

各省、自治区、直辖市及计划单列市、新疆生产建设兵团发展改革委，各中央管理企业：

为规范境外投资项目申请报告的编制，做好境外投资项目核准工作，国家发展改革委近日颁布了《境外投资项目申请报告示范大纲》。

《境外投资项目申请报告示范大纲》以国家发展改革委第21号令为依据，分为项目名称、投资方情况、必要性分析、项目背景及投资环境情况、项目内容、项目合作及资金情况、项目风险分析、其他事项、附件目录九个部分，就境外投资项目申请报告的主要内容提出了具体要求，为项目单位编制项目申请报告提供了有效的指导和帮助。该《示范大纲》主要适用于限额以上境外投资项目，限额以下境外投资项目可根据项目情况参照执行。

国家发改委境外投资项目申请报告示范大纲

2007年4月13日

一、项目名称

二、投资方情况

（一）主要投资方基本情况：包括企业全称、主要经营范围、注册地、注册资本、企业性质、股权结构，资产负债状况，主要股东情况；

（二）主要投资方基本经营情况：包括企业近三年主要业务规模和经营情况，主要产品生产能力、实际生产规模、国内外销售情况，企业近三年主要财务指标；

（三）主要投资方相关实力和优势分析，在国内外投资类似项目简要情况；

（四）其他投资方简要情况：包括注册地、注册资本、企业性质、主要业务规模和经营状况、资产、负债、收入、利润等方面情况。

三、必要性分析

（一）投资目的：项目相关行业国内外情况，例如产品国内外供求情况及预测、产品进口情况及预测、行业未来发展等。说明项目对各投资方的必要性和意义,包括项目与投资方国内项目的关系、与企业发展战略的关系等。

(二)社会意义:包括与我国相关产业发展的关系,与我国境外投资战略和境外投资产业政策的关系等。

四、项目背景及投资环境情况

(一)项目背景:包括投资方介入前项目基本情况,外方合作者基本情况,投资方如何介入项目,投资方对外考察、尽职调查、与外方谈判、其他竞争投资者等情况,与所在国家和当地政府沟通情况等;

(二)投资环境情况:包括所在国家及当地政治、经济情况,与项目有关的税收、外汇、进出口、外资利用、资源开发、行业准入、环境保护、劳工等法律法规情况,当地相关行业及市场状况;涉及资源开发的,还应说明所在国家有关资源的储量、品质、勘探、开采情况;

(三)项目的外部意见及影响:包括所在国中央和地方政府的意见,当地社区的意见,项目对所在国家和地区社会、经济发展可能产生的影响等。

五、项目内容

建设类项目

(一)建设内容:包括建设地点、建设规模、建设期限、进度安排、技术方案、建设方案、需要建设的配套设施等;涉及资源开发的,还应说明可开发资源量、品位、中方可获权益资源量及开发方案等;

(二)主要产品及目标市场:包括项目主要产品及规模,产品目标市场及销售方案;

(三)相关配套条件落实情况:包括项目道路、铁路、港口、能源供应等相关基础设施配套情况及安排,项目土地情况及安排,项目满足当地环保要求措施,项目在劳动力供应和安全方面的安排和措施,加工类项目应说明项目原料来源的情况;

(四)财务效益指标:包括项目总销售收入、利润、投资回收期、内部收益率等财务预测指标,以及中方投资回收期及回报率等预测指标。

并购类项目

(一)被收购对象情况:股权收购类项目应包括被收购企业全称(中英文)、主要经营范围、注册地、注册资本、生产情况、经营情况及资产与负债等财务状况,股权结构、上市情况及最新股市表现、主要股东简况,被收购企业及其产品、技术在同行业所处地位、发展状况等;资产收购类项目应包括被收购资产构成,专业中介机构确定的评估价,资产所有者基本情况等;

(二)收购方案:包括收购标的,收购价格(说明定价方法及主要参数),实施主体，交易方式，收购进度安排、对其他竞争者的应对设想等；

（注：并购类项目同时包括投资建设方面内容的，还应说明建设类项目所要求的各项内容，并说明项目综合财务效益指标。）

六、项目合作及资金情况

（一）项目合作方案：包括项目各方股比，出资形式，合作方式，收入和利润分配，产品分配，其他合作内容；

（二）项目资金运用：包括项目总投资，建设类项目的前期费用（中介费、勘探费等）、工程建设资金及其使用构成、流动资金的使用等，并购类项目的收购前期费用、收购资金及其使用构成，中方投资额及其使用构成等；

（三）项目资金筹措：包括项目资本金及各方出资，银行贷款及其他社会融资的构成与来源，项目用汇金额及来源等。

七、项目风险分析

分析项目可能存在的风险及不确定性，并提出防范风险的相关措施：国别风险，法律及政策风险，市场风险，建设风险，外汇风险，环保风险，矿权及资源量风险，劳工风险，项目可能面临的其他风险；股权收购类项目还应分析企业运营风险。

八、其他事项

（一）项目是否存在需要解决的问题；

（二）实施项目的下一步工作计划。

九、附件目录

（一）《境外投资项目核准暂行管理办法》（国家发展改革委第21号令）第十七条要求随项目申请报告提供的有关文件；

（二）需要提供的其他相关证明文件。

国家发展改革委关于完善境外投资项目管理有关问题的通知

发改外资[2009]1479号

2009年6月8日

各省、自治区、直辖市及计划单列市、新疆生产建设兵团发展改革委，各中央管理企业：

近年来，在国家关于实施“走出去”战略的统一部署下，我国企业对外投资发展较快，特别是大型境外收购和竞标项目明显增加。为适应新形势发展的需要，促进我国对外投资健康有序发展，依据《境外投资项目核准暂行管理办法》（国家发展改革委第21号令），现就完善境外投资项目管理有关问题通知如下：

一、本通知所涉及境外投资项目，是指《政府核准的投资项目目录》规定由国家发展改革委核准或由国家发展改革委审核后报国务院核准的下列项目：

（一）境外收购项目，即国内企业直接或通过在境外设立的子公司或控股公司以协议、要约等方式收购境外企业全部或者部分股权、资产或其他权益的项目。

（二）境外竞标项目，即国内企业直接或通过在境外设立的子公司或控股公司参与境外公开或不公开的竞争性招标，以投资获得境外企业全部或者部分股权、资产或其他权益的项目。

上述项目以外的境外投资项目，仍按《境外投资项目核准暂行管理办法》的具体规定执行。

二、国内企业开展境外收购和竞标项目，要遵守国家法律法规、产业政策和境外投资管理规定，结合国家战略规划、企业发展战略和自身实力，在充分进行前期论证和尽职调查的基础上，科学决策，并且综合考虑各方面复杂因素，制订完善的工作方案和计划，稳步实施，有效防范投资风险。

三、有关企业在项目对外开展实质性工作之前，即境外收购项目在对外签署约束性协议、提出约束性报价及向对方国家（地区）政府审查部门提出申请之前，境外竞标项目在对外正式投标之前，应向国家发展改革委报送项目信息报告，并抄报国务院行业管理部门。

四、项目信息报告应说明投资主体基本情况、项目投资背景情况、收购或竞标目标情况、对外工作和尽职调查情况、收购或竞标的基本方案和时间安排等。项目信息报告的格式见附件一，可在国家发展改革委网站（www.ndrc.gov.cn）“外资利用”栏目下载。

五、中央管理企业可直接向国家发展改革委报送项目信息报告并抄报国务院行业管理部门，地方企业通过省级发展改革部门报送项目信息报告。

已有境外投资项目经国家核准的地方企业，可直接向国家发展改革委报送项目信息报告并抄报国务院行业管理部门，同时抄报省级发展改革部门。

六、国家发展改革委收到项目信息报告后，对于报告内容符合第四条要求的项目，在7个工作日内向报送单位出具确认函（格式见附件二），并抄送有关部门和机构；对于报告内容不符合第四条要求的项目，将及时通知报送单位补充和完善。

七、如果发现项目存在明显的重大不利因素，国家发展改革委将在确认函中作出特别备注，进行风险提示。

对于此类项目，国家发展改革委在项目核准时将严格审查，有关企业和金融机构应慎重决策。

八、确认函将标明一定的有效期。有关企业可在有效期内对外开展实质性工作，如在此期间未能完成，应根据情况办理确认函延期，或者重新报送项目信息报告。

九、确认函是有关企业向国家发展改革委报送项目申请报告的必备附件。

十、有关企业在对外完成实质性工作以及项目必要前期工作后，应按照《境外投资项目核准暂行管理办法》的规定向国家发展改革委报送项目申请报告，履行境外投资项目核准手续。

十一、对于违反本通知规定的国内企业，国家发展改革委将予以批评或通报批评，并责令纠正；对于性质严重、给国家和企业利益造成严重损害的，国家发展改革委将会同有关部门依法进行处罚，并追究有关领导和责任人的责任。

十二、国内金融机构要认真执行国家境外投资项目管理的有关规定，在进行充分风险评估和合规性审查的基础上，为国内企业境外投资项目提供金融支持，不得向违规项目发放贷款。

十三、各地方发展改革部门、各中央企业要认真贯彻国家境外投资管理的各项规定指导有关企业扎实开展对外投资工作，提高对外投资的科学性和效益，有效维护对外投资秩序，促进我国对外投资稳步有序健康发展。

附件：一、境外收购或竞标项目信息报告（格式）

二、境外收购或竞标项目信息报告确认函（格式）

国家发展改革委

2009年6月8日

附件一

境外收购或竞标项目信息报告

（密级）

（申报单位文头）

（申报单位文件编号）

<table>
<tr><td>一、项目名称</td><td colspan="5"></td></tr>
<tr><td rowspan="12">二、投资主体</td><td>主要投资方名称</td><td colspan="4"></td></tr>
<tr><td>单位所在地</td><td colspan="2"></td><td>法定代表人</td><td></td></tr>
<tr><td>主要股东</td><td colspan="4"></td></tr>
<tr><td rowspan="2">(最新)
年度经营状况</td><td>主营业
务情况</td><td colspan="3"></td></tr>
<tr><td>营业额</td><td></td><td>利润额</td><td></td></tr>
<tr><td rowspan="2">(最新)
年末资产状况</td><td>总资产</td><td></td><td>净资产</td><td></td></tr>
<tr><td>资产负债率</td><td colspan="3"></td></tr>
<tr><td rowspan="4">境外投资
历史情况</td><td>项目名称</td><td colspan="2">中方计划投资额</td><td>已投资额</td></tr>
<tr><td></td><td colspan="2"></td><td></td></tr>
<tr><td></td><td colspan="2"></td><td></td></tr>
<tr><td></td><td colspan="2"></td><td></td></tr>
<tr><td>其他投资方</td><td colspan="4"></td></tr>
<tr><td rowspan="2">三、投资背景</td><td>项目由来</td><td colspan="4"></td></tr>
<tr><td>投资目的</td><td colspan="4"></td></tr>
<tr><td rowspan="3">四、收购或竞标目标</td><td>目标名称</td><td colspan="2"></td><td>现所有者</td><td></td></tr>
<tr><td>外方出让原因</td><td colspan="4"></td></tr>
<tr><td>基本情况</td><td colspan="4">（包括最新年度生产经营状况、资产财务状况、股权及股价状况，资源储量、勘探状况、生产开发情况、估值、配套基础设施）</td></tr>
</table>

续表

<table>
<tr><td rowspan="4">五、对外工作</td><td>考察情况</td><td colspan="3"></td></tr>
<tr><td>对外谈判情况</td><td colspan="3"></td></tr>
<tr><td>已达成的初步意向</td><td colspan="3"></td></tr>
<tr><td>其他对外工作</td><td colspan="3"></td></tr>
<tr><td rowspan="5">六、尽职调查</td><td>经济技术分析结论</td><td colspan="3"></td></tr>
<tr><td>法律尽职调查结论</td><td colspan="3"></td></tr>
<tr><td>财务尽职调查结论</td><td colspan="3"></td></tr>
<tr><td>社区、环境等调查分析</td><td colspan="3"></td></tr>
<tr><td>其他调查情况</td><td colspan="3"></td></tr>
<tr><td rowspan="3">七、收购或竞标方案</td><td>交易方式及内容</td><td colspan="3"></td></tr>
<tr><td>交易金额</td><td></td><td>资金来源</td><td></td></tr>
<tr><td>交易时间安排</td><td colspan="3"></td></tr>
<tr><td>八、下一步工作时间表</td><td colspan="4"></td></tr>
<tr><td colspan="5">九、附件
1. 投资主体与外方签署的意向性协议文件
2. 投资主体相关决策文件
3. 其他支持性文件：________________</td></tr>
<tr><td>联系人</td><td></td><td>联系电话</td><td colspan="2"></td></tr>
</table>

（申报单位盖章）

年　月　日

附件二

境外收购或竞标项目信息报告确认函

发改　　境外确字[20　　]　　号

____（来文单位）____：

报来《境外收购或竞标项目信息报告》(　　来文文号　　)收悉。对于所报____（项目名称）____，特以本函确认，有效期____________。

特别备注：

国家发展改革委　　司(局)

二〇　年　月　日

国家发展改革委关于做好境外投资项目下放核准权限工作的通知

发改外资[2011]235号

2011年2月14日

各省、自治区、直辖市及计划单列市、新疆生产建设兵团发展改革委，各中央管理企业：

为适应新形势下我国境外投资发展的需要，经报请国务院同意，现将下放境外投资项目核准权限有关事项通知如下：

一、下放项目核准权限。地方企业实施的中方投资额3亿美元以下的资源开发类、中方投资额1亿美元以下的非资源开发类境外投资项目(特殊项目除外)，由所在省、自治区、直辖市及计划单列市和新疆生产建设兵团等省级发展改革部门(以下简称省级发展改革部门)核准；中央管理企业实施的上述境外投资项目，由企业自主决策并报国家发展改革委备案。中方投资额3亿美元及以上的资源开发类、中方投资额1亿美元及以上的非资源开发类境外投资项目，由国家发展改革委核准。

二、有关特殊项目核准。前往未建交、受国际制裁国家，或前往发生战争、动乱等国家和地区的投资项目，以及涉及基础电信运营、跨界水资源开发利用、大规模土地开发、干线电网、新闻传媒等特殊敏感行业的境外投资项目，不分限额，由省级发展改革部门或中央管理企业初审后报国家发展改革委核准，或由国家发展改革委审核后报国务院核准。

三、坚持政企分开原则。省级发展改革部门在核准境外投资项目时，应按照《境外投资项目核准暂行管理办法》(国家发展改革委令第21号)第十八条的要求进行外部要素审查。境外投资项目的市场前景、经济效益、资金来源和产品技术方案等由企业进行自主决策、自担责任和风险。省级发展改革部门应对境外投资项目可能发生的政治、经济、法律风险进行提示。

四、建立项目登记制度。为甄别本通知第二条的境外投资项目，做好协调工作，对中方投资额3000万美元以上至3亿美元以下的资源开发类、中方投资额1000万美元以上至1亿美元以下的非资源开发类境外投资项目，省级发展改革部门在下发核准文件前，需报国家发展改革委登记，国家发展改革委将在收到核准文件的5个工作日内出具《地方重大境外投资项目核准登记单》。经登记的项目核准文件是办理相关手续和享受相关政策的依据。

五、完善备案管理办法。中央管理企业的中方投资额3000万美元以上至3亿美元以下的资源开发类、中方投资额1000万美元以上至1亿美元以下的非资源开发类境外投资项目的备案办法，参照《国家发展改革委办公厅关于境外投资项目备案证明的通知》(发改办外资[2007]1239号)执行。

六、调整信息报告范围。根据新的境外投资项目核准权限，将《国家发展改革委关于完善境外投资项目管理有关问题的通知》(发改外资[2009]1479号)规定报送的项目信息报告范围调整为中方投资额1亿美元及以上的境外收购和竞标项目。

七、赴港澳台地区投资。前往香港特别行政区、澳门特别行政区的投资项目适用本通知；前往台湾地区的投资项目，按照国家发展改革委、商务部和国台办《关于印发〈大陆企业赴台湾地区投资管理办法〉的通知》(发改外资[2010]2661号)执行。

各省级发展改革部门、中央管理企业应结合实际，认真做好下放境外投资项目核准权限的指导组织实施工作，进一步完善境外投资项目管理办法，建立健全境外投资项目协调机制和责任追究制度，加强对各类投资主体特别是对设在境外企业开展境外投资合作的管理，促进境外投资健康发展。各省级发展改革部门应按照政企分开的原则，积极鼓励有条件的企业开展境外投资合作，落实企业投资决策自主权，避免不同行业、地区企业的恶性竞争，切实防范投资风险。

附件：

地方重大境外投资项目核准登记单

发改境外登字[　　]号

________省(自治区、直辖市、计划单列市、新疆生产建设兵团)发展改革委：

兹收到关于____________________项目核准文件(　　号文)，现予以登记。

国家发展改革委利用外资和境外投资司

(盖章)

年　月　日

境外投资管理办法

商务部令2009年第5号

2009年3月16日

第一章　总　　则

第一条　为促进和规范境外投资，根据《国务院对确需保留的行政审批项目设定行政许可的决定》，制定本办法。

第二条　本办法所称境外投资，是指在我国依法设立的企业（以下简称企业）通过新设、并购等方式在境外设立非金融企业或取得既有非金融企业的所有权、控制权、经营管理权等权益的行为。

第三条　企业开展境外投资应当认真了解并遵守境内外相关法律法规、规章和政策，遵循“互利共赢”原则。

第四条　商务部负责对境外投资实施管理和监督，省、自治区、直辖市、计划单列市及新疆生产建设兵团商务主管部门（以下简称省级商务主管部门）负责对本行政区域内境外投资实施管理和监督。

第二章　核　　准

第五条　商务部和省级商务主管部门对企业境外投资实行核准。商务部建立“境外投资管理系统”（以下简称系统）。对予以核准的企业，颁发《企业境外投资证书》（以下简称《证书》，样式见附件一）。《证书》由商务部统一印制，实行统一编码管理。

第六条　企业开展以下情形境外投资应当按本办法第十二条的规定提交申请材料，并按本办法第十三条的规定报商务部核准：

（一）在与我国未建交国家的境外投资；

（二）特定国家或地区的境外投资（具体名单由商务部会同外交部等有关部门确定）；

（三）中方投资额1亿美元及以上的境外投资；

（四）涉及多国（地区）利益的境外投资；

（五）设立境外特殊目的公司。

第七条 地方企业开展以下情形的境外投资应当按照本办法第十二条要求提交申请材料,并按第十四条的规定报省级商务主管部门核准:

(一)中方投资额1000万美元及以上、1亿美元以下的境外投资;

(二)能源、矿产类境外投资;

(三)需在国内招商的境外投资。

第八条 企业开展本办法第六条、第七条规定情形以外的境外投资,须提交《境外投资申请表》(以下简称申请表,样式见附件二),并按第十六条规定办理核准。

第九条 企业境外投资有以下情形之一的,商务部和省级商务主管部门不予核准:

(一)危害我国国家主权、安全和社会公共利益,或违反我国法律法规;

(二)损害我与有关国家(地区)关系;

(三)可能违反我国对外缔结的国际条约;

(四)涉及我国禁止出口的技术和货物。

境外投资经济技术可行性由企业自行负责。

第十条 商务部核准第六条规定的境外投资应当征求我驻外使(领)馆(经商处室)意见。涉及中央企业的,由商务部征求意见;涉及地方企业的,由省级商务主管部门征求意见。

省级商务主管部门核准第七条第二款规定的境外投资应当征求驻外使(领)馆(经商处室)意见;其他情形的境外投资核准,省级商务主管部门可视情征求驻外使(领)馆(经商处室)意见。

第十一条 商务部和省级商务主管部门征求意见时应当向驻外使(领)馆(经商处室)提供投资事项基本情况等相关信息。

驻外使(领)馆(经商处室)主要从东道国安全状况、对双边政治和经贸关系影响等方面提出意见,并自收到征求意见函之日起10个工作日内予以回复。

第十二条 企业开展本办法第六条、第七条规定情形的境外投资须提交以下材料:

(一)申请书,主要内容包括境外企业的名称、注册资本、投资金额、经营范围、经营期限、投资资金来源情况的说明、投资的具体内容、股权结构、投资环境分析评价以及对不涉及本办法第九条所列情形的说明等;

(二)企业营业执照复印件;

(三)境外企业章程及相关协议或者合同;

(四)国家有关部门的核准或备案文件;

(五)并购类境外投资须提交《境外并购事项前期报告表》(样式见附件三);

（六）主管部门要求的其他文件。

第十三条　企业开展第六条规定的境外投资，中央企业向商务部提出申请，地方企业通过所在地省级商务主管部门向商务部提出申请。

收到申请后，省级商务主管部门应当于10个工作日内［不含征求驻外使（领）馆（经商处室）的时间］对企业申报材料真实性及是否涉及本办法第九条所列情形进行初审，同意后将初审意见和全部申请材料报送商务部。

商务部收到省级商务主管部门或中央企业的申请后，于5个工作日内决定是否受理。申请材料不齐全或者不符合法定形式的，应当在5个工作日内一次告之申请人；受理后，应当于15个工作日内［不含征求驻外使（领）馆（经商处室）的时间］做出是否予以核准的决定。

第十四条　企业开展第七条规定的境外投资，向省级商务主管部门提出申请。

收到申请后，省级商务主管部门应当于5个工作日内决定是否受理。申请材料不齐全或者不符合法定形式的，应当在5个工作日内一次告之申请人；受理后，应当于15个工作日内［不含征求驻外使（领）馆（经商处室）意见的时间］做出是否予以核准的决定。

第十五条　对予以核准的第六条、第七条规定的境外投资，商务部和省级商务主管部门应当出具书面核准决定并颁发《证书》；不予核准的，应当书面通知申请企业并说明理由，告知其享有依法申请行政复议或者提起行政诉讼的权利。

第十六条　企业开展第八条规定的境外投资按以下程序办理核准：

中央企业总部通过“系统”按要求填写打印申请表，报商务部核准。地方企业通过“系统”按要求填写打印申请表，报省级商务主管部门核准。

商务部和省级商务主管部门收到申请表后，于3个工作日内进行审查，申请表填写完整且符合法定形式的即予颁发《证书》。

第十七条　两个以上企业共同投资设立境外企业，应当由相对最大股东在征求其他投资方书面同意后负责办理核准手续。商务部或相对最大股东所在地省级商务主管部门应将相关核准文件抄送其他投资方所在地省级商务主管部门。

第十八条　商务部或省级商务主管部门核准矿产资源勘查开发类境外投资应当征求国内有关商会、协会的意见，以作为核准时的参考。

第三章　变更和终止

第十九条　核准后，原境外投资申请事项发生变更，企业应参照第二章的规定向原核准机关申请办理变更核准手续。企业之间转让境外企业股份，由受让方负责申请办理变更手续，商务部或受让方所在地省级商务主管部门应当把相关核准文件抄送其他股东所在地省级商务主管部门。

第二十条 企业终止经核准的境外投资应向原核准机关备案,交回《证书》。原核准机关出具备案函,企业据此向外汇管理等部门办理相关手续。企业及其所属境外企业应当按当地法律办理注销手续。

终止是指原经核准的境外企业不再存续或我国企业均不再拥有原经核准的境外企业的股权等任何权益。

第四章 境外投资行为规范

第二十一条 企业应当客观评估自身条件、能力和东道国(地区)投资环境,积极稳妥开展境外投资。境内外法律法规和规章对资格资质有要求的,应当取得相关证明文件。

第二十二条 企业对其投资设立的境外企业冠名应当符合境内外法律法规和政策规定。未按国家有关规定获得批准的企业,其境外企业名称不得冠以"中国"、"中华"、"国家"等字样。境外企业外文名称可在申请核准前在东道国(地区)进行预先注册。

第二十三条 企业应当落实各项人员和财产安全防范措施,建立突发事件预警机制和应急预案,并接受驻外使(领)馆在突发事件防范、人员安全保护等方面的指导。

在境外发生突发事件时,企业应当及时、妥善处理,并立即向驻外使(领)馆和国内有关主管部门报告。

第二十四条 企业应当要求境外企业中方负责人当面或以信函、传真、电子邮件等书面方式及时向驻外使(领)馆(经商处室)报到登记。

第二十五条 企业应向原核准机关报告境外投资业务情况和统计资料,确保报送情况和数据真实准确。

第二十六条 企业应当在其对外签署的与境外投资相关的合同或协议生效前,取得有关政府主管部门的核准。

第五章 管理和服务

第二十七条 商务部负责对省级商务主管部门及中央企业总部的境外投资管理情况进行检查和指导。

第二十八条 商务部会同有关部门建立健全境外投资引导、促进和服务体系,强化公共服务。

商务部发布《对外投资合作国别(地区)指南》,帮助企业了解东道国(地区)投资环境。

商务部会同有关部门发布《对外投资国别产业导向目录》,引导企业有针对性地到东道国(地区)开展境外投资。

商务部通过政府间多双边经贸或投资合作机制等协助企业解决困难和问题。

商务部建立对外投资与合作信息服务系统,为企业开展境外投资提供统计、投资机会、投资障碍、预警等信息服务。

第二十九条　企业境外投资获得核准后,持《证书》办理外汇、银行、海关、外事等相关手续,并享受国家有关政策支持。

第三十条　企业自领取《证书》之日起2年内,未在东道国(地区)完成有关法律手续或未办理本办法第二十九条所列境内有关部门手续,原核准文件和《证书》自动失效,《证书》应交回原核准机关。如需再开展境外投资,须按本办法规定重新办理核准。

第三十一条　《证书》不得伪造、涂改、出租、转借或以任何形式转让。已变更、失效或注销的《证书》应当交回发证机关。

第六章　罚　　则

第三十二条　企业提供虚假申请材料或不如实填报申请表的,商务部和省级商务主管部门不予受理或不予核准,并给予警告,且可在一年内不受理该企业任何境外投资核准申请;企业以提供虚假材料等不正当手段取得境外投资核准的,商务部及省级商务主管部门应当撤销相关文件,并可在三年内不受理该企业任何境外投资核准申请。

第三十三条　违反本办法规定的企业三年内不得享受国家有关境外投资政策支持。

第三十四条　省级商务主管部门未按本办法规定进行核准和履行管理监督职责的,商务部责令改正并提出批评。

第三十五条　商务主管部门有关工作人员不依本办法规定履行职责,或者滥用职权的,依法给予行政处分。

第七章　附　　则

第三十六条　省级商务主管部门可依照本规定制定相应的管理办法。

第三十七条　本办法所称特殊目的公司系指企业为实现其实际拥有的境内公司权益在境外上市而直接或间接控制的境外公司。

第三十八条　事业单位法人开展境外投资、企业在境外设立非企业法人适用本办法。企业赴香港、澳门及台湾地区投资参照本办法执行。

第三十九条 企业控股的境外企业的境外再投资，在完成法律手续后一个月内，应当由企业报商务主管部门备案。企业为地方企业的，须通过“系统”填报相关信息，打印备案表（样式见附件四）并加盖本企业公章后向省级商务主管部门备案；企业为中央企业的，中央企业总部通过“系统”填报相关信息，打印备案表并加盖公章后向商务部备案。企业递交备案表后即完成备案。

第四十条 本办法由商务部负责解释。

第四十一条 本办法自2009年5月1日起施行。《关于境外投资开办企业核准事项的规定》（商务部2004年16号令）和《商务部、国务院港澳办关于印发〈关于内地企业赴香港、澳门特别行政区投资开办企业核准事项的规定〉的通知》（商合发[2004]452号）同时废止。此前有关规定与本办法不符的，以本办法为准。

附件1:《企业境外投资证书》样式

附件2:《境外投资申请表》样式

附件3:《境外并购事项前期报告表》样式

附件4:《境外中资企业境外投资备案表》样式

附件1：

企业境外投资证书

证　书

[ ]商合境外投资证字第　号

××公司右页所列境外投资符合《境外投资管理办法》(商务部令××号)有关规定，现予以颁发《企业境外投资证书》。

公司持本证书办理外汇、海关、外事等相关手续。公司自领取本证书之日起2年内，未从事右页所列境外投资，证书自动失效。

公司开展境外投资业务应认真遵守境内外相关的法律法规和政策。

年　月　日

<table>
<tr><td rowspan="2">境外企业名称</td><td>中文</td><td colspan="4"></td></tr>
<tr><td>外文</td><td colspan="4"></td></tr>
<tr><td>国家/地区(中文)</td><td></td><td colspan="2">国家/地区(英文)</td><td colspan="2"></td></tr>
<tr><td>设立方式</td><td colspan="5">☐新设　☐并购　☐其他</td></tr>
<tr><td rowspan="2">投资方</td><td>中方</td><td colspan="4"></td></tr>
<tr><td>其他方</td><td colspan="4"></td></tr>
<tr><td>注册资本</td><td></td><td>中方</td><td>%</td><td>其他方</td><td>%</td></tr>
<tr><td>投资总额</td><td colspan="2">万美元</td><td>其他资金</td><td colspan="2">万美元</td></tr>
<tr><td rowspan="4">实际投资</td><td rowspan="2">中方</td><td rowspan="2">万美元</td><td>现汇</td><td colspan="2">万美元</td></tr>
<tr><td>实物</td><td colspan="2">万美元</td></tr>
<tr><td rowspan="2">其他方</td><td rowspan="2">万美元</td><td>现汇</td><td colspan="2">万美元</td></tr>
<tr><td>实物</td><td colspan="2">万美元</td></tr>
<tr><td>经营年限</td><td colspan="2">年</td><td>雇员数</td><td colspan="2">人</td></tr>
<tr><td>经营范围</td><td colspan="5"></td></tr>
<tr><td>备注</td><td colspan="5"></td></tr>
</table>

附件2:

境外投资申请表

系统统一编号【　　】　　　　单位:万美元

<table>
<tr><td>基本事由</td><td colspan="3"></td></tr>
<tr><td rowspan="2">境内企业</td><td>名称:</td><td colspan="2">法定代表人:</td></tr>
<tr><td>地址:</td><td colspan="2">联系人及联系方式:</td></tr>
<tr><td>拟投资境外企业名称</td><td colspan="3">中文:
外文:</td></tr>
<tr><td>注册资本</td><td colspan="3">________美元,中方占　　%股份,外方占　　%股份</td></tr>
<tr><td rowspan="2">股权结构</td><td colspan="3">中方股东名称及股比:</td></tr>
<tr><td colspan="3">外方股东名称及股比:</td></tr>
<tr><td>注册地</td><td colspan="3">国家:　　省(州):　　城市:</td></tr>
<tr><td>设立方式</td><td colspan="3">新设○　并购○　补办○　其他○(下拉框选择)</td></tr>
<tr><td>经营范围</td><td colspan="3"></td></tr>
<tr><td>所属行业</td><td colspan="3">下拉框选择</td></tr>
<tr><td>投资规模</td><td colspan="3">投资总额________,
中方投资额________,其中自有资金________,境内银行贷款________。</td></tr>
<tr><td>投资资金结构(中方)</td><td colspan="3">现汇出资________,
其中自有外汇________、人民币购汇________、外汇贷款________、境外自筹________,
实物出资________,
其中设备________、原材料________,
知识产权________,
其中专利________,商标________,商誉________,专有技术________。</td></tr>
<tr><td rowspan="2">拟投资具体项目简况</td><td>内容</td><td colspan="2"></td></tr>
<tr><td>意义</td><td colspan="2"></td></tr>
<tr><td>国家有关部门核准
或备案文件号
(如有相关规定)</td><td></td><td>资格资质文件
名称及编号
(如有要求)</td><td></td></tr>
<tr><td colspan="4">本单位保证以上填报事项及材料的真实性,承诺按照国家相关法律法规及《境外投资管理办法》(商务部令第　　号)的规定开展境外投资。
企业法人营业执照注册号:
法定代表人签字:　　　　填表单位联系人:
填表单位盖章:
年　　月　　日</td></tr>
</table>

附件3：

境外并购事项前期报告表

<table>
<tr><td rowspan="2">境内投资主体</td><td>名称</td><td colspan="4"></td></tr>
<tr><td>注册资本</td><td colspan="2"></td><td>行业</td><td></td></tr>
<tr><td rowspan="2">实施具体并购行为的子公司</td><td>名称</td><td colspan="4"></td></tr>
<tr><td>注册地点</td><td colspan="2"></td><td>注册资本</td><td></td></tr>
<tr><td rowspan="3">境外并购目标企业</td><td rowspan="2">名称</td><td>外文</td><td colspan="3"></td></tr>
<tr><td>中文</td><td colspan="3"></td></tr>
<tr><td>注册地点</td><td colspan="2"></td><td>行业</td><td></td></tr>
<tr><td colspan="2">并购背景</td><td colspan="4"></td></tr>
<tr><td colspan="2">拟并购的股权、资产或业务情况</td><td colspan="4"></td></tr>
<tr><td colspan="2">预计投资总额</td><td colspan="2"></td><td>交易方式（现金、股票及混合方式）</td><td></td></tr>
<tr><td colspan="2">资金筹措方案</td><td colspan="4"></td></tr>
<tr><td colspan="2">初步时间安排</td><td colspan="4"></td></tr>
<tr><td colspan="2">潜在风险及应对方案</td><td colspan="4"></td></tr>
<tr><td colspan="2">需政府提供的服务</td><td colspan="4"></td></tr>
<tr><td colspan="2">联系人</td><td colspan="2"></td><td>电话</td><td></td></tr>
</table>

（注：此表填不下的内容，可另加附页）

商务部对外投资和经济合作司制

（企业公章）

年　月　日

附件4：

境外中资企业境外投资备案表

系统统一编号【　　】　　　　　　　　　　　　　　　　　　单位：万美元

基本事由			
境外中资企业名称	中文： 外文：	注册地	下拉框选择
再投资规模	投资总额________ 境外中资企业投资额________，其中利润再投资________，境外中资企业获取境外银行贷款________，境外中资企业获取境内银行贷款________。		
境外中资企业投资设立企业名称	中文： 英文：	注册地	国家： 省（州）：
注册资本	________		
股权结构	境外中资企业占股比： 其他方股东名称及股比：		
设立方式	新设○　　并购○		
经营范围			
所属行业	下拉框选择		
附件： 1.《中国企业境外投资证书》			
本单位保证以上填报事项及材料的真实性，承诺按照国家相关法律法规及《境外投资管理办法》（商务部令第　　号）的规定开展境外投资。 法定代表人签字：　　填表单位盖章 年　月　日			

国家外汇管理局关于发布《境内机构境外直接投资外汇管理规定》的通知

汇发[2009]30号

2009年7月13日

国家外汇管理局各省、自治区、直辖市分局、外汇理部，深圳、大连、青岛、厦门、宁波市分局：

为贯彻落实"走出去"发展战略，促进境内机构境外直接投资的健康发展，对跨境资本流动实行均衡管理，维护我国国际收支基本平衡，根据《中华人民共和国外汇管理条例》等相关法规，国家外汇管理局制定了《境内机构境外直接投资外汇管理规定》(以下简称《规定》)，现予以发布。《规定》自2009年8月1日起施行，请遵照执行。

各分局、外汇管理部接到本通知后，应及时转发辖内各分支机构、城市商业银行、农村商业银行、外资银行；各中资外汇指定银行应及时转发所辖分支机构。

2009年7月13日

境内机构境外直接投资外汇管理规定

第一章 总 则

第一条 为促进和便利境内机构境外直接投资活动，规范境外直接投资外汇管理，促进我国国际收支基本平衡，根据《中华人民共和国外汇管理条例》等相关法规，制定本规定。

第二条 本规定所称境外直接投资是指境内机构经境外直接投资主管部门核准，通过设立(独资、合资、合作)、并购、参股等方式在境外设立或取得既有企业或项目所有权、控制权或经营管理权等权益的行为。

第三条 国家外汇管理局及其分支机构(以下简称外汇局)对境内机构境外直接投资的外汇收支、外汇登记实施监督管理。

第四条 境内机构可以使用自有外汇资金、符合规定的国内外汇贷款、人民币购汇或实物、无形资产及经外汇局核准的其他外汇资产来源等进行境外直接投资。

境内机构境外直接投资所得利润也可留存境外用于其境外直接投资。

上款所称自有外汇资金包括:经常项目外汇账户、外商投资企业资本金账户等账户内的外汇资金。

第五条 国家外汇管理局可以根据我国国际收支形势和境外直接投资情况,对境内机构境外直接投资外汇资金来源范围、管理方式及其境外直接投资所得利润留存境外的相关政策进行调整。

第二章 境外直接投资外汇登记和资金汇出

第六条 外汇局对境内机构境外直接投资及其形成的资产、相关权益实行外汇登记及备案制度。

境内机构在向所在地外汇局办理境外直接投资外汇登记时,应说明其境外投资外汇资金来源情况。

第七条 境内机构境外直接投资获得境外直接投资主管部门核准后,持下列材料到所在地外汇局办理境外直接投资外汇登记:

(一)书面申请并填写《境外直接投资外汇登记申请表》(格式见附件1);

(二)外汇资金来源情况的说明材料;

(三)境内机构有效的营业执照或注册登记证明及组织机构代码证;

(四)境外直接投资主管部门对该项投资的核准文件或证书;

(五)如果发生前期费用汇出的,提供相关说明文件及汇出凭证;

(六)外汇局要求的其他材料。

外汇局审核上述材料无误后,在相关业务系统中登记有关情况,并向境内机构颁发境外直接投资外汇登记证。境内机构应凭其办理境外直接投资项下的外汇收支业务。

多个境内机构共同实施一项境外直接投资的,由境内机构所在地外汇局分别向相关境内机构颁发境外直接投资外汇登记证,并在相关业务系统中登记有关情况。

第八条 境内机构应凭境外直接投资主管部门的核准文件和境外直接投资外汇登记证,在外汇指定银行办理境外直接投资资金汇出手续。外汇指定银行进行真实性审核后为其办理。

外汇指定银行为境内机构办理境外直接投资资金汇出的累计金额,不得超过该境内机构事先已经外汇局在相关业务系统中登记的境外直接投资外汇资金总额。

第九条 境内机构应在如下情况发生之日起60天内,持境外直接投资外汇登记证、境外直接投资主管部门的核准或者备案文件及相关真实性证明材料到所在地外汇局办理境外直接投资外汇登记、变更或备案手续:

（一）境内机构将其境外直接投资所得利润以及其所投资境外企业减资、转股、清算等所得资本项下外汇收入留存境外，用于设立、并购或参股未登记的境外企业的，应就上述直接投资活动办理境外直接投资外汇登记手续；

（二）已登记境外企业发生名称、经营期限、合资合作伙伴及合资合作方式等基本信息变更，或发生增资、减资、股权转让或置换、合并或分立等情况，境内机构应就上述变更情况办理境外直接投资外汇登记变更手续；

（三）已登记境外企业发生长期股权或债权投资、对外担保等不涉及资本变动的重大事项的，境内机构应就上述重大事项办理境外直接投资外汇备案手续。

第十条 境内机构持有的境外企业股权因转股、破产、解散、清算、经营期满等原因注销的，境内机构应在取得境外直接投资主管部门相关证明材料之日起60天内，凭相关材料到所在地外汇局办理注销境外直接投资外汇登记手续。

第十一条 境内机构可以按照《中华人民共和国外汇管理条例》和其他相关规定，向境外直接投资企业提供商业贷款或融资性对外担保。

第十二条 境内机构在外汇管制国家或地区投资的，可按规定在其他非外汇管制国家或地区开立专用外汇账户，用于与该项投资相关外汇资金的收付。

第三章 境外直接投资前期费用汇出

第十三条 境外直接投资前期费用是指境内机构在境外投资设立项目或企业前，需要向境外支付的与境外直接投资有关的费用，包括但不限于：

（一）收购境外企业股权或境外资产权益，按项目所在地法律规定或出让方要求需缴纳的保证金；

（二）在境外项目招投标过程中，需支付的投标保证金；

（三）进行境外直接投资前，进行市场调查、租用办公场地和设备、聘用人员，以及聘请境外中介机构提供服务所需的费用。

第十四条 境内机构向境外汇出的前期费用，一般不得超过境内机构已向境外直接投资主管部门申请的境外直接投资总额（以下简称境外直接投资总额）的15%（含），并持下列材料向所在地外汇局申请：

（一）书面申请（包括境外直接投资总额、各方出资额、出资方式，以及所需前期费用金额、用途和资金来源说明等）；

（二）境内机构有效的营业执照或注册登记证明及组织机构代码证；

（三）境内机构参与投标、并购或合资合作项目的相关文件（包括中外方签署的意向书、备忘录或框架协议等）；

（四）境内机构已向境外直接投资主管部门报送的书面申请；

(五)境内机构出具的前期费用使用书面承诺函;

(六)外汇局要求的其他相关材料。

对于汇出的境外直接投资前期费用确需超过境外直接投资总额15%的,境内机构应当持上述材料向所在地国家外汇管理局分局(含外汇管理部)提出申请。外汇指定银行凭外汇局出具的核准件为境内机构办理购付汇手续,并及时向外汇局反馈有关信息。

第十五条 境内机构已汇出境外的前期费用,应列入境内机构境外直接投资总额。外汇指定银行在办理境内机构境外直接投资资金汇出时,应扣减已汇出的前期费用金额。

第十六条 境内机构自汇出前期费用之日起6个月内仍未完成境外直接投资项目核准程序的,应将境外账户剩余资金调回原汇出资金的境内外汇账户。所汇回的外汇资金如属人民币购汇的,可持原购汇凭证,到外汇指定银行办理结汇。

所在地外汇局负责监督境内机构调回剩余的前期费用。如确因前期工作需要,经原作出核准的外汇局核准,上述6个月的期限可适当延长,但最长不超过12个月。

第四章 境外直接投资项下资金汇入及结汇

第十七条 境内机构将其所得的境外直接投资利润汇回境内的,可以保存在其经常项目外汇账户或办理结汇。

外汇指定银行在审核境内机构的境外直接投资外汇登记证、境外企业的相关财务报表及其利润处置决定、上年度年检报告书等相关材料无误后,为境内机构办理境外直接投资利润入账或结汇手续。

第十八条 境内机构因所设境外企业减资、转股、清算等所得资本项下外汇收入,通过资产变现专用外汇账户办理入账,或经外汇局批准留存境外。资产变现专用外汇账户的开立及入账经所在地外汇局按照相关规定核准,账户内资金的结汇,按照有关规定直接向外汇指定银行申请办理。

第十九条 境内机构将其境外直接投资的企业股权全部或者部分转让给其他境内机构的,相关资金应在境内以人民币支付。股权出让方应到所在地外汇局办理境外直接投资外汇登记的变更或注销手续,股权受让方应到所在地外汇局办理受让股权的境外直接投资外汇登记手续。

第五章 附 则

第二十条 境内机构(金融机构除外)应按照境外投资联合年检的相关规定参

加年检。多个境内机构共同实施一项境外直接投资的,应分别到所在地外汇局参加外汇年检。

第二十一条　境内机构在香港特别行政区、澳门特别行政区和台湾地区进行直接投资的,参照本规定进行管理。

第二十二条　境内金融机构境外直接投资外汇管理,参照本规定执行。相关监管部门对境内金融机构境外直接投资的资金运用另有规定的,从其规定。

第二十三条　境内机构办理境外直接投资项下外汇收支及外汇登记等业务,应按相关规定通过相关业务系统办理。

外汇指定银行应将境外直接投资项下外汇收支信息通过相关业务系统向外汇局反馈。

第二十四条　境内机构违反本规定的,外汇局根据《中华人民共和国外汇管理条例》及其他相关规定进行处罚;构成犯罪的,依法追究刑事责任。

第二十五条　本规定由国家外汇管理局负责解释。

第二十六条　本规定自2009年8月1日起施行。附件2所列其他规范性文件同时废止。以前规定与本规定不一致的,按本规定执行。

附件1:境外直接投资外汇登记申请表

附件2:废止文件目录

附件 1:

境外直接投资外汇登记申请表

境内机构名称(盖章):	
组织机构代码:	法定代表人:
联系地址:	联系人及电话:
投资所在国家或地区:	
拟投资的境外企业或者项目名称:	
境外直接投资合资合作伙伴名称:	
投资性质:□境外资源勘探开发项目□境外制造加工项目□境外科技研发项目□带动出口(含境外带料加工)项目 □其他	
投资地区:□港澳地区□港澳以外的其他亚洲国家及地区 □北美洲□中美及南美洲□欧洲□非洲□大洋洲	
境内机构境外直接投资总额及币种:________ 其中:股本金投资金额及币种:________ 其他类型的所有者权益投资金额及币种:________ 股东贷款投资金额及币种:________ 股东贷款期限及年利率:________	
境内机构境外直接投资的出资方式,包括: 境内现汇出资金额及币种:________ 境内实物出资折合金额及币种:________ 境内权益出资折合金额及币种:________ 境外解决出资折合金额及币种:________ 其他出资折合金额及币种:________	
境内机构境外直接投资的外汇资金来源: 境外解决:________(金额及币种) 其中:利润再投资:________ 其他:________ 境内汇出:________ 其中:自有外汇资金:________ 国内外汇贷款:________ 购汇:________ 其他:________ 已汇出的前期费用:________	
声明:本单位在申请表中填报的内容真实、准确。如实际情况与上述保证事项不符,我单位愿承担相关法律责任。 法定代表人签字: ________年____月____日	

附件 2：

废止文件目录

1.《关于发布〈境外投资外汇管理办法实施细则〉的通知》（[90]汇管投字第381号）

2.《境外投资外汇风险及外汇资金来源审查的审批规范》（1993年9月20日国家外汇管理局发布）

3.《关于对境外投资外汇风险审查和外汇资金来源审查书面结论统一规范的通知》（[91]汇管投字第434号）

4.《关于〈境外投资外汇管理办法〉的补充通知》（[95]汇资函字第163号）

5.《关于部分项目免缴境外投资汇回利润保证金的通知》（汇发[1999]287号）

6.《国家外汇管理局关于简化境外投资外汇资金来源审查有关问题的通知》（汇发[2003]43号）

7.《国家外汇管理局关于扩大境外投资外汇管理改革试点有关问题的通知》（汇发[2005]35号）

8.《国家外汇管理局关于调整部分境外投资外汇管理政策的通知》（汇发[2006]27号）

9.《国家外汇管理局关于下放境外投资外汇资金来源审查权限的通知》（汇发[2007]47号）

境外直接投资人民币结算试点管理办法

中国人民银行公告[2011]第1号

2011年1月6日

为配合跨境贸易人民币结算试点，便利银行业金融机构和境内机构开展境外直接投资人民币结算业务，中国人民银行制定了《境外直接投资人民币结算试点管理办法》，现予公布实施。

中国人民银行

2011年1月6日

境外直接投资人民币结算试点管理办法

第一条 为配合跨境贸易人民币结算试点，便利境内机构以人民币开展境外直接投资，规范银行业金融机构（以下简称银行）办理境外直接投资人民币结算业务，根据《中华人民共和国中国人民银行法》等法律、行政法规，制定本办法。

第二条 本办法所称境外直接投资是指境内机构经境外直接投资主管部门核准，使用人民币资金通过设立、并购、参股等方式在境外设立或取得企业或项目全部或部分所有权、控制权或经营管理权等权益的行为。

本办法所称境内机构是指在跨境贸易人民币结算试点地区内登记注册的非金融企业。本办法所称前期费用是指境内机构在境外设立项目或企业前，需要向境外支付的与境外直接投资有关的费用。

第三条 中国人民银行和国家外汇管理局根据本办法对境外直接投资人民币结算试点实施管理。

第四条 境内机构办理人民币境外直接投资应当获得境外直接投资主管部门的核准。在办理有关境外直接投资核准时，境内机构应当明确拟用人民币投资的金额。

第五条 境外直接投资前期费用汇出或未发生过前期费用汇出的境外直接投资，境内机构应当向所在地外汇局递交以下材料，办理前期费用汇出或境外直接投资登记手续。

（一）书面申请书；

（二）境外直接投资主管部门的核准文件及其复印件或向境外直接投资主管部门提交的境外直接投资申请文件复印件；

（三）境内机构的营业执照、组织机构代码证等复印件。

境内机构所在地外汇局应当在收到相关申请材料之日起3天内完成相关信息登记手续。

发生过前期费用汇出的境外直接投资，境内机构应当在获得境外直接投资主管部门核准的30天内向所在地外汇局报送有关信息。

第六条　境内机构按照本办法第五条第一款办理前期费用汇出或境外直接投资登记手续后，可以到银行办理境外直接投资人民币资金汇出或前期费用人民币资金汇出。

银行在办理境外直接投资人民币结算业务时，应当根据有关审慎监管规定，要求境内机构提交境外直接投资主管部门的核准证书或文件等相关材料，并认真审核。在审核过程中，银行可登入人民币跨境收付信息管理系统和直接投资外汇管理信息系统查询有关信息。

第七条　审核境内机构向境外直接投资主管部门提交的申请文件和境内机构的组织机构代码证等相关材料后，银行可以为境内机构办理境外直接投资人民币前期费用汇出。境内机构累计汇出的前期费用原则上不得超过其向境外直接投资主管部门申报的中方投资总额的15%。如确因境外并购等业务需要，前期费用超过15%的，应当向所在地外汇局说明并提交相关证明材料。

第八条　银行应当按照《人民币银行结算账户管理办法》（中国人民银行令[2003]第5号发布）等规定，通过境内机构的人民币银行结算账户为其办理境外直接投资人民币资金的结算，并向人民币跨境收付信息管理系统报送有关人民币资金跨境收付信息。

第九条　人民币境外直接投资相关业务需要同时使用外汇资金的，境内机构和银行应当按照外汇管理相关规定，办理境外直接投资外汇资金汇出入手续。在办理外汇资金汇出入手续时，银行应当登入直接投资外汇管理信息系统进行业务审核，确保相关业务的合规性。

第十条　银行为境内机构办理的境外直接投资汇出的人民币资金和外汇资金之和，不得超过境外直接投资主管部门核准的境外直接投资总额。

境内机构已经汇出境外的人民币前期费用，应当列入其境外直接投资总额。银行在为该境内机构办理境外直接投资人民币资金汇出时，应当扣减已汇出的人民币前期费用金额。银行应当向人民币跨境收付信息管理系统报送人民币前期费用跨境支付信息。

第十一条 自汇出人民币前期费用之日起6个月内仍未获得境外直接投资主管部门核准的，境内机构应当将剩余资金调回原汇出资金的境内人民币账户。银行应当督促境内机构将剩余资金调回原汇出资金的境内人民币账户。对拒不调回的，银行应当向所在地人民银行备案。

第十二条 境内机构可以将其所得的境外直接投资利润以人民币汇回境内。经审核境内机构提交的境外投资企业董事会利润处置决议等材料，银行可以为该境内机构办理境外直接投资人民币利润入账手续，并应当向人民币跨境收付信息管理系统报送人民币利润汇回信息。

第十三条 境内机构因境外投资企业增资、减资、转股、清算等人民币收支，可以凭境外直接投资主管部门的核准文件到银行直接办理人民币资金汇出入手续。在办理上述业务时，银行应当向人民币跨境收付信息管理系统报送有关人民币跨境收付信息。

第十四条 已登记境外企业发生名称、经营期限、合资合作伙伴及合资合作方式等基本信息变更，或发生增资、减资、股权转让或置换、合并或分立清算等情况，境内机构应当在发生之日起30天内将上述变更情况报送所在地外汇局。

第十五条 银行可以按照有关规定向境内机构在境外投资的企业或项目发放人民币贷款。通过本银行的境外分行或境外代理银行发放人民币贷款的，银行可以向其境外分行调拨人民币资金或向境外代理银行融出人民币资金，并在15天内向所在地人民银行备案。在办理上述业务时，银行应当向人民币跨境收付信息管理系统报送有关人民币跨境收付信息。

第十六条 在办理境外直接投资人民币结算业务时，银行和境内机构应当按照《国际收支统计申报办法》等有关规定办理国际收支申报。

第十七条 银行应当认真履行信息报送义务，及时、准确、完整地向人民币跨境收付信息管理系统报送与境外直接投资相关的各类人民币跨境收付信息。

第十八条 银行在办理境外直接投资人民币结算业务时，应当按照《中华人民共和国反洗钱法》和中国人民银行的有关规定，切实履行反洗钱和反恐融资义务，预防利用人民币境外直接投资进行洗钱、恐怖融资等违法犯罪活动。银行应当收集境内机构境外直接投资目的地的反洗钱和反恐融资信息，评估境外直接投资目的地的洗钱和恐怖融资风险，并采取适当的风险管理措施。

第十九条 中国人民银行与国家外汇管理局、境外直接投资主管部门建立信息共享机制，加大事后监督检查力度，有效监管人民币境外直接投资业务活动。

人民币跨境收付信息管理系统每日向直接投资外汇管理信息系统传输境外直接投资相关的人民币跨境收付信息，直接投资外汇管理信息系统每日向人民币跨境收付信息管理系统传输境外直接投资相关的外汇跨境收付信息。

第二十条　中国人民银行会同国家外汇管理局对银行、境内机构的人民币境外直接投资业务活动进行现场检查和非现场检查，督促银行切实履行交易真实性审核、信息报送、反洗钱等职责，监督境内机构依法开展业务活动。

第二十一条　银行、境内机构违反本办法有关规定的，中国人民银行会同国家外汇管理局可以依法进行通报批评或处罚；情节严重的，可以禁止银行、境内机构继续开展跨境人民币业务。

第二十二条　银行在办理境外直接投资人民币结算业务时违反有关审慎监管规定的，由有关部门依法进行处罚；违反有关反洗钱、反恐融资和人民币银行结算账户管理规定的，由中国人民银行依法进行处罚。

第二十三条　境内金融机构的境外直接投资人民币结算业务管理，参照本办法执行。相关监管部门对境内金融机构人民币境外直接投资另有规定的，从其规定。

第二十四条　本办法由中国人民银行负责解释。

第二十五条　本办法自发布之日起施行。此前颁布的有关规定与本办法不一致的，按照本办法执行。

国家外汇管理局关于境内企业境外放款外汇管理有关问题的通知

汇发[2009]24号

2009年8月1日

国家外汇管理局各省、自治区、直辖市分局、外汇管理部,深圳、大连、青岛、厦门、宁波市分局;各中资外汇指定银行总行:

为便利和支持境内企业外汇资金运用和经营行为,提高境内企业资金使用效率,拓宽境外企业后续融资渠道,规范对外债权的管理与统计,促进境内企业"走出去"发展,根据《中华人民共和国外汇管理条例》及有关法律法规,现就境内企业境外放款外汇管理有关问题通知如下:

一、本通知所称境外放款是指境内企业(金融机构除外,以下简称放款人)在核准额度内,以合同约定的金额、利率和期限,为其在境外合法设立的全资附属企业或参股企业(以下简称借款人)提供直接放款的资金融通方式。

境外放款也可通过外汇指定银行以及经批准设立并具有外汇业务资格的企业集团财务公司以委托贷款方式进行。

二、放款人所在地外汇管理分局(外汇管理部)(以下简称外汇局)负责对境外放款涉及的额度核准、登记、专用账户及资金汇兑、划转等事项实施监督管理。

三、境内企业从事境外放款,应遵守本通知及其他外汇管理有关规定,接受外汇局的管理、监督和检查。

四、境外放款实行余额管理,境内企业在外汇局核准的境外放款额度内,可一次或者分次向境外汇出资金。

境外放款额度有效使用期为自获得外汇局核准境外放款额度之日起2年。期限届满后如需继续使用,应在期限届满前1个月内,由放款人向所在地外汇局提出展期申请。

五、放款人境外放款余额不得超过其所有者权益的30%,并不得超过借款人已办妥相关登记手续的中方协议投资额。如企业确有需要突破上述比例的,由放款人所在地外汇局初审后报国家外汇管理局审核。

六、放款人可使用其自有外汇资金、人民币购汇资金以及经外汇局核准的外币资金池资金向借款人进行境外放款。

七、放款人和借款人应符合以下条件：

（一）放款人和借款人均依法注册成立，且注册资本均已足额到位；

（二）放款人与借款人有持续良好经营的记录，有健全的财务制度和内控制度，在最近三年内均未发现外汇违规情节；

（三）放款人历年的境外直接投资项目均经国内境外投资主管部门核准并在外汇局办理外汇登记手续，且参加最近一次境外投资联合年检评级为二级以上（成立不足一年的除外）；

（四）经批准已从事境外放款的，已进行的上一笔境外放款运作正常，未出现违约情况。

八、放款人应持以下材料向所在地外汇局申请办理境外放款业务：

（一）书面申请，包括但不限于：放款人的基本信息、境外企业的基本情况、境外放款金额、资金来源以及境外放款承诺函（基本内容应包括：境外放款用途符合我国及借款人所在国家或地区的法律法规；按照合同约定及时收回放款本息；如遇到严重影响我国国际收支平衡的情况时，应按照国家外汇管理局的要求及时调回境外放款资金等）；

（二）放款人与借款人签订的放款协议，或者放款人、借款人与境内受托外汇指定银行或财务公司签订的委托放款协议，协议需明确金额、利率、期限、担保方式、还本付息方式等内容；

（三）放款人最近一期财务审计报告（如放款人是外商投资企业的，应连续两年通过外商投资企业联合年检，并提供外商投资企业外汇登记证以及其上年度的外汇收支情况表）、年审合格的工商营业执照、已进行的境外放款的使用及偿还等情况说明；拟以自有外汇资金放款的，须提供截至申请日上月末放款人外汇账户对账单；拟购汇进行境外放款的，须说明拟购汇金额；

（四）借款人境外投资外汇登记证和最近一期财务审计报告；

（五）外汇局要求补充的其他材料。

放款人所在地外汇局收到上述完整申请材料审核无误后，应在 20 个工作日内，作出批复或不予批复决定；作出批复的，同时核定其境外放款额度。

九、放款人获得外汇局核定境外放款额度后，可凭境外放款核准文件在外汇指定银行直接申请开立境外放款专用账户。放款人如有多笔境外放款，可统一开立一个境外放款专用账户并通过该账户进行相应资金划转。

放款人如需注销境外放款专用账户的，可凭境外放款核准文件及放款资金收回相关凭证等在外汇指定银行申请注销境外放款专用账户。

所有境外放款的资金必须经境外放款专用账户汇出境外，还本付息资金必须汇回其境外放款专用账户。

十、境外放款专用账户的收入范围是：从放款人资本金外汇账户、经常项目外汇账户划入的外汇资金；从放款人经外汇局核准的外币资金池账户划入的外汇资金；购汇用于境外放款的外汇资金；从境外借款人收回的贷款本息；境外借款担保人支付的担保履约金。

支出范围是：按照境外放款合同约定向借款人发放境外放款；将收回的境外放款本息划回对应的原划入资金的资本金外汇账户、经常项目外汇账户或外币资金池账户；将原购汇部分结汇。

十一、放款人以自有外汇资金进行境外放款的，可凭境外放款核准文件直接在外汇指定银行办理境内划转手续；放款人以人民币购汇资金进行境外放款的，可凭境外放款核准文件直接在外汇指定银行办理购汇及资金境内划转手续。

十二、放款资金由境外放款专用账户汇出境外或还本付息、担保履约等资金由境外汇入境外放款专用账户，放款人应提交书面申请、境外放款核准文件、境外放款专用账户对账单等材料向所在地外汇局申请核准，所在地外汇局审核无误后，为放款人出具资本项目外汇业务核准件，外汇指定银行凭以办理相关资金汇出入手续。

十三、境外放款期满或境外借款人要求分期还款、提前还款的，还本付息资金应经所在地外汇局核准汇入境外放款专用账户后，首先按原划出资本金外汇账户的金额将还款资金划回原划出资金的资本金外汇账户，直至补足从资本金外汇账户划出的金额，剩余部分可划入经常项目外汇账户。对于原购汇的部分，可凭原境外放款的核准文件及购汇凭证直接到外汇指定银行办理结汇手续。

十四、境外放款的还款资金在汇、划入放款人的资本金外汇账户时，不占用资本金外汇账户最高限额；汇、划入外汇指定银行在答复针对该笔还款资金的外汇指定银行询证函时，应在备注栏注明“还贷资金”，会计师事务所不得凭此类外汇指定银行询证函回函为外商投资企业办理验资业务。

十五、放款人应按照国际收支统计申报有关规定，及时准确申报境外放款资金的汇出及偿还等信息。

十六、外汇局在每年境外投资企业联合年检中对放款人的放款资格及放款额度进行确认。对于不参加联合年检或未通过确认的，外汇局应责成其收回境外放款本息，放款人境外放款资格不得展期。

十七、放款人如需将境外放款转为股权投资的，应按照境外投资有关规定办理境外投资核准及外汇登记变更手续。

十八、国家外汇管理局可以根据我国国际收支形势和境外放款情况，对境内企业境外放款资格条件、来源、数量以及期限等进行适时调整。

十九、放款人违反本通知规定的，由外汇局根据《中华人民共和国外汇管理条例》及相关外汇管理规定予以处罚。情节严重的，不予批准其境外放款或者展期申请；已经进行境外放款的，责令终止并收回境外放款。

二十、外汇指定银行违反本通知规定办理外汇业务的，外汇局可按照《中华人民共和国外汇管理条例》及相关外汇管理规定予以处罚。

二十一、非银行金融机构境外放款管理办法另行规定。

二十二、本通知由国家外汇管理局负责解释。

二十三、本通知自2009年8月1日起开始实施，《国家外汇管理局关于跨国公司外汇资金内部运营管理有关问题的通知》(汇发[2004]104号)中涉及境外放款外汇管理条款与本通知有冲突的，以本通知为准。

国家外汇管理局关于境内机构对外担保管理问题的通知

汇发[2010]39号

2010年7月30日

国家外汇管理局各省、自治区、直辖市分局、外汇管理部，深圳、大连、青岛、厦门、宁波市分局；境内各外汇指定银行总行：

为深化境内机构提供对外担保管理改革，支持境内机构参与国际经济金融合作，根据《境内机构对外担保管理办法》（银发[1996]302号）（以下简称《办法》），国家外汇管理局决定进一步调整境内机构提供对外担保管理方式。现就有关问题通知如下：

一、本通知所称对外担保，是指境内机构（担保人）根据《中华人民共和国担保法》、《中华人民共和国物权法》及《办法》的规定，以保证、抵押或者质押等形式，向境外机构（担保受益人）承诺，当债务人（境内外机构）未按照合同约定履行义务时，由担保人履行义务或者由受益人依照《中华人民共和国担保法》、《中华人民共和国物权法》的规定，将抵押物、质物折价拍卖、变卖的价款优先受偿的行为。

境内机构对外提供担保，如被担保人为境外机构而担保受益人为境内机构，视同对外担保管理，适用本通知规定。

本通知所称融资性对外担保，是指担保项下主合同具有融资性质的对外担保，包括但不限于为借款、债券发行、融资租赁等提供的担保，以及国家外汇管理局认定的其他对外担保形式。

本通知所称非融资性对外担保，是指除融资性对外担保以外的其他形式的对外担保，包括但不限于质量担保、项目完工责任担保、招投标担保、预付款担保、延期付款担保、货物买卖合同下的履约责任担保以及国家外汇管理局认定的其他对外担保形式。

本通知所称企业，是指除银行、非银行金融机构以外依法成立的非金融机构法人。

二、国家外汇管理局对境内机构提供对外担保实行余额管理或者逐笔核准的管理方式。国家外汇管理局对境内银行提供融资性对外担保实行余额管理；对非银行金融机构和企业提供对外担保以逐笔核准为主，具备一定条件的可以实行余额管理。

三、具有担保业务经营资格的境内银行提供融资性对外担保，可向所在地国家外汇管理局分支局、外汇管理部（以下简称外汇局，其中分局和外汇管理部简称为外汇分局）申请对外担保余额指标（以下简称指标）。在外汇局核定的指标内，银行可自行提供融资性对外担保，无须逐笔向外汇局申请核准。

具有担保业务经营资格的境内银行提供非融资性对外担保，不受指标控制，无须逐笔向外汇局申请核准，但应符合行业监管部门的相关风险管理规定。

四、境内银行按照以下原则提出指标申请：

（一）境内法人银行须以法人为主体提出申请。

（二）在境内没有设立法人机构的外国银行分行，可单独提出申请，也可由对指标实行集中管理的境内关联银行（分行）的主报告行统一提出指标申请。

五、境内银行应在每年 4 月 15 日之前向所在地外汇局提出当年度指标申请，由所在地外汇分局汇总并初审。

各外汇分局初审后，填写《×××年对外担保余额指标需求表》（见附件 1），连同外汇分局和每家银行的指标申请报告，集中报国家外汇管理局核准，并由外汇分局将核准的指标核定给银行。

在当年度指标核定前，上年度指标继续有效。当年度指标被调减的，银行在将融资性对外担保余额调减至当年度指标范围以前，不得办理新的对外担保业务。

银行初次申请指标，可根据需要，经所在地外汇分局向国家外汇管理局提出核定指标的申请。

六、外汇局主要依据银行本外币合并的实收资本、营运资金或外汇净资产规模等为银行核定指标。外汇局可参考银行上年度对外担保履约和对外担保合规情况、执行外汇管理规定考核情况、当年度业务发展计划，以及当年度国家国际收支状况和政策调控需要等进行相应调整。

七、单家银行的指标原则上不得超过其本外币合并的实收资本或营运资金的 50%，或者其外汇净资产数额。

八、银行申请年度指标，需提交以下材料：

（一）申请报告以及《境内机构提供对外担保余额指标申请表》（见附件 2）；

（二）上年度合并的资产负债表和损益表，以及外汇资金来源及运用情况表（如系初次申请，还需提供金融业务许可证、营业执照复印件）；

（三）上年度对外担保业务及合规情况（新成立银行除外）；

（四）本年度的业务开展计划；

（五）外汇局要求的其他材料。

九、实行余额管理的境内银行，其指标可以由该银行直接使用，也可以分解给该银行的境内分支机构(包括对指标实行集中管理、在境内没有设立法人机构的外国银行分支行)使用。

十、银行提供融资性对外担保,应严格控制在外汇局核定的指标范围内,被担保人不受与境内机构的股权关系、净资产比例和盈利状况等限制,但应符合国家有关担保等法律法规以及行业监管部门的相关管理规定。

十一、银行提供非融资性对外担保,其被担保人或受益人至少有一方应为在境内依法注册成立的法人,或至少有一方应为由境内机构按照规定在境外设立、持股或间接持股的机构。

十二、银行总行或对指标实行集中管理的主报告行应及时汇总本行全部对外担保情况,并于每月初5个工作日内向所在地外汇局办理对外担保定期备案手续,填报《境内银行对外担保汇总备案表》、《境内银行新签约融资性对外担保逐笔备案表》和《境内银行融资性对外担保履约逐笔备案表》[见附件3(1)、(2)、(3)]。银行按上述规定办理备案手续的,视同登记,外汇局不再为银行出具对外担保登记证明文件。

以银行境内分支机构名义提供的对外担保,该分支机构也应当按上述要求向所在地外汇局报送相关数据,但不纳入外汇局系统对外担保数据统计。

银行在指标内提供的融资性对外担保,不以外汇局备案为生效要件。超出指标擅自提供对外担保,按照《办法》等规定处理。

十三、境内非银行金融机构和企业提供对外担保,应向外汇局逐笔申请核准。对外担保业务笔数较多、内部管理规范的非银行金融机构和企业(包括外商独资企业),其提供对外担保(包括融资性和非融资性担保),可参照本通知第五、八条规定的程序,以法人为主体向外汇局申请核定余额指标。在核定的指标范围内,境内非银行金融机构和企业提供对外担保,无须向外汇局逐笔申请核准。

(一)担保人为非银行金融机构时,其指标核定依据参照本通知第六、七条办理。

(二)担保人为企业时,其净资产与总资产的比例原则上不低于15%,外汇局为企业核定的余额指标或逐笔核准的对外担保余额不得超过其净资产的50%。

十四、非银行金融机构和企业提供对外担保应当遵守下列规定:

(一)非银行金融机构和企业提供对外担保,被担保人应当符合以下条件:

1. 担保人为非银行金融机构时,被担保人须为在境内依法注册成立的法人或者境内机构按照规定在境外设立、持股或间接持股的机构。

担保人为企业时,被担保人须为担保人按照规定程序在境内外设立、持股或间接持股的企业。

2. 被担保人净资产数额应当为正值。

3. 被担保人最近三年内至少有一年实现盈利。如被担保人从事资源开发类等长期项目的，则最近五年内至少有一年实现盈利。被担保人成立后不满三年（一般企业）或五年（资源开发类企业）的，无盈利强制性要求。

境内房地产开发商为非居民房屋按揭贷款向境内银行提供的回购担保不受本项规定的限制。

（二）实行余额管理的非银行金融机构和企业如提供属于下列情形的对外担保，须逐笔报外汇局核准：

1. 拟提供的对外担保，在指标规模、净资产数额以及盈利条件等方面不符合本通知及相关规定的，应经所在地外汇分局逐笔报国家外汇管理局核准。

2. 担保标的为融资性合同项下的债务偿还义务，被担保人融资目的用于收购境外企业（目标公司）的股权；或者被担保人为境外企业（目标公司）股权转让合同项下的股权受让方（付款方），担保标的为股权转让合同项下股权转让款支付义务的，应报担保人所在地外汇分局核准，且担保人应提供国家境外投资主管部门对相关企业（被担保人或其关联企业）在境外参与项目投资或收购的批准文件（相关操作指引见附件4）。

经外汇局逐笔核准的对外担保纳入指标控制范围。指标不足的，外汇局在逐笔核准时同时调整其指标。

（三）未实行余额管理的外商独资企业，应参照一般企业的管理原则办理对外担保逐笔核准、逐笔登记等相关手续。

（四）非银行金融机构和企业应在对外担保合同签约后15日内，到所在地外汇局办理对外担保逐笔登记手续。对于实行余额管理的对外担保，所在地外汇局应按照相关规定对除担保人自身以外的其他资格条件进行审核，并出具对外担保登记证明文件。

十五、境内机构对外担保发生履约时，应按照以下规定办理有关履约手续：

（一）银行提供融资性和非融资性对外担保，若发生对外履约，可自行办理对外担保履约项下对外支付。其对外担保履约资金可以来源于自身提供的外汇垫款、反担保人以外汇或人民币形式交存的保证金，或者发生债务违约后反担保人支付的款项。

非银行金融机构和企业发生对外担保履约，须向所在地外汇局逐笔申请核准，其办理对外担保履约时可以购汇。

（二）银行或非银行金融机构作为担保人时，其反担保人能够主动履行反担保付款义务的，反担保人可凭担保履约证明文件在银行直接办理购汇或支付手续，担保人自行办理相关外汇资金的入账。对外担保项下债务人主动履行对担保人还款义务的，债务人、担保人可自行办理各自的付款、收款手续。

债务人或反担保人由于各种原因不能主动履行还款、履约义务的，担保人以合法手段从债务人或反担保人清收的人民币资金，可参照银行代债务人结售汇相关规定办理购汇。

（三）企业作为担保人或第（二）项所指反担保人的，其向债务人追偿所得资金为外汇的，经外汇局核准后可以办理结汇。

十六、境内保险公司提供对外担保时，其数据报送和履约参照银行进行管理，即对外担保履约不需要外汇局核准，并按照第十二条实行对外担保定期备案。

十七、境内机构提供对外担保，均适用以下规定：

（一）境内机构提供对外担保，应当符合国家担保法律、法规以及行业监管部门与担保业务有关的管理规定，并加强相关风险控制。

（二）境内机构提供对外担保，如被担保人为在境内、外设立的合资企业，其提供对外担保不受境内、外机构股权投资比例的限制。

（三）为境外投资企业提供融资性对外担保的，担保项下资金不得以借贷、股权投资或证券投资等形式直接或通过第三方间接调回境内使用。境内担保人或境外投资企业在境内的母公司应当监督被担保人取得的资金用于被担保人在境外的生产经营活动。

（四）境内机构提供非融资性对外担保，根据业务具体需要，在完整描述担保义务的前提下，可以不在合同中约定明确的担保金额和期限。在办理对外担保核准、登记、备案手续时，外汇局或担保人可将担保项下合同中与担保方付款义务关联度最高的金额和期限确定为担保项下相关履约义务的参考金额和期限，但担保人在担保项下的实际付款义务不受参考金额和期限的限制。

（五）对外担保项下债务金额不受担保人外汇收入规模的限制。

（六）除本通知另有规定外，境内机构应按照《办法》、《境内机构对外担保管理办法实施细则》（[97]汇政发字第10号，以下简称《细则》）及其他相关规定办理对外担保签约、登记、变更、履约以及注销手续。

（七）对外担保项下债权债务转让，应当符合外汇管理规定。

十八、境内机构为境内或境外机构（债务人）向其境外担保人提供的反担保，按对外担保进行管理，提供反担保的境内机构和作为被担保人的境内或境外机构须符合本通知规定。

境内机构按对外担保规定为境内或境外机构（债务人）提供对外担保时，其他境内机构为债务人向提供对外担保的境内机构提供反担保，不按对外担保进行管理，但需符合相关外汇管理规定。

十九、担保人对外提供抵押、质押等,应符合抵押、质押物主管部门的相关规定。

担保人为自身合法对外债务或其他对外付款义务提供对外抵押、质押等,不受对外担保相关资格条件的限制,不需要纳入指标管理或向外汇局申请逐笔核准,但应到所在地外汇局办理对外担保定期备案或逐笔登记。若发生对外担保履约,非银行金融机构和企业应向外汇局申请逐笔核准。

担保人为第三方债务提供抵押、质押,除有特殊规定外,在资格、条件方面适用与第三方保证相同的外汇管理规定。

二十、外汇局应对境内机构对外担保业务进行监督检查。对擅自提供对外担保、超过核定指标提供对外担保或不按本通知等相关规定办理对外担保业务的,外汇局可视情节采取核减当年指标、从余额管理改为逐笔核准方式等措施,并依据《中华人民共和国外汇管理条例》及其他相关规定予以处罚。情节严重的,按规定暂停其对外担保业务。

二十一、各外汇分局接到本通知后,应尽快转发辖内中心支局和金融机构。

二十二、本通知自文发之日起施行。《办法》第五条第一款、《细则》第二十一条自本通知发布之日起停止执行。2005 年 8 月 16 日公布的《国家外汇管理局关于调整境内银行为境外投资企业提供融资性对外担保管理方式的通知》(汇发[2005]61 号)等相关规范性文件同时废止(详见附件 5)。国家外汇管理局发布的其他法规与本通知有关内容不一致的,以本通知规定为准。

附件 1:《××××年对外担保余额指标需求表》(略)

附件 2:《境内机构提供对外担保余额指标申请表》(略)

附件 3:《境内银行对外担保汇总备案表》、《境内银行新签约融资性对外担保逐笔备案表》、《境内银行融资性对外担保履约逐笔备案表》(略)

附件 4:《境内机构提供对外担保逐笔核准申请表》、《境内机构提供对外担保逐笔核准操作指引》(略)

附件 5:《对外担保废止文件清单》(略)

境外直接投资人民币结算试点管理办法

中国人民银行公告[2011]第1号

2011年1月6日

为配合跨境贸易人民币结算试点，便利银行业金融机构和境内机构开展境外直接投资人民币结算业务，中国人民银行制定了《境外直接投资人民币结算试点管理办法》，现予公布实施。

中国人民银行

2011年1月6日

境外直接投资人民币结算试点管理办法

第一条 为配合跨境贸易人民币结算试点，便利境内机构以人民币开展境外直接投资，规范银行业金融机构（以下简称银行）办理境外直接投资人民币结算业务，根据《中华人民共和国中国人民银行法》等法律、行政法规，制定本办法。

第二条 本办法所称境外直接投资是指境内机构经境外直接投资主管部门核准，使用人民币资金通过设立、并购、参股等方式在境外设立或取得企业或项目全部或部分所有权、控制权或经营管理权等权益的行为。

本办法所称境内机构是指在跨境贸易人民币结算试点地区内登记注册的非金融企业。本办法所称前期费用是指境内机构在境外设立项目或企业前，需要向境外支付的与境外直接投资有关的费用。

第三条 中国人民银行和国家外汇管理局根据本办法对境外直接投资人民币结算试点实施管理。

第四条 境内机构办理人民币境外直接投资应当获得境外直接投资主管部门的核准。在办理有关境外直接投资核准时，境内机构应当明确拟用人民币投资的金额。

第五条 境外直接投资前期费用汇出或未发生过前期费用汇出的境外直接投资，境内机构应当向所在地外汇局递交以下材料，办理前期费用汇出或境外直接投资登记手续。

（一）书面申请书；

（二）境外直接投资主管部门的核准文件及其复印件或向境外直接投资主管部门提交的境外直接投资申请文件复印件；

（三）境内机构的营业执照、组织机构代码证等复印件。

境内机构所在地外汇局应当在收到相关申请材料之日起3天内完成相关信息登记手续。

发生过前期费用汇出的境外直接投资，境内机构应当在获得境外直接投资主管部门核准的30天内向所在地外汇局报送有关信息。

第六条　境内机构按照本办法第五条第一款办理前期费用汇出或境外直接投资登记手续后，可以到银行办理境外直接投资人民币资金汇出或前期费用人民币资金汇出。

银行在办理境外直接投资人民币结算业务时，应当根据有关审慎监管的规定，要求境内机构提交境外直接投资主管部门的核准证书或文件等相关材料，并认真审核。在审核过程中，银行可登入人民币跨境收付信息管理系统和直接投资外汇管理信息系统查询有关信息。

第七条　审核境内机构向境外直接投资主管部门提交的申请文件和境内机构的组织机构代码证等相关材料后，银行可以为境内机构办理境外直接投资人民币前期费用汇出。境内机构累计汇出的前期费用原则上不得超过其向境外直接投资主管部门申报的中方投资总额的15%。如确因境外并购等业务需要，前期费用超过15%的，应当向所在地外汇局说明并提交相关证明材料。

第八条　银行应当按照《人民币银行结算账户管理办法》（中国人民银行令[2003]第5号发布）等规定，通过境内机构的人民币银行结算账户为其办理境外直接投资人民币资金的结算，并向人民币跨境收付信息管理系统报送有关人民币资金跨境收付信息。

第九条　人民币境外直接投资相关业务需要同时使用外汇资金的，境内机构和银行应当按照外汇管理的相关规定，办理境外直接投资外汇资金汇出入手续。在办理外汇资金汇出入手续时，银行应当登入直接投资外汇管理信息系统进行业务审核，确保相关业务的合规性。

第十条　银行为境内机构办理的境外直接投资汇出的人民币资金和外汇资金之和，不得超过境外直接投资主管部门核准的境外直接投资总额。

境内机构已经汇出境外的人民币前期费用，应当列入其境外直接投资总额。银行在为该境内机构办理境外直接投资人民币资金汇出时，应当扣减已汇出的人民币前期费用金额。银行应当向人民币跨境收付信息管理系统报送人民币前期费用跨境支付信息。

第十一条 自汇出人民币前期费用之日起6个月内仍未获得境外直接投资主管部门核准的,境内机构应当将剩余资金调回原汇出资金的境内人民币账户。银行应当督促境内机构将剩余资金调回原汇出资金的境内人民币账户。对拒不调回的,银行应当向所在地人民银行备案。

第十二条 境内机构可以将其所得的境外直接投资利润以人民币汇回境内。经审核境内机构提交的境外投资企业董事会利润处置决议等材料,银行可以为该境内机构办理境外直接投资人民币利润入账手续,并应当向人民币跨境收付信息管理系统报送人民币利润汇回信息。

第十三条 境内机构因境外投资企业增资、减资、转股、清算等人民币收支,可以凭境外直接投资主管部门的核准文件到银行直接办理人民币资金汇出入手续。在办理上述业务时,银行应当向人民币跨境收付信息管理系统报送有关人民币跨境收付信息。

第十四条 已登记境外企业发生名称、经营期限、合资合作伙伴及合资合作方式等基本信息变更,或发生增资、减资、股权转让或置换、合并或分立清算等情况,境内机构应当在发生之日起30天内将上述变更情况报送所在地外汇局。

第十五条 银行可以按照有关规定向境内机构在境外投资的企业或项目发放人民币贷款。通过本银行的境外分行或境外代理银行发放人民币贷款的,银行可以向其境外分行调拨人民币资金或向境外代理银行融出人民币资金,并在15天内向所在地人民银行备案。在办理上述业务时,银行应当向人民币跨境收付信息管理系统报送有关人民币跨境收付信息。

第十六条 在办理境外直接投资人民币结算业务时,银行和境内机构应当按照《国际收支统计申报办法》等有关规定办理国际收支申报。

第十七条 银行应当认真履行信息报送义务,及时、准确、完整地向人民币跨境收付信息管理系统报送与境外直接投资相关的各类人民币跨境收付信息。

第十八条 银行在办理境外直接投资人民币结算业务时,应当按照《中华人民共和国反洗钱法》和中国人民银行的有关规定,切实履行反洗钱和反恐融资义务,预防利用人民币境外直接投资进行洗钱、恐怖融资等违法犯罪活动。银行应当收集境内机构境外直接投资目的地的反洗钱和反恐融资信息,评估境外直接投资目的地的洗钱和恐怖融资风险,并采取适当的风险管理措施。

第十九条 中国人民银行与国家外汇管理局、境外直接投资主管部门建立信息共享机制,加大事后监督检查力度,有效监管人民币境外直接投资业务活动。

人民币跨境收付信息管理系统每日向直接投资外汇管理信息系统传输境外直接投资相关的人民币跨境收付信息,直接投资外汇管理信息系统每日向人民币跨境收付信息管理系统传输境外直接投资相关的外汇跨境收付信息。

第二十条　中国人民银行会同国家外汇管理局对银行、境内机构的人民币境外直接投资业务活动进行现场检查和非现场检查，督促银行切实履行交易真实性审核、信息报送、反洗钱等职责，监督境内机构依法开展业务活动。

第二十一条　银行、境内机构违反本办法有关规定的，中国人民银行会同国家外汇管理局可以依法进行通报批评或处罚；情节严重的，可以禁止银行、境内机构继续开展跨境人民币业务。

第二十二条　银行在办理境外直接投资人民币结算业务时违反有关审慎监管规定的，由有关部门依法进行处罚；违反有关反洗钱、反恐融资和人民币银行结算账户管理规定的，由中国人民银行依法进行处罚。

第二十三条　境内金融机构的境外直接投资人民币结算业务管理，参照本办法执行。相关监管部门对境内金融机构人民币境外直接投资另有规定的，从其规定。

第二十四条　本办法由中国人民银行负责解释。

第二十五条　本办法自发布之日起施行。此前颁布的有关规定与本办法不一致的，按照本办法执行。

国家外汇管理局综合司关于规范跨境人民币资本项目业务操作有关问题的通知

汇综发[2011]第38号

2011年4月7日

国家外汇管理局各省、自治区、直辖市分局、外汇管理部，深圳、大连、青岛、厦门、宁波市分局：

自跨境贸易人民币结算试点业务开展以来，境内机构向外汇局提出了各项跨境人民币资本项目业务需求，外汇局以个案审批的方式批准了一些机构的申请。为规范管理，推进跨境人民币资本项目业务顺利开展，现就有关操作事宜通知如下：

一、跨境人民币境外直接投资业务操作

境内机构（不含金融机构，下同）使用人民币开展境外直接投资的，应按照《境外直接投资人民币结算试点管理办法》（中国人民银行公告[2011]第1号）的要求，到所在地外汇局办理境外投资登记或变更登记以及前期费用汇出额度登记手续。境内机构以人民币和外币混合币种开展境外直接投资的，以及将人民币境外直接投资改为以外汇形式开展境外直接投资的，应按以下要求操作：

（一）前期费用汇出

境内机构以人民币形式汇出前期费用的，应到所在地外汇局办理境外投资前期费用汇出的额度登记（含变更登记）。银行应依据国家外汇管理局直接投资外汇管理信息系统（以下简称直接投资系统）生成的额度表为境内机构办理前期费用汇出，并即时通过直接投资系统向外汇局备案相关信息（详见附件1，下同）。

（二）境外直接投资登记

1.境内机构应到所在地外汇局办理境外直接投资登记手续。银行应依据直接投资系统生成的可汇出人民币资金额度表，为境内机构办理境外直接投资汇款业务，并即时通过直接投资系统向外汇局备案相关信息。

2.境内机构以人民币汇回其境外投资企业发生清算、减资或其向境外机构转让股权等境外合法所得，应到所在地外汇局办理可汇回跨境人民币额度登记。银行应依据直接投资系统生成的可汇回人民币额度表办理收款，并即时通过直接投资系统向外汇局备案相关信息。

二、跨境人民币外商直接投资业务操作

（一）外商投资企业登记及变更登记

境外投资者以跨境人民币形式（含境外人民币资金及非居民境内人民币账户资金，下同）履行出资义务或向境内居民支付股权转让对价款的，标的企业应持商务主管部门注明以人民币出资或支付股权转让对价的核准文件等材料，到所在地外汇局办理相应的外商投资企业登记或变更登记。其他操作参照现行外资外汇管理相关规定办理。

（二）资金入账备案

1. 银行在为外商投资企业办理跨境人民币资本金入账以及为股权出让方办理资产变现收入入账后，应即时通过直接投资系统向外汇局备案相关信息。

2. 境外投资者若需在设立外商投资企业前以跨境人民币支付前期资金（含收购类、费用类、保证类资金），应先到拟设立外商投资企业所在地外汇局办理跨境人民币前期费用额度登记。银行在依据直接投资系统所登记的额度办理跨境人民币前期费用入账后，应即时通过直接投资系统向外汇局备案相关信息。

（三）验资询证

1. 外商投资企业以跨境人民币出资办理验资询证的，企业所在地外汇局应通过跨境人民币资金流入银行的交易参考号校验资金流入的真实性。

2. 境外投资者以跨境人民币支付中方（含投资性外商投资企业）股权对价款的，收款主体所在地外汇局应依据相关跨境人民币流入备案记录，通过直接投资系统为收款主体出具"转股收款登记证明"。

3. 外商投资性公司以跨境人民币收入用于境内投资的，被投资企业所在地外汇局应依据直接投资系统中外商投资性公司所在地外汇局出具的跨境人民币境内投资核准件办理外汇登记及验资询证手续。

（四）对外付款

银行为境外投资者以人民币形式汇出减资、转股、清算、先行回收投资合法所得（含股息、红利等），应依据直接投资系统生成的可汇出跨境人民币资金额度表办理汇款，并通过直接投资系统即时向外汇局备案。

三、境内企业境外放款业务操作

（一）境内企业以人民币形式向其境外投资企业放款，应向所在地外汇局申请办理境外放款额度登记。银行应依据直接投资系统生成的资金额度表为境内企业办理跨境人民币资金汇出，并即时通过直接投资系统向外汇局备案相关信息。

（二）银行为境内企业以跨境人民币形式收回境外放款本息时，应即时通过直接投资系统向外汇局备案相关信息。

四、跨境人民币对外(或有)债务业务操作

(一)人民币外债

境内机构(含金融机构)借用人民币外债,原则上按现行外债管理规定操作。境内机构(含金融机构)借用人民币外债以跨境人民币形式汇入并提款的,无须就该笔外债资金向所在地外汇局申请开立外债专用账户。

(二)人民币对外担保

境内机构(含金融机构)提供人民币对外担保,原则上按现行对外担保管理规定操作。

五、跨境人民币证券项下业务操作

(一)A股上市公司外资股东以人民币形式汇出减持股份及分红所得

A股上市公司外资股东可持《中国人民银行办公厅关于A股上市公司外资股东减持股份及分红所涉账户开立与外汇管理有关问题的通知》(银办发[2009]178号)第六条规定的材料,向上市公司注册地外汇局申请将减持A股所得的资金以人民币形式汇出境外。A股上市公司外资股东可按照银办发[2009]178号第七条规定在存款账户开户行办理以人民币形式汇出分红派息所得。开户银行应在办理资金汇出后5个工作日内将有关信息(含资金汇出日期、金额)书面报送所在地外汇局备案。

(二)H股上市公司以人民币形式汇出外方股东股息

境外上市(H股)公司可持书面申请、上市公司董事会利润分配决议和完税证明等材料,向银行申请以人民币形式向境外股东支付股息。已在直接投资系统办理登记的公司,银行应通过直接投资系统反馈相关股息汇出信息;未在直接投资系统办理登记的公司,银行应在办理资金汇出后5个工作日内将有关信息(含资金汇出日期、金额)书面报送其所在地外汇局备案。

六、加强跨境人民币资本项目业务统计监测工作

各分局(外汇管理部)应加强对跨境人民币资本项目业务的监管,要求境内机构及时按照规定办理相关登记、备案或核准手续,指导并督促银行按本通知要求反馈相关信息;强化各项统计监测工作,督促和指导银行及申报主体履行国际收支申报义务,保证数据的完整性和准确性,及时掌控相关资金流动和汇兑情况,并于每月初5个工作日内向国家外汇管理局资本项目管理司报送辖内上月跨境人民币资本项目业务统计数据和相关情况(具体要求详见附件2)。

七、加强与相关部门的沟通协调

各分局(外汇管理部)应加强与分(支)行内相关部门以及地方发展改革委、商务部门等的沟通和协调,建立信息共享和监管合作机制。

本通知自2011年5月1日起执行。各分局(外汇管理部)收到本通知后,应尽快转发辖内中心支局、支局和银行。执行中如遇问题，请及时向国家外汇管理局资本项目管理司反馈。

2011年4月7日

附件1：

跨境人民币直接投资业务银行端备案登记项目

根据跨境人民币直接投资业务管理原则，直接投资系统银行端增设"跨境人民币备案登记"功能。银行办理相关业务时应严格履行以下各项备案职责，即时在直接投资系统中进行反馈。

1. 境外投资登记

(1)境外投资前期费用跨境人民币流出备案；

(2)前期费用退回跨境人民币流入备案；

(3)境外投资跨境人民币流出备案；

(4)境外投资企业减资、转股、清算所得跨境人民币流入备案；

(5)境外投资企业利润跨境人民币流入备案。

2. 外商直接投资登记

(1)流入类备案登记

①跨境人民币资本金流入备案；

②中方股东向境外投资者转股跨境人民币流入备案；

③前期费用(如收购、保证类及其他项目)的跨境人民币资金流入备案；

④非居民购买境内资产跨境人民币资金流入备案。

(2)流出类备案登记

①境外投资者清算所得跨境人民币资金流出备案；

②境外投资者向境内投资者转股所得跨境人民币资金流出备案；

③境外投资者减资所得跨境人民币资金流出备案；

④境外投资者先行收回投资所得跨境人民币资金流出备案；

⑤非居民境内资产变现跨境人民币资金流出备案；

⑥非居民购买境内资产退回款跨境人民币资金流出备案；

⑦境外投资者所得利润跨境人民币资金流出备案。

3. 境内机构境外放款登记

(1)境内机构境外放款跨境人民币流出备案；

(2)境内机构境外放款跨境人民币本息流入备案。

附件2：

跨境人民币资本项目业务统计表及填报要求

一、跨境人民币资本项目业务统计表(详见附表)

应逐笔填报,填报的范围是经外汇局核准或备案的人民币跨境资本项目业务(不含跨境办主办的人民币业务)。

二、"业务类别"项填报方法

请按下列序号填写业务类别:

序号业务类别

A 外商直接投资外方出资

B 外商直接投资外方撤资汇出

C 外商直接投资外方利润汇出

D 境外直接投资中方出资

E 境外直接投资中方撤资汇回

F 境外直接投资中方利润汇回

G 境外放款汇出

H 境外放款汇回

I 外债

J 对外担保

K A股上市公司境外股东减持

L A股上市公司境外股东分红

以上序号中未包括的业务类别,无须填写序号,而是直接在备注中说明。

三、"金额"项填报方法

本月发生额,仅包括每笔交易中以人民币交易的金额。

业务类别	应填报的金额
外商直接投资外方出资	现汇出资额
外商直接投资外方撤资汇出	撤资汇出额
外商直接投资外方利润汇出	利润汇出额
境外直接投资中方出资	汇出额
境外直接投资中方撤资汇回	清算汇回+转股汇回+减资汇回+其他汇回金额
境外直接投资中方利润汇回	利润汇回额
境外放款汇出	汇出额
境外放款汇回	本金汇回+利润汇回额

外债	签约额
对外担保	担保项下债务金额
A股上市公司境外股东减持	汇出额
A股上市公司境外股东分红	汇出额

四、“备注”项应说明的内容

(一)“业务类别”中未能穷尽的业务类型,请在备注中予以描述。

(二)外债业务,请在备注中注明外债编号。

(三)对外担保业务,请在“境内企业(银行)名称”项填写担保人名称,并在备注中注明融资性/非融资性、被担保人和受益人。

境外国有资产管理暂行办法

财管字[1999]311号

1999年9月27日

第一章　总　　则

第一条　为了规范境外国有资产管理,维护国家境外国有资产的合法权益,保障境外国有资产的安全完整和保值增值,制定本办法。

第二条　本办法所称境外国有资产,是指我国企业、事业单位和各级人民政府及政府有关部门(以下简称境内投资者)以国有资产(含国有法人财产,下同)在境外及港、澳、台地区投资设立的各类企业和非经营性机构(以下简称境外机构)中应属国有的下列各项资产:

一、境内投资者向境外投资设立独资、合资、合作企业或购买股票(或股权)以及境外机构在境外再投资形成的资本及其权益;

二、境内投资者及其境外派出单位在境外投资设立非经营性机构(包括使馆、领事馆、记者站、各种办事处、代表处等)所形成的国有资产;

三、在境外以个人名义持有的国有股权及物业产权;

四、境外机构中应属国家所有的无形资产;

五、境外机构依法接受的赠与、赞助和经依法判决、裁决而取得的应属国家所有的资产;

六、境外其他应属国家所有的资产。

第三条　对境外国有资产的管理遵循国家统一所有、政府分级监管的原则。财政部统一制定境外国有资产管理规章制度,各级财政(国有资产管理)部门负责对本级政府管辖的境外国有资产进行监督管理。

第四条　财政(国有资产管理)部门对境外国有资产管理履行下列职责:

一、制定境外国有资产管理规章、制度,并负责组织实施和检查监督;对违法违规行为责任人给予经济、行政的处罚;

二、建立境外国有资产经营责任制,组织实施境外企业国有资本金效绩评价;

三、审核境外企业重大国有资本运营决策事项;

四、组织境外机构开展国有资产产权界定、产权登记、资产统计、资产评估等各项基础管理工作；

五、从总体上掌握境外国有资产的总量、分布和构成；

六、检查监督境外国有资产的运营状况，并向本级政府和上级财政（国有资产管理）部门反映情况和提出建议；

七、办理政府授权管理的其他事项。

第二章　经营与监管

第五条　境外国有资产经营实行政企职责分开、出资者所有权与企业法人财产权分离、政府分级监管、企业自主经营的原则。

第六条　占用国有资产的境外机构，可以注册为独资公司、股份有限公司、有限责任公司或其他形式的经营性和非经营性实体，但不得以“无限责任公司”形式办理注册登记。

第七条　国家建立境外投资资质审查和规模准入制度，保障境外企业达到经济规模。对过小、过散、无发展前途的企业，实行关闭、清算；对业务正常、管理规范的小企业，实行兼并或合并，以达到经济规模。

第八条　境外机构的中方负责人是国有资产经营责任人，对境外机构占用的国有资产负有安全有效使用和保值增值的责任。

第九条　境内投资者对所属境外机构行使出资者职能，必须明确管理的职能部门及其工作职责，严禁法定代表人及其他任何人越过职能部门，对境外机构采用个人单线联系方式进行管理。

第十条　中央管理的规模大、在当地有重要影响的境外企业，可以实行授权经营。授权经营办法另行制定。

第十一条　中央管理的境外企业的重大资本运营决策事项需由财政部或由财政部会同有关部门审核；必要时上报国务院批准。

重大决策事项包括：

一、境外发行公司债券、股票和上市等融资活动；

二、超过企业净资产50%的投资活动；

三、企业增、减资本金；

四、向外方转让国有产权（或股权），导致失去控股地位；

五、企业分立、合并、重组、出售、解散和申请破产；

六、其他重大事项。

以上需审核事项，有关部门在收到企业申报的有效必备文件后，应于十个工作日内予以批复。

第十二条 中央管理境外企业的下列事项须报财政部备案：

一、不超过企业净资产50%的境外投资活动；

二、企业子公司发生第十一条中列举的重大决策事项。

第十三条 地方政府管理的境外企业发生第十一条、第十二条所列事项，参照上述办法进行管理。

第十四条 境内企业以国有资产在境外投资设立企业或在境外发行股票和上市，须按国家有关境外投资管理规定报政府有关部门审核批准。

境内企业投资设立的境外企业，其日常监督和考核由其境内母企业负责，但涉及第十一条中列举的重大决策事项；应由其境内母企业报财政（国有资产管理）部门备案。

第十五条 经政府或政府授权部门批准的境外投资项目；原则上均须以企业、机构名义在当地持有国有股权或物业产权。确需以个人名义持有国有股权或物业产权的，须经境内投资者报省级人民政府或国务院有关主管部门批准后，由境内投资者（委托人）与境外机构产权持有人（委托人）按国家规定在境内办理国有资产产权委托协议法律手续，并经委托人所在地公证机关公证。同时，须按驻在国（地区）法律程序，及时办理有关产权委托代理声明或股权声明等法律手续，取得当地法律对该部分国有资产产权的承认和保护。公证文件（副本）须报财政（国有资产管理）部门备案。

第十六条 境外企业为解决自身资金需求；可自行决定在境外进行借款。但需以其不动产作抵押的，应报境内投资者备案。

境外企业为其全资子公司借款设立抵押或为其非全资子公司借款按出资比例设立抵押，应报境内投资者备案。

第十七条 境外机构为企业的，其在境外以借款、发行公司债券等方式筹集资金的，其所筹集资金不得调入境内使用。境外机构为非经营性机构的，不得以其自身名义直接对外筹集资金。境外企业将其所筹资金调入境内给境内机构使用，或者境外非经营性机构以其境内投资机构的名义对外筹资的，境内机构应当按照《境内机构发行外币债券管理办法》、《境内机构借用国际商业贷款管理办法》及《境内机构对外担保管理办法》等规定办理外债的筹借、使用和偿还。

第十八条 除国家允许经营担保业务的金融机构外，境外机构不得擅自对外提供担保。确需对外提供担保时，境内投资者应按照财政部境外投资财务管理的有关规定执行。

第十九条 境外企业发生的涉及减少国有资本金的损失，应及时报告境内投资单位和财政（国有资产管理）部门。

第二十条　境内投资单位应对境外机构中方负责人进行任期审计和离任审计。审计工作应尊重所在国(地区)的法律。

第三章　基 础 管 理

第二十一条　境外国有资产基础管理的主要内容包括产权界定、产权登记、资产统计和资产评估等。

第二十二条　境外国有资产的产权界定遵循“谁投资,谁拥有产权”的原则进行;按照分级监管的原则,由各级财政(国有资产管理)部门负责组织实施。

第二十三条　凡占有、使用国有资产的境外机构,都必须按照《境外国有资产产权登记管理暂行办法》和实施细则的规定由境内投资者及时办理境外国有资产产权登记(以下简称境外产权登记)。

境外产权登记表及有关资料是境内投资者向外汇管理部门申办登记和投资外汇资金汇出手续的必备文件。

向境外投资的货物出境时,收发货人或者其代理人应当主动向海关提交境外产权登记表,并接受海关的监管。

第二十四条　境外机构发生分立、合并、整体出售、撤资、解散或申请破产情形时,须报境内投资者审核批准,并及时进行清算,清理财产和各项债权、债务,同时办理境外国有资产产权注销登记。清理后归中方所有的财产、收入,按照国家有关规定,及时由其投资者足额收回,并报国家有关部门备案。

第二十五条　境外机构应执行企业、单位年度会计信息报告制度。境内投资者应如实、及时向财政(国有资产管理)和外汇管理部门报送境外机构年度会计报表。

第二十六条　境内投资者向境外投资,须按《国有资产评估管理办法》要求进行资产评估。资产评估应遵循独立、客观、公正原则,依照国家法律、法规和国家规定的标准、程序和方法进行。驻在国(地区)对资产评估有法律规定的从其规定。

第四章　效 绩 评 价

第二十七条　财政部负责组织实施境外企业国有资产效绩评价,从总体上考核境外国有资产的经营情况。

第二十八条　境内投资者应按《国有资本金效绩评价规则》的要求,做好境外企业国有资产效绩评价工作;并向财政(国有资产管理)部门报告。

对境外非经营性国有资产,境内投资者重点是做好基础管理工作;考核其完好性和使用效率。

第二十九条　财政(国有资产管理)部门既要做好效绩评价办法实施情况的监

督检查，又要做好本级政府管理的境外企业国有资产效绩评价工作，并将评价结果报送政府，同时抄送人事、党务管理部门，作为对企业经营者进行任免和奖惩的参考依据。

第三十条 为建立健全激励和约束机制，在财务数据真实可靠的前提下，境内投资者可以选择经营业绩显著的境外企业，对其经营者试行“期权”激励和约束办法，具体实施办法由财政部会同有关部门另行制定。

第五章 法律责任

第三十一条 财政（国有资产管理）部门及政府有关部门的公务人员由于工作失职、滥用职权或违反国家法律，造成严重后果，导致国有资产损失，应追究责任人员行政、经济责任直至刑事责任。

第三十二条 境内投资者违反国有资产管理和境外投资法规、制度，因下列行为导致国有资产流失和造成恶劣影响的，财政（国有资产管理）部门可根据不同情节给予通报批评，建议监察、审计部门立案审查，对责任人员可建议有关部门给予经济和行政的处分，触犯刑律的，移送司法机关依法追究刑事责任。

一、未经政府或政府授权部门批准擅自对外投资；

二、对所属境外机构国有资产总体情况和流失情况不掌握，不报告，不处理；

三、对所属境外机构不明确管理职能机构及其工作职责，造成管理失控；

四、未按规定程序批准和登记，擅自同意将其所属机构国有资产向境外转移；

五、未经可行性论证，盲目决策，致使国有资产遭受损失；

六、向境外投资时，弄虚作假，逃避审批，擅自转移资产或不按规定进行资产评估；

七、对政府规定报告、备案事项不按要求报告或备案；

八、其他。

第三十三条 境外机构中方负责人，因下列行为导致国有资产损失的，财政（国有资产管理）部门会同政府有关部门根据不同情节给予通报批评或经济、行政处罚。重大案件可联合监察、审计部门进行立案审查。触犯刑律的，移送司法机关依法追究刑事责任。

一、不如实填报境外机构会计信息统计报表和对规定报告、备案事项不按要求办理，隐瞒真实情况；

二、不按规定办理境外产权登记手续；

三、未经政府有关部门批准或未办理有关法律手续，将国有资产产权以个人名义注册；

四、未经批准向外方担保，造成国有资产流失；

五、未按规定在境外发行股票上市；

六、未按规定权限处置国有资产；

七、逃避国家监督、检查，私立账户、转移资产；

八、发生境外人员携款潜逃事件，造成资产损失；

九、其他。

第六章　附　　则

第三十四条　国务院有关部门、各省、自治区、直辖市、计划单列市财政（国有资产管理）部门，可根据本办法制定补充规定或实施细则，报财政部备案。

第三十五条　本办法发布前关于境外国有资产管理的行政规章与本办法相抵触的，以本办法为准。

第三十六条　本办法自发布之日起施行。

中央企业境外国有产权管理暂行办法

国务院国有资产监督管理委员会令第27号

2011年6月14日

《中央企业境外国有产权管理暂行办法》已经国务院国有资产监督管理委员会第102次主任办公会议审议通过,现予公布,自2011年7月1日起施行。

国务院国有资产监督管理委员会主任　王勇

2011年6月14日

中央企业境外国有产权管理暂行办法

第一条　为加强和规范中央企业境外国有产权管理,根据《中华人民共和国企业国有资产法》、《企业国有资产监督管理暂行条例》(国务院令第378号)和国家有关法律、行政法规的规定,制定本办法。

第二条　国务院国有资产监督管理委员会(以下简称国资委)履行出资人职责的企业(以下简称中央企业)及其各级独资、控股子企业(以下简称各级子企业)持有的境外国有产权管理适用本办法。国家法律、行政法规另有规定的,从其规定。

本办法所称境外国有产权是指中央企业及其各级子企业以各种形式对境外企业出资所形成的权益。

前款所称境外企业,是指中央企业及其各级子企业在我国境外以及香港特别行政区、澳门特别行政区和台湾地区依据当地法律出资设立的企业。

第三条　中央企业是其境外国有产权管理的责任主体,应当依照我国法律、行政法规建立健全境外国有产权管理制度,同时遵守境外注册地和上市地的相关法律规定,规范境外国有产权管理行为。

第四条　中央企业应当完善境外企业治理结构,强化境外企业章程管理,优化境外国有产权配置,保障境外国有产权安全。

第五条　中央企业及其各级子企业独资或者控股的境外企业所持有的境内国有产权的管理,比照国资委境内国有产权管理的相关规定执行。

第六条　境外国有产权应当由中央企业或者其各级子企业持有。境外企业注册地相关法律规定须以个人名义持有的,应当统一由中央企业依据有关规定决定或者批准,依法办理委托出资等保全国有产权的法律手续,并以书面形式报告国资委。

第七条　中央企业应当加强对离岸公司等特殊目的公司的管理。因重组、上市、转让或者经营管理需要设立特殊目的公司的,应当由中央企业决定或者批准并以书面形式报告国资委。已无存续必要的特殊目的公司,应当及时依法予以注销。

第八条　中央企业及其各级子企业发生以下事项时,应当由中央企业统一向国资委申办产权登记:

(一)以投资、分立、合并等方式新设境外企业,或者以收购、投资入股等方式首次取得境外企业产权的。

(二)境外企业名称、注册地、注册资本、主营业务范围等企业基本信息发生改变,或者因企业出资人、出资额、出资比例等变化导致境外企业产权状况发生改变的。

(三)境外企业解散、破产,或者因产权转让、减资等原因不再保留国有产权的。

(四)其他需要办理产权登记的情形。

第九条　中央企业及其各级子企业以其拥有的境内国有产权向境外企业注资或者转让,或者以其拥有的境外国有产权向境内企业注资或者转让,应当依照《企业国有资产评估管理暂行办法》(国资委令第12号)等相关规定,聘请具有相应资质的境内评估机构对标的物进行评估,并办理评估备案或者核准。

第十条　中央企业及其各级子企业独资或者控股的境外企业在境外发生转让或者受让产权、以非货币资产出资、非上市公司国有股东股权比例变动、合并分立、解散清算等经济行为时,应当聘请具有相应资质、专业经验和良好信誉的专业机构对标的物进行评估或者估值,评估项目或者估值情况应当由中央企业备案;涉及中央企业重要子企业由国有独资转为绝对控股、绝对控股转为相对控股或者失去控股地位等经济行为的,评估项目或者估值情况应当报国资委备案或者核准。

中央企业及其各级子企业独资或者控股的境外企业在进行与评估或者估值相应的经济行为时,其交易对价应当以经备案的评估或者估值结果为基准。

第十一条　境外国有产权转让等涉及国有产权变动的事项,由中央企业决定或者批准,并按国家有关法律和法规办理相关手续。其中,中央企业重要子企业由国有独资转为绝对控股、绝对控股转为相对控股或者失去控股地位的,应当报国资委审核同意。

第十二条　中央企业及其各级子企业转让境外国有产权,要多方比选意向受让方。具备条件的,应当公开征集意向受让方并竞价转让,或者进入中央企业国有产权转让交易试点机构挂牌交易。

第十三条　中央企业在本企业内部实施资产重组,转让方为中央企业及其直接或者间接全资拥有的境外企业，受让方为中央企业及其直接或者间接全资拥有的境内外企业的，转让价格可以以评估或者审计确认的净资产值为底价确定。

第十四条 境外国有产权转让价款应当按照产权转让合同约定支付，原则上应当一次付清。确需采取分期付款的，受让方须提供合法的担保。

第十五条 中央企业及其各级子企业独资或者控股的境外企业在境外首次公开发行股票，或者中央企业及其各级子企业所持有的境外注册并上市公司的股份发生变动的，由中央企业按照证券监管法律、法规决定或者批准，并将有关情况以书面形式报告国资委。境外注册并上市公司属于中央企业重要子企业的，上述事项应当由中央企业按照《国有股东转让所持上市公司股份管理暂行办法》（国资委令第19号）等相关规定报国资委审核同意或者备案。

第十六条 中央企业应当按照本办法落实境外国有产权管理工作责任，完善档案管理，并及时将本企业境外国有产权管理制度、负责机构等相关情况以书面形式报告国资委。

第十七条 中央企业应当每年对各级子企业执行本办法的情况进行监督检查，并及时将检查情况以书面形式报告国资委。

国资委对中央企业境外国有产权管理情况进行不定期抽查。

第十八条 中央企业及其各级子企业有关责任人员违反国家法律、法规和本办法规定，未履行对境外国有产权的监管责任，导致国有资产损失的，由有关部门按照干部管理权限和有关法律法规给予处分；涉嫌犯罪的，依法移交司法机关处理。

第十九条 地方国有资产监督管理机构可以参照本办法制定所出资企业境外国有产权管理制度。

第二十条 本办法自2011年7月1日起施行。

中国银监会关于印发《商业银行并购贷款风险管理指引》的通知

银监发[2008]84号

2008年12月6日

各银监局,开发银行,各国有商业银行、股份制商业银行:

为规范银行并购贷款行为,提高银行并购贷款风险管理能力,加强银行业对经济结构调整和资源优化配置的支持力度,保持经济平稳较快发展,促进行业整合和产业升级,我会制订了《商业银行并购贷款风险管理指引》。现将该指引印发给你们,并就有关事项通知如下:

一、允许符合以下条件的商业银行法人机构开展并购贷款业务:

(一)有健全的风险管理和有效的内控机制;

(二)贷款损失专项准备充足率不低于100%;

(三)资本充足率不低于10%;

(四)一般准备余额不低于同期贷款余额的1%;

(五)有并购贷款尽职调查和风险评估的专业团队。

符合上述条件的商业银行在开展并购贷款业务前,应按照《商业银行并购贷款风险管理指引》制定相应的并购贷款业务流程和内控制度,向监管机构报告后实施。

商业银行开办并购贷款业务后,如发生不能持续满足以上所列条件的情况,应当停止办理新发生的并购贷款业务。

二、商业银行要深入贯彻落实科学发展观,按照依法合规、审慎经营、风险可控、商业可持续的原则积极稳妥地开展并购贷款业务,要在构建并购贷款全面风险管理框架、有效控制贷款风险的基础上,满足合理的并购融资需求。

三、银监会各级派出机构要加强对商业银行并购贷款业务的监督管理,定期开展现场检查和非现场监管,发现商业银行不符合并购贷款业务开办条件或违反《商业银行并购贷款风险管理指引》有关规定,不能有效控制并购贷款风险的,可依据有关法律法规采取责令商业银行暂停并购贷款业务等监管措施。

请各银监局将本通知转发至辖内各城市商业银行、农村商业银行、外商独资银行、中外合资银行。

商业银行并购贷款风险管理指引

第一章 总 则

第一条 为规范商业银行并购贷款经营行为，提高商业银行并购贷款风险管理能力，促进银行业公平竞争，增强银行业竞争能力，维护银行业的合法、稳健运行，根据《中华人民共和国银行业监督管理法》、《中华人民共和国商业银行法》等法律法规，制定本指引。

第二条 本指引所称商业银行是指依照《中华人民共和国商业银行法》设立的商业银行法人机构。

第三条 本指引所称并购，是指境内并购方企业通过受让现有股权、认购新增股权，或收购资产、承接债务等方式以实现合并或实际控制已设立并持续经营的目标企业的交易行为。

并购可由并购方通过其专门设立的无其他业务经营活动的全资或控股子公司（以下简称子公司）进行。

第四条 本指引所称并购贷款，是指商业银行向并购方或其子公司发放的，用于支付并购交易价款的贷款。

第五条 商业银行开展并购贷款业务应当遵循依法合规、审慎经营、风险可控、商业可持续的原则。

第六条 商业银行应制定并购贷款业务发展策略，包括但不限于明确发展并购贷款业务的目标、并购贷款业务的客户范围及其主要风险特征，以及并购贷款业务的风险承受限额等。

第七条 商业银行应按照管理强度高于其他贷款种类的原则建立相应的并购贷款管理制度和管理信息系统，确保业务流程、内控制度以及管理信息系统能够有效地识别、计量、监测和控制并购贷款的风险。

第二章 风险评估

第八条 商业银行应在全面分析战略风险、法律与合规风险、整合风险、经营风险以及财务风险等与并购有关的各项风险的基础上评估并购贷款的风险。

商业银行并购贷款涉及跨境交易的，还应分析国别风险、汇率风险和资金过境风险等。

第九条 商业银行评估战略风险，应从并购双方行业前景、市场结构、经营战略、管理团队、企业文化和股东支持等方面，包括但不限于分析以下内容：

（一）并购双方的产业相关度和战略相关性，以及可能形成的协同效应；

（二）并购双方从战略、管理、技术和市场整合等方面取得额外回报的机会；

（三）并购后的预期战略成效及企业价值增长的动力来源；

（四）并购后新的管理团队实现新战略目标的可能性；

（五）并购的投机性及相应风险控制对策；

（六）协同效应未能实现时，并购方可能采取的风险控制措施或退出策略。

第十条　商业银行评估法律与合规风险，包括但不限于分析以下内容：

（一）并购交易各方是否具备并购交易主体资格；

（二）并购交易是否按有关规定已经或即将获得批准，并履行必要的登记、公告等手续；

（三）法律法规对并购交易的资金来源是否有限制性规定；

（四）担保的法律结构是否合法有效并履行了必要的法定程序；

（五）借款人对还款现金流的控制是否合法合规；

（六）贷款人权利能否获得有效的法律保障；

（七）与并购、并购融资法律结构有关的其他方面的合规性。

第十一条　商业银行评估整合风险，包括但不限于分析并购双方是否有能力通过以下方面的整合实现协同效应：

（一）发展战略整合；

（二）组织整合；

（三）资产整合；

（四）业务整合；

（五）人力资源及文化整合。

第十二条　商业银行评估经营及财务风险，包括但不限于分析以下内容：

（一）并购后企业经营的主要风险，如行业发展和市场份额是否能保持稳定或呈增长趋势，公司治理是否有效，管理团队是否稳定并且具有足够能力，技术是否成熟并能提高企业竞争力，财务管理是否有效等；

（二）并购双方的未来现金流及其稳定程度；

（三）并购股权（或资产）定价高于目标企业股权（或资产）合理估值的风险；

（四）并购双方的分红策略及其对并购贷款还款来源造成的影响；

（五）并购中使用的固定收益类工具及其对并购贷款还款来源造成的影响；

（六）汇率和利率等因素变动对并购贷款还款来源造成的影响。

第十三条　商业银行应在全面分析与并购有关的各项风险的基础上，建立审慎的财务模型，测算并购双方未来财务数据，以及对并购贷款风险有重要影响的关键财务杠杆和偿债能力指标。

第十四条 商业银行应在财务模型测算的基础上,充分考虑各种不利情形对并购贷款风险的影响。

上述不利情形包括但不限于:

(一)并购双方的经营业绩(包括现金流)在还款期内未能保持稳定或呈增长趋势;

(二)并购双方的治理结构不健全,管理团队不稳定或不能胜任;

(三)并购后并购方与目标企业未能产生协同效应;

(四)并购方与目标企业存在关联关系,尤其是并购方与目标企业受同一实际控制人控制的情形。

第十五条 商业银行应在全面评估并购贷款风险的基础上,综合判断借款人的还款资金来源是否充足,还款来源与还款计划是否匹配,借款人是否能够按照合同约定支付贷款利息和本金等,并提出并购贷款质量下滑时可采取的应对措施或退出策略,形成贷款评审报告。

第三章 风险管理

第十六条 商业银行全部并购贷款余额占同期本行核心资本净额的比例不应超过50%。

第十七条 商业银行应按照本行并购贷款业务发展策略,分别按单个借款人、企业集团、行业类别对并购贷款集中度建立相应的限额控制体系。

商业银行对同一借款人的并购贷款余额占同期本行核心资本净额的比例不应超过5%。

第十八条 并购的资金来源中并购贷款所占比例不应高于50%。

第十九条 并购贷款期限一般不超过五年。

第二十条 商业银行应具有与其并购贷款业务规模和复杂程度相适应的足够数量的熟悉并购相关法律、财务、行业等知识的专业人员。

第二十一条 商业银行应在并购贷款业务受理、尽职调查、风险评估、合同签订、贷款发放、贷后管理等主要业务环节以及内部控制体系中加强专业化的管理与控制。

第二十二条 商业银行受理的并购贷款申请应符合以下基本条件:

(一)并购方依法合规经营,信用状况良好,没有信贷违约、逃废银行债务等不良记录;

(二)并购交易合法合规,涉及国家产业政策、行业准入、反垄断、国有资产转让等事项的，应按适用法律法规和政策要求，取得有关方面的批准和履行相关手续；

（三）并购方与目标企业之间具有较高的产业相关度或战略相关性，并购方通过并购能够获得目标企业的研发能力、关键技术与工艺、商标、特许权、供应或分销网络等战略性资源以提高其核心竞争能力。

第二十三条 商业银行应在内部组织并购贷款尽职调查和风险评估的专门团队，对本指引第九条到第十五条的内容进行调查、分析和评估，并形成书面报告。

前款所称专门团队的负责人应有3年以上并购从业经验，成员可包括但不限于并购专家、信贷专家、行业专家、法律专家和财务专家等。

第二十四条 商业银行可根据并购交易的复杂性、专业性和技术性，聘请中介机构进行有关调查并在风险评估时使用该中介机构的调查报告。

有前款所述情形的，商业银行应建立相应的中介机构管理制度，并通过书面合同明确中介机构的法律责任。

第二十五条 商业银行应要求借款人提供充足的能够覆盖并购贷款风险的担保，包括但不限于资产抵押、股权质押、第三方保证，以及符合法律规定的其他形式的担保。

原则上，商业银行对并购贷款所要求的担保条件应高于其他贷款种类。以目标企业股权质押时，商业银行应采用更为审慎的方法评估其股权价值和确定质押率。

第二十六条 商业银行应根据并购贷款风险评估结果，审慎确定借款合同中贷款金额、期限、利率、分期还款计划、担保方式等基本条款的内容。

第二十七条 商业银行应在借款合同中约定保护贷款人利益的关键条款，包括但不限于：

（一）对借款人或并购后企业重要财务指标的约束性条款；

（二）对借款人特定情形下获得的额外现金流用于提前还款的强制性条款；

（三）对借款人或并购后企业的主要或专用账户的监控条款；

（四）确保贷款人对重大事项知情权或认可权的借款人承诺条款。

第二十八条 商业银行应通过本指引第二十七条所述的关键条款约定在并购双方出现以下情形时可采取的风险控制措施：

（一）重要股东的变化；

（二）重大投资项目变化；

（三）营运成本的异常变化；

（四）品牌、客户、市场渠道等的重大不利变化；

（五）产生新的重大债务或对外担保；

（六）重大资产出售；

（七）分红策略的重大变化；

（八）影响企业持续经营的其他重大事项。

第二十九条 商业银行应在借款合同中约定提款条件以及与贷款支付使用相关的条款，提款条件应至少包括并购方自筹资金已足额到位和并购合规性条件已满足等内容。

第三十条 商业银行应在借款合同中约定，借款人有义务在贷款存续期间定期报送并购双方、担保人的财务报表以及贷款人需要的其他相关资料。

第三十一条 商业银行在贷款存续期间，应定期评估并购双方未来现金流的可预测性和稳定性，定期评估借款人的还款计划与还款来源是否匹配。

第三十二条 商业银行在贷款存续期间，应密切关注借款合同中关键条款的履行情况。

第三十三条 商业银行应按照不低于其他贷款种类的频率和标准对并购贷款进行风险分类和计提拨备。

第三十四条 并购贷款出现不良时，商业银行应及时采取贷款清收、保全，以及处置抵（质）押物、依法接管企业经营权等风险控制措施。

第三十五条 商业银行应明确并购贷款业务内部报告的内容、路线和频率，并应至少每年对并购贷款业务的合规性和资产价值变化进行内部检查和独立的内部审计，对其风险状况进行全面评估。

当出现并购贷款集中度趋高、风险分类趋降等情形时，商业银行应提高内部报告、检查和评估的频率。

第三十六条 商业银行在并购贷款不良率上升时应加强对以下内容的报告、检查和评估：

（一）并购贷款担保的方式、构成和覆盖贷款本息的情况；

（二）针对不良贷款所采取的清收和保全措施；

（三）处置质押股权的情况；

（四）依法接管企业经营权的情况；

（五）并购贷款的呆账核销情况。

第四章　附　　则

第三十七条 本指引所称并购双方是指并购方与目标企业。

第三十八条 本指引由中国银行业监督管理委员会负责解释。

第三十九条 本指引自发布之日起施行。

财政部、国家税务总局关于企业境外所得税收抵免有关问题的通知

财税[2009]125号

2009年12月25日

各省、自治区、直辖市、计划单列市财政厅(局)、国家税务局、地方税务局,新疆生产建设兵团财务局:

根据《中华人民共和国企业所得税法》(以下简称企业所得税法)及《中华人民共和国企业所得税法实施条例》(以下简称实施条例)的有关规定,现就企业取得境外所得计征企业所得税时抵免境外已纳或负担所得税额的有关问题通知如下:

一、居民企业以及非居民企业在中国境内设立的机构、场所(以下统称企业)依照企业所得税法第二十三条、第二十四条的有关规定,应在其应纳税额中抵免在境外缴纳的所得税额的,适用本通知。

二、企业应按照企业所得税法及其实施条例、税收协定以及本通知的规定,准确计算下列当期与抵免境外所得税有关的项目后,确定当期实际可抵免分国(地区)别的境外所得税税额和抵免限额:

(一)境内所得的应纳税所得额(以下简称境内应纳税所得额)和分国(地区)别的境外所得的应纳税所得额(以下简称境外应纳税所得额);

(二)分国(地区)别的可抵免境外所得税税额;

(三)分国(地区)别的境外所得税的抵免限额。

企业不能准确计算上述项目实际可抵免分国(地区)别的境外所得税税额的,在相应国家(地区)缴纳的税收均不得在该企业当期应纳税额中抵免,也不得结转以后年度抵免。

三、企业应就其按照实施条例第七条规定确定的中国境外所得(境外税前所得),按以下规定计算实施条例第七十八条规定的境外应纳税所得额:

(一)居民企业在境外投资设立不具有独立纳税地位的分支机构,其来源于境外的所得,以境外收入总额扣除与取得境外收入有关的各项合理支出后的余额为应纳税所得额。各项收入、支出按企业所得税法及实施条例的有关规定确定。

居民企业在境外设立不具有独立纳税地位的分支机构取得的各项境外所得,无论是否汇回中国境内,均应计入该企业所属纳税年度的境外应纳税所得额。

（二）居民企业应就其来源于境外的股息、红利等权益性投资收益，以及利息、租金、特许权使用费、转让财产等收入，扣除按照企业所得税法及实施条例等规定计算的与取得该项收入有关的各项合理支出后的余额为应纳税所得额。来源于境外的股息、红利等权益性投资收益，应按被投资方作出利润分配决定的日期确认收入实现；来源于境外的利息、租金、特许权使用费、转让财产等收入，应按有关合同约定应付交易对价款的日期确认收入实现。

（三）非居民企业在境内设立机构、场所的，应就其发生在境外但与境内所设机构、场所有实际联系的各项应税所得，比照上述第（二）项的规定计算相应的应纳税所得额。

（四）在计算境外应纳税所得额时，企业为取得境内、外所得而在境内、境外发生的共同支出，与取得境外应税所得有关的、合理的部分，应在境内、境外［分国（地区）别，下同］应税所得之间，按照合理比例进行分摊后扣除。

（五）在汇总计算境外应纳税所得额时，企业在境外同一国家（地区）设立不具有独立纳税地位的分支机构，按照企业所得税法及实施条例的有关规定计算的亏损，不得抵减其境内或他国（地区）的应纳税所得额，但可以用同一国家（地区）其他项目或以后年度的所得按规定弥补。

四、可抵免境外所得税税额，是指企业来源于中国境外的所得依照中国境外税收法律以及相关规定应当缴纳并已实际缴纳的企业所得税性质的税款。但不包括：

（一）按照境外所得税法律及相关规定属于错缴或错征的境外所得税税款；

（二）按照税收协定规定不应征收的境外所得税税款；

（三）因少缴或迟缴境外所得税而追加的利息、滞纳金或罚款；

（四）境外所得税纳税人或者其利害关系人从境外征税主体得到实际返还或补偿的境外所得税税款；

（五）按照我国企业所得税法及其实施条例规定，已经免征我国企业所得税的境外所得负担的境外所得税税款；

（六）按照国务院财政、税务主管部门有关规定已经从企业境外应纳税所得额中扣除的境外所得税税款。

五、居民企业在按照企业所得税法第二十四条规定用境外所得间接负担的税额进行税收抵免时，其取得的境外投资收益实际间接负担的税额，是指根据直接或者间接持股方式合计持股20%以上（含20%，下同）的规定层级的外国企业股份，由此应分得的股息、红利等权益性投资收益中，从最低一层外国企业起逐层计算的属于由上一层企业负担的税额，其计算公式如下：

本层企业所纳税额属于由一家上一层企业负担的税额 =（本层企业就利润和投

资收益所实际缴纳的税额 + 符合本通知规定的由本层企业间接负担的税额）× 本层企业向一家上一层企业分配的股息（红利）÷ 本层企业所得税后利润额。

六、除国务院财政、税务主管部门另有规定外，按照实施条例第八十条规定由居民企业直接或者间接持有20%以上股份的外国企业，限于符合以下持股方式的三层外国企业：

第一层：单一居民企业直接持有20%以上股份的外国企业；

第二层：单一第一层外国企业直接持有20%以上股份，且由单一居民企业直接持有或通过一个或多个符合本条规定持股条件的外国企业间接持有总和达到20%以上股份的外国企业；

第三层：单一第二层外国企业直接持有20%以上股份，且由单一居民企业直接持有或通过一个或多个符合本条规定持股条件的外国企业间接持有总和达到20%以上股份的外国企业。

七、居民企业从与我国政府订立税收协定（或安排）的国家（地区）取得的所得，按照该国（地区）税收法律享受了免税或减税待遇，且该免税或减税的数额按照税收协定规定应视同已缴税额在中国的应纳税额中抵免的，该免税或减税数额可作为企业实际缴纳的境外所得税额用于办理税收抵免。

八、企业应按照企业所得税法及其实施条例和本通知的有关规定分国（地区）别计算境外税额的抵免限额。

某国（地区）所得税抵免限额 = 中国境内、境外所得依照企业所得税法及实施条例的规定计算的应纳税总额 × 来源于某国（地区）的应纳税所得额 ÷ 中国境内、境外应纳税所得总额。

据以计算上述公式中“中国境内、境外所得依照企业所得税法及实施条例的规定计算的应纳税总额”的税率，除国务院财政、税务主管部门另有规定外，应为企业所得税法第四条第一款规定的税率。

企业按照企业所得税法及其实施条例和本通知的有关规定计算的当期境内、境外应纳税所得总额小于零的，应以零计算当期境内、境外应纳税所得总额，其当期境外所得税的抵免限额也为零。

九、在计算实际应抵免的境外已缴纳和间接负担的所得税税额时，企业在境外一国（地区）当年缴纳和间接负担的符合规定的所得税税额低于所计算的该国（地区）抵免限额的，应以该项税额作为境外所得税抵免额从企业应纳税总额中据实抵免；超过抵免限额的，当年应以抵免限额作为境外所得税抵免额进行抵免，超过抵免限额的余额允许从次年起在连续五个纳税年度内，用每年度抵免限额抵免当年应抵税额后的余额进行抵补。

十、属于下列情形的，经企业申请，主管税务机关核准，可以采取简易办法对境外所得已纳税额计算抵免：

（一）企业从境外取得营业利润所得以及符合境外税额间接抵免条件的股息所得，虽有所得来源国（地区）政府机关核发的具有纳税性质的凭证或证明，但因客观原因无法真实、准确地确认应当缴纳并已经实际缴纳的境外所得税税额的，除就该所得直接缴纳及间接负担的税额在所得来源国（地区）的实际有效税率低于我国企业所得税法第四条第一款规定税率50%以上的外，可按境外应纳税所得额的12.5%作为抵免限额，企业按该国（地区）税务机关或政府机关核发具有纳税性质凭证或证明的金额，其不超过抵免限额的部分，准予抵免；超过的部分不得抵免。

属于本款规定以外的股息、利息、租金、特许权使用费、转让财产等投资性所得，均应按本通知的其他规定计算境外税额抵免。

（二）企业从境外取得营业利润所得以及符合境外税额间接抵免条件的股息所得，凡就该所得缴纳及间接负担的税额在所得来源国（地区）的法定税率且其实际有效税率明显高于我国的，可直接以按本通知规定计算的境外应纳税所得额和我国企业所得税法规定的税率计算的抵免限额作为可抵免的已在境外实际缴纳的企业所得税税额。具体国家（地区）名单见附件。财政部、国家税务总局可根据实际情况适时对名单进行调整。

属于本款规定以外的股息、利息、租金、特许权使用费、转让财产等投资性所得，均应按本通知的其他规定计算境外税额抵免。

十一、企业在境外投资设立不具有独立纳税地位的分支机构，其计算生产、经营所得的纳税年度与我国规定的纳税年度不一致的，与我国纳税年度当年度相对应的境外纳税年度，应为在我国有关纳税年度中任何一日结束的境外纳税年度。

企业取得上款以外的境外所得实际缴纳或间接负担的境外所得税，应在该项境外所得实现日所在的我国对应纳税年度的应纳税额中计算抵免。

十二、企业抵免境外所得税额后实际应纳所得税额的计算公式为：

企业实际应纳所得税额 = 企业境内外所得应纳税总额 - 企业所得税减免、抵免优惠税额 - 境外所得税抵免额。

十三、本通知所称不具有独立纳税地位，是指根据企业设立地法律不具有独立法人地位或者按照税收协定规定不认定为对方国家（地区）的税收居民。

十四、企业取得来源于中国香港、澳门、台湾地区的应税所得，参照本通知执行。

十五、中华人民共和国政府同外国政府订立的有关税收的协定与本通知有不同规定的，依照协定的规定办理。

十六、本通知自2008年1月1日起执行。

附件:法定税率明显高于我国的境外所得来源国(地区)名单

财政部

国家税务总局

2009年12月25日

附件:

法定税率明显高于我国的境外所得来源国(地区)名单

美国、阿根廷、布隆迪、喀麦隆、古巴、法国、日本、摩洛哥、巴基斯坦、赞比亚、科威特、孟加拉国、叙利亚、约旦、老挝。

国家税务总局关于进一步做好“走出去”企业税收服务与管理工作的意见

国税发[2010]59号

2010年6月10日

各省、自治区、直辖市和计划单列市国家税务局、地方税务局：

为更好地贯彻落实党中央国务院做出的加快实施“走出去”战略的重大决策，进一步做好我国企业境外投资经营税收服务与管理工作，现提出如下意见：

一、进一步提高对“走出去”企业税收服务与管理工作重要性的认识

鼓励我国企业“走出去”，利用国际、国内两种资源和两个市场，拓展国民经济发展空间，是中央做出的重大战略决策。党的十七大报告指出：坚持对外开放的基本国策，把“引进来”和“走出去”更好结合起来。最近，胡锦涛总书记在省部级主要领导干部贯彻落实科学发展观加快经济发展方式转变专题研讨班上指出：加快实施“走出去”战略，不断提高开放型经济水平。为贯彻落实中央的战略部署，2010年全国税务工作会议提出：加大对“走出去”企业的税收政策支持力度。各地税务机关应进一步提高对加快实施“走出去”战略重要意义的认识，按照总局的工作要求，进一步做好对我国企业境外投资经营的税收服务与管理工作，服从和服务于“走出去”战略的工作大局。

二、做好“走出去”企业税收服务与管理工作的主要内容

（一）完善税收政策

1. 在企业所得税方面，对于“走出去”企业的境外所得税收抵免，应根据税法和《财政部　国家税务总局关于企业境外所得税收抵免有关问题的通知》（财税[2009]125号）的规定，进一步明确相关政策，尽快制定具体的税收抵免操作指南。

2. 在进出口税收方面，要进一步完善与企业境外投资有关的出口退税政策，加大对境外投资企业的政策支持力度。

3. 在其他税收方面，要研究完善个人所得税法，解决企业境外投资中涉及的有关个人所得税问题；根据企业境外提供服务的特点，研究完善有关的营业税政策，避免重复征税。

（二）加强宣传辅导

1. 完善网站建设。应进一步完善我国企业境外投资税收服务指南，在税务总局网站设立各地税务机关的网络服务窗口，及时更新包括税收协定、境外投资税收政策和管理措施、外国税收制度与征管法规、税收争议的解决与应对措施在内的有关内容。

2. 政策宣传咨询。各地税务机关要多渠道宣传税收政策和提供咨询，充分利用网站、报纸、刊物、“12366”税收服务热线、办税服务厅等载体，拓宽税收宣传和涉税信息的发布途径，更好地为企业境外投资提供全方位、多领域的税收政策指引。

3. 税收问题辅导。各地税务机关要加强对我国境外投资企业的税收辅导，建立有效的境外投资企业涉税问题信息反馈机制，根据不同企业境外投资的特点，提高税收服务的针对性和实效性。对于普遍性问题，应在纳税服务热线提供可随时查询到的答案；对于不具有普遍性的问题，应在准确把握的基础上给出有针对性的解答，暂时不能解答的，应尽快研究或报上级税务机关。

（三）规范税收管理

1. 服务与管理有机结合。各地税务机关要加强和规范境外投资企业管理，帮助企业防范税收风险，促进企业境外投资健康发展。

2. 掌握基础信息。各地税务机关要通过各种渠道了解本地区企业在境外投资的情况，建立企业境外投资信息档案，并及时更新，为做好税收服务与管理打好基础。

3. 完善征管措施。各地税务机关要进一步加强对“走出去”企业的纳税登记、境外所得申报、税款缴纳和抵免、关联交易申报、转让定价调整和同期资料准备的税收管理，同时引导企业自觉遵守投资目的地国家或地区的法律法规，防范国内和国外的税法遵从风险。

4. 政策执行到位。各地税务机关要切实执行促进企业境外投资的有关税收政策，特别是关于境外所得税收抵免和进出口退税等方面的规定，规范具体操作规程，增加确定性，减轻企业税收负担。

（四）做好协定工作

1. 税收协定的谈签。税收协定是协调国家间税收管辖权的法律依据，其主要目的是避免重复征税、促进国际经济合作。各地税务机关应及时了解企业在税收协定谈签方面的需求，对于“走出去”企业希望中国与其投资目的地国家或地区谈签税收协定的，各地要及时向税务总局反应，为税务总局制订税收协定谈签计划提供依据。

2. 税收协定的解释。各地税务机关要根据税收协定的规定和税务总局关于税收协定条款的解释，做好对企业的税收协定宣传和辅导工作，使税收协定各条款的具体内容切实为企业所熟悉、掌握和使用。对于企业提出的有关问题,应认真研究并及时解答,不清楚的应尽快上报税务总局予以明确。

3. 居民身份证明的开具。各地税务机关要进一步做好中国税收居民身份证明开具工作,使“走出去”企业能够在外国及时享受到有关税收协定待遇。各地要根据税务总局关于开具税收居民身份证明的规定,认真做好申请的受理、居民身份的确认、证明的开具和统计汇总工作。企业投资目的地国家或地区对税收居民身份证明的开具有不同要求的,各地应及时研究解决,以保证“走出去”企业及时享受到应有的税收协定待遇。

4. 跨国税收争议的解决。各地税务机关要主动向纳税人宣传、解释税收协定相关条款以及税务总局关于我国居民(国民)提起税务相互协商程序的规定。对于我国企业认为外国税务机关违反税收协定规定进行征税而提起相互协商的,各地要及时为企业办理申请受理、初审、上报等手续,以便税务总局尽快与对方进行协商。在相互协商过程中,各地税务机关应根据税务总局的要求提供必要的协助。

三、做好“走出去”企业税收服务与管理工作的几点要求

(一)加强领导,明确责任。对“走出去”企业的税收服务与管理,涉及税务机关内部多个部门。各地税务机关要从税收服务于国家对外开放大局的高度出发,高度重视,加强领导,协调部门职责,明确分工合作。国际税务管理部门应切实承担起牵头职责,各相关部门应积极配合,共同做好工作。

(二)部门配合,主动协调。各地税务机关要主动联系商务、发改委等部门,加强部门协调和沟通,实现信息共享,建立有效联动机制,将税收服务与管理结合起来,更好地促进我国企业境外投资与经营。

(三)不断总结,完善服务。各地税务机关要采取措施,掌握所管辖企业境外投资经营、境外取得所得和纳税等情况,并在此基础上有针对性地进行统计分析,根据企业境外投资特点、发展变化趋势以及税收风险,研究完善相关税收政策、税收征管以及税收服务,探索有效服务方法和手段,不断提高对“走出去”企业税收服务与管理工作水平。

国家税务总局关于印发《境外注册中资控股居民企业所得税管理办法（试行）》的公告

国家税务总局公告[2011]第45号

为规范和加强对依据实际管理机构标准被认定为居民企业的境外注册中资控股企业的所得税管理，国家税务总局制定了《境外注册中资控股居民企业所得税管理办法（试行）》，现予以发布，自2011年9月1日起施行。

特此公告。

附件：

1. 境外注册中资控股企业居民身份认定书

2. 境外注册中资控股居民企业所得税管理情况汇总表

2011年7月27日

境外注册中资控股居民企业所得税管理办法（试行）

第一章　总　　则

第一条　为规范和加强境外注册中资控股居民企业的所得税税收管理，根据《中华人民共和国企业所得税法》（以下简称企业所得税法）及其实施条例、《中华人民共和国税收征收管理法》（以下简称税收征管法）及其实施细则、中国政府对外签署的避免双重征税协定（含与香港、澳门特别行政区签署的税收安排，以下简称税收协定）、《国家税务总局关于境外注册中资控股企业依据实际管理机构标准认定为居民企业有关问题的通知》（国税发[2009]82号，以下简称《通知》）和其他有关规定，制定本办法。

第二条　本办法所称境外注册中资控股企业（以下简称境外中资企业）是指由中国内地企业或者企业集团作为主要控股投资者，在中国内地以外国家或地区（含香港、澳门、台湾）注册成立的企业。

第三条　本办法所称境外注册中资控股居民企业（以下简称非境内注册居民企业）是指因实际管理机构在中国境内而被认定为中国居民企业的境外注册中资控股企业。

第四条 非境内注册居民企业应当按照企业所得税法及其实施条例和相关管理规定的要求，履行居民企业所得税纳税义务，并在向非居民企业支付企业所得税法第三条第三款规定的款项时，依法代扣代缴企业所得税。

第五条 本办法所称主管税务机关包括：

（一）非境内注册居民企业的实际管理机构所在地与境内主要控股投资者所在地一致的，为境内主要控股投资者的企业所得税主管税务机关。

（二）非境内注册居民企业的实际管理机构所在地与境内主要控股投资者所在地不一致的，为实际管理机构所在地的国税局主管机关；经共同的上级税务机关批准，企业也可以选择境内主要控股投资者的企业所得税主管税务机关为其主管税务机关。

（三）非境内注册居民企业存在多个实际管理机构所在地的，由相关税务机关报共同的上级税务机关确定。

主管税务机关确定后，不得随意变更；确需变更的，应当层报税务总局批准。

第二章　居民身份认定管理

第六条 境外中资企业居民身份的认定，采用企业自行判定提请税务机关认定和税务机关调查发现予以认定两种形式。

第七条 境外中资企业应当根据生产经营和管理的实际情况，自行判定实际管理机构是否设立在中国境内。如其判定符合《通知》第二条规定的居民企业条件，应当向其主管税务机关书面提出居民身份认定申请，同时提供以下资料：

（一）企业法律身份证明文件；

（二）企业集团组织结构说明及生产经营概况；

（三）企业上一个纳税年度的公证会计师审计报告；

（四）负责企业生产经营等事项的高层管理机构履行职责场所的地址证明；

（五）企业上一年度及当年度董事及高层管理人员在中国境内居住的记录；

（六）企业上一年度及当年度重大事项的董事会决议及会议记录；

（七）主管税务机关要求提供的其他资料。

第八条 主管税务机关发现境外中资企业符合《通知》第二条规定但未申请成为中国居民企业的，可以对该境外中资企业的实际管理机构所在地情况进行调查，并要求境外中资企业提供本办法第七条规定的资料。调查过程中，主管税务机关有权要求该企业的境内投资者提供相关资料。

第九条 主管税务机关依法对企业提供的相关资料进行审核，提出初步认定意见，将据以做出初步认定的相关事实（资料）、认定理由和结果层报税务总局确认。

税务总局认定境外中资企业居民身份的，应当将相关认定结果同时书面告知境内投资者、境内被投资者的主管税务机关。

第十条　非境内注册居民企业的主管税务机关收到税务总局关于境外中资企业居民身份的认定结果后，应当在10日内向该企业下达《境外注册中资控股企业居民身份认定书》（见附件1），通知其从企业居民身份确认年度开始按照我国居民企业所得税管理规定及本办法规定办理有关税收事项。

第十一条　非境内注册居民企业发生下列重大变化情形之一的，应当自变化之日起15日内报告主管税务机关，主管税务机关应当按照本办法规定层报税务总局确定是否取消其居民身份。

（一）企业实际管理机构所在地变更为中国境外的；

（二）中方控股投资者转让企业股权，导致中资控股地位发生变化的。

第十二条　税务总局认定终止非境内注册居民企业居民身份的，应当将相关认定结果同时书面告知境内投资者、境内被投资者的主管税务机关。企业应当自主管税务机关书面告知之日起停止履行中国居民企业的所得税纳税义务与扣缴义务，同时停止享受中国居民企业税收待遇。上述主管税务机关应当依法做好减免税款追缴等后续管理工作。

第三章　税务登记管理

第十三条　非境内注册居民企业应当自收到居民身份认定书之日起30日内向主管税务机关提供以下资料申报办理税务登记，主管税务机关核发临时税务登记证及副本：

（一）居民身份认定书；

（二）境外注册登记证件；

（三）税务机关要求提供的其他资料。

第十四条　非境内注册居民企业经税务总局确认终止居民身份的，应当自收到主管税务机关书面通知之日起15日内向主管税务机关申报办理注销税务登记。

第十五条　发生本办法第四条扣缴义务的非境内注册居民企业应当自扣缴义务发生之日起30日内，向主管税务机关申报办理扣缴税款登记。

第四章　账簿凭证管理

第十六条　非境内注册居民企业应当按照中国有关法律、法规和国务院财政、税务主管部门的规定，编制财务、会计报表，并在领取税务登记证件之日起15日内将企业的财务、会计制度或者财务会计、处理办法及有关资料报送主管税务机关备案。

第十七条 非境内注册居民企业存放在中国境内的会计账簿和境内税务机关要求提供的报表等资料,应当使用中文。

第十八条 发生扣缴义务的非境内注册居民企业应当设立代扣代缴税款账簿和合同资料档案,准确记录扣缴企业所得税情况。

第十九条 非境内注册居民企业与境内单位或者个人发生交易的,应当按照发票管理办法规定使用发票,发票存根应当保存在中国境内,以备税务机关查验。

第五章 申报征收管理

第二十条 非境内注册居民企业按照分季预缴、年度汇算清缴方法申报缴纳所得税。

第二十一条 非境内注册居民企业发生终止生产经营或者居民身份变化情形的,应当自停止生产经营之日或者税务总局取消其居民企业之日起60日内,向其主管税务机关办理当期企业所得税汇算清缴。

非境内注册居民企业需要申报办理注销税务登记的,应在注销税务登记前,就其清算所得向主管税务机关申报缴纳企业所得税。

第二十二条 非境内注册居民企业应当以人民币计算缴纳企业所得税;所得以人民币以外的货币计算的,应当按照企业所得税法及其实施条例有关规定折合成人民币计算并缴纳企业所得税。

第二十三条 对非境内注册居民企业未依法履行居民企业所得税纳税义务的,主管税务机关应依据税收征管法及其实施细则的有关规定追缴税款、加收滞纳金,并处罚款。

主管税务机关应当在非境内注册居民企业年度申报和汇算清缴结束后两个月内,判定其构成居民身份的条件是否发生实质性变化。对实际管理机构转移至境外或者企业中资控股地位发生变化的,主管税务机关应层报税务总局终止其居民身份。

对于境外中资企业频繁转换企业身份,又无正当理由的,主管税务机关应层报国家税务总局核准后追回其已按居民企业享受的股息免税待遇。

第二十四条 主管税务机关应按季度核查非境内注册居民企业向非居民企业支付股息、利息、租金、特许权使用费、转让财产收入及其他收入依法扣缴企业所得税的情况,发现该企业未依法履行相关扣缴义务的,应按照税收征管法及其实施细则和企业所得税法及其实施条例等有关规定对其进行处罚,并向非居民企业追缴税款。

第六章　特定事项管理

第二十五条　非境内注册居民企业取得来源于中国境内的股息、红利等权益性投资收益和利息、租金、特许权使用费所得、转让财产所得以及其他所得，应当向相关支付方出具本企业的《境外注册中资控股企业居民身份认定书》复印件。

相关支付方凭上述复印件不予履行该所得的税款扣缴义务，并在对外支付上述外汇资金时凭该复印件向主管税务机关申请开具相关税务证明。其中涉及个人所得税、营业税等其他税种纳税事项的，仍按对外支付税务证明开具的有关规定办理。

第二十六条　非居民企业转让非境内注册居民企业股权所得，属于来源于中国境内所得，被转让的非境内注册居民企业应当自股权转让协议签订之日起30日内，向其主管税务机关报告并提供股权转让合同及相关资料。

第二十七条　非境内注册居民企业应当按照企业所得税法及其实施条例以及《特别纳税调整实施办法（试行）》（国税发［2009］2号）的相关规定，履行关联申报及同期资料准备等义务。

第二十八条　非境内注册居民企业同时被我国与其注册所在国家（地区）税务当局确认为税收居民的，应当按照双方签订的税收协定的有关规定确定其居民身份；如经确认为我国税收居民，可适用我国与其他国家（地区）签订的税收协定，并按照有关规定办理享受税收协定优惠待遇手续；需要证明其中国税收居民身份的，可向其主管税务机关申请开具《中国税收居民身份证明》，主管税务机关应在受理申请之日起10个工作日内办结。

第二十九条　境外税务当局拒绝给予非境内注册居民企业税收协定待遇，或者将其认定为所在国家（地区）税收居民的，该企业可按有关规定书面申请启动税务相互协商程序。

主管税务机关受理企业提请协商的申请后，应当及时将申请及有关资料层报税务总局，由税务总局与有关国家（地区）税务当局进行协商。

第七章　附　　则

第三十条　主管税务机关应当做好非境内注册居民企业所得税管理情况汇总统计工作，于每年8月15日前向税务总局层报《境外注册中资控股居民企业所得税管理情况汇总表》（见附件2）。税务总局不定期对各地相关管理工作进行检查，并将检查情况通报各地。

第三十一条　本办法由税务总局负责解释。各省、自治区、直辖市和计划单列市国家税务局、地方税务局可根据本办法制定具体操作规程。

第三十二条 本办法自2011年9月1日起施行。此前根据《通知》规定已经被认定为非境内注册居民企业的，适用本办法相关规定处理。

附件1：

境外注册中资控股企业居民身份认定书

××税居告[　　]号

________：

根据《国家税务总局关于确认××公司为境外注册中资控股居民企业的函》(国税函[　　]号)，你公司属于《中华人民共和国企业所得税法》第二条规定的居民企业，应当从________年度开始，按照我国居民企业所得税管理规定及《境外注册中资控股居民企业所得税管理办法(试行)》的规定办理有关税收事项。

你公司的主管税务机关是________税务局。

如你公司居民身份认定条件发生变化，应当按照有关规定自变化之日起15日内报告主管税务机关。

联系人：联系电话：

税务机关(签章)

年　月　日

注：本认定书一式二份，一份送达纳税人，一份由税务机关留存。

附件2：

境外注册中资控股居民企业所得税管理情况汇总表

填报单位(盖章)：　　　　　　　　　　　　　　　　填报日期：　　年　月　日

序号	企业名称	企业所得税缴纳情况		企业所得税扣缴情况		实际管理机构变动情况		居民身份变化情况	
		缴纳金额	是否足额	扣缴金额	是否足额	是否迁至境外	是否报告总局	已终止	已告相关税局
合　计									

填表人：　　　　　　　　审核人：　　　　　　　　审核日期：　年　月　日

注："是否足额"、"是否迁至境外"、"是否报告总局"列填写"是"或"否"；"缴纳金额"、"扣缴金额"填写人民币金额；

"已终止"、"已告相关税局"根据实际情况填入"√"或"×"。

境外投资财务管理暂行办法

财外字[1996]215号

1996年7月1日

第一条 为了规范境外投资的财务管理，提高境外投资的经济效益，维护国家利益和投资单位的合法权益，制定本办法。

第二条 本办法适用于进行境外投资的机构、部门、国有企业、事业单位以及国家控股的有限责任公司和股份有限公司（以下简称投资单位）。

本办法所称境外投资是指投资单位在中华人民共和国国外和香港、澳门及台湾地区投资设立独资、合资、合作企业（统称境外企业）和购买股票等投资行为。

第三条 境外投资的财务管理实行“统一政策，分级管理”的原则。财政部统一制定境外投资的财务管理制度，各级主管财政机关负责对本级境外投资的财务工作进行管理和监督。

第四条 主管财政机关对境外投资财务管理履行以下职责：

（一）制定境外投资的财务管理制度或实施办法；

（二）配合国有资产管理部门考核监督境外企业国有资产的安全完整、保值增值；

（三）审批投资单位境外投资经营情况的年度财务报告；

（四）负责确定境外投资收益的分配并收缴应上交财政的投资收益；

（五）检查监督投资单位境外投资的财务活动；

（六）办理各级人民政府授权管理境外投资的其他事项。

第五条 投资单位对境外投资财务管理履行以下职责：

（一）按规定向主管财政机关报送《境外国有资产产权登记表》，并建立境外投资财务关系；

（二）了解境外企业驻在国（或地区，下同）的有关法律规定，贯彻执行我国境外投资的财务管理制度；

（三）根据主管财政机关制定的境外投资财务管理制度或实施办法，制定本单位境外投资的具体财务管理办法；

（四）按规定审批独资或控股（或拥有实际控制权，下同）境外企业的重要财务事项，向主管财政机关报告所属境外企业的重大财务问题；

（五）考核所属境外企业的财务状况和经营成果，并向主管财政机关报送年度财务报告；

（六）及时上缴应交财政的投资收益。

第六条 投资单位在向国有资产管理部门办理境外国有资产产权登记手续时，须将经国有资产管理部门审定合格的《境外国有资产产权登记表》报送同级主管财政机关。主管财政机关收到投资单位报送的《境外国有资产产权登记表》后，统一编入境外投资财务管理档案，据此建立境外投资财务管理关系。

下级财政机关每半年向上一级财政机关报送一次“境外投资财务管理基本情况表”，报表格式由财政部另行制定。

第七条 投资单位可以用现金、实物和无形资产向境外投资，经国家授权机关批准，也可以用购买股票的形式向境外投资。

属于国家指令经营的进出口商品、应收外汇账款、应收回国内的国外资产、国家专项储备物资等不得用于境外投资，但按国家有关规定经批准的除外。

第八条 投资单位经国务院和国务院授权部门批准进行境外投资，如确需将国有资产以个人名义进行产权注册的，必须经省、自治区、直辖市人民政府或中央主管部门批准后，由投资单位（委托人）与境外国有资产产权的注册人（受托人）签订《境外国有资产以个人名义持股委托协议书》或《境外国有资产以个人名义拥有物业产权委托协议书》，并经委托人所在地公证机关公证。否则，一律不得将国有资产以个人名义在境外进行产权注册。

以个人名义持有境外国有股份的，应于境外注册产权前，在国内办理委托协议书公证；以个人名义拥有在境外购置的国有物业产权的，应于境外办妥产权注册之后一个月内，在国内办理委托协议书公证。公证文件副本须报主管财政机关和国有资产管理部门备案。

第九条 主管财政机关应配合国有资产管理部门制定境外企业国有资产保值增值指标考核制度，并配合国有资产管理部门定期对境外企业国有资产进行考核监督。

投资单位对其所属境外企业的国有资产，必须明确法定代表人及其对国有资产的安全、完整、保值、增值应承担的责任。投资单位需采取措施加强对所属境外企业资产的管理和监督，并应将境外企业国有资产出售、转让等重要财务事项报告主管财政机关。

第十条 投资单位对境外企业发生的迁移、合并、分立、终止、撤资、撤股、资本变更以及购建固定资产、出售长期资产、以不动产作抵押申请贷款等事项，应当建立必要的审批制度；对经批准经营外汇、期货、有价证券和房地产等风险性业务以及对外长期投资等事项，要合理确定经营限额并实行授权经营，必要时应建立审批制度。

第十一条 除国家允许经营担保业务的金融机构外，投资单位应严格控制境外独资和控股企业对外提供担保，如确需对外提供担保的，应当按以下规定执行：

（一）境外母公司对所属全资子公司可自行决定提供担保，但对非全资子公司应当根据出资比例提供担保；

（二）为其他中资企业提供担保前，除按规定经批准外，还必须取得被担保人的资信证明，签署具有法律效力的反担保协议书；

（三）为其他企业提供担保前，除按规定经批准外，还必须取得被担保人的财产抵押，并签署具有法律效力的抵押担保协议，提供担保的金额不得超过抵押财产重估价的60%。

第十二条 投资单位对境外企业发生的超过企业总资产10%或超过100万美元的损失以及对国家和投资者利益有重大影响的事项，应当及时报告主管财政机关和国有资产管理部门。

第十三条 投资单位必须要求所属境外独资和控股企业，对一切财务往来和现金收支建立必要的"联签"制度，所有会计凭证除经办人签字外，必须有企业负责人或者被授权的负责人签字，在企业任职的直系亲属必须回避，不得联签。

第十四条 投资单位必须要求所属独资和控股的境外企业建立和完善账户管理制度，在资信可靠的银行开设账户，并将开设账户（或取消、变更）的情况报国内备案。境外企业开设的账户不得转借个人或者其他单位使用。

第十五条 投资单位负责所属境外企业的工资管理工作，根据国家有关规定并结合实际情况，制定工资管理制度和实施办法，并按要求备案。所制定的工资制度应符合驻在国的法律规定，明确责、权、利关系，建立和完善考核奖惩办法。

第十六条 投资单位应当对派往所属境外独资或控股企业的负责人建立离任审计制度。境外企业财会人员发生变动时，应在规定时间内编制交接清单、办理交接手续，交接清单应当有交接双方和企业主要负责人或者被授权负责人签字。

第十七条 投资单位的境外投资收益包括：

（一）境外独资企业的税后利润；

（二）境外合资、合作企业中方分得的利润（包括股息、红利等）；

（三）直接购买外国公司股票分得的股息、红利等；

（四）其他境外投资收益。

第十八条 对投资单位的境外投资收益按照以下规定进行分配和上缴。

（一）投资单位属于实行独立经济核算的国有企业（或者组织）的，其境外投资收益按企业所得税征收的有关规定进行纳税调整，税后所得额的10%（或5%）由投资单位汇总上交主管财政机关。

(二)投资单位属于国家控股的有限责任公司和股份有限公司的,其境外投资收益并入投资单位的利润总额,按照有关规定进行分配。

(三)投资单位属于不缴纳企业所得税的政府机构、部门或社会团体、事业单位等其他组织的,其境外投资收益的20%,由境外企业直接汇缴主管财政机关。

应缴财政的境外投资收益,必须在主管财政机关批复境外投资年度财务报告后的三个月内上交。

第十九条　经主管财政机关批准,投资单位在报送《境外国有资产产权登记表》后的一定期限内,可以免交应上缴财政的境外投资收益,具体免交期限由主管财政机关确定。

投资单位应当将免交的境外投资收益用于支持境外企业的发展。

对投资单位上交财政的境外投资收益,在三至五年内,由主管财政机关用于支持境外企业的发展。

第二十条　投资单位要会同有关部门对连续三年发生亏损或者发生严重亏损的独资或控股的境外企业进行检查,并根据情况采取相应措施。

第二十一条　投资单位对拥有控股权的境外投资,按驻益法进行核算;对不具有控股权的境外投资,按成本法进行核算。

第二十二条　投资单位应督促境外企业及时报送年度财务报告。

境外投资年度财务报告包括年度会计报表和财务情况说明书,其中年度会计报表为资产负债表、损益表以及其他有关附表。

国家授权投资的机构、部门直接进行境外投资的,其年度财务报告由境外企业直接报送国内主管财政机关;国有企业、事业单位或者国家控股的有限责任公司和股份有限公司进行境外投资的,其年度财务报告由投资单位汇总或者合并后报送主管财政机关,如按规定编制合并报表的,应将境外投资财务报告作为附件报送。

年度财务报告应于6月30日以前报送主管财政机关。有关财务报告编报的具体问题,财政部另行规定。

第二十三条　投资单位在其境外企业清算完毕后,应当向主管财政机关报送清算机构出具的经当地注册会计师验证的清算报告,并及时收回应当归其所有的财产。

第二十四条　投资单位应当制定本单位境外投资的具体财务管理办法,并督促或协同独资和控股的境外企业,按照驻在国法律和我国有关规定,建立健全企业内部财务管理和会计核算制度。

第二十五条　投资单位对规模较大的独资和控股的境外企业应当选派财会主

管人员以及具有较高素质的财会人员。

第二十六条 派驻境外企业的财会人员,应当了解驻在国的经济法规,维护国家利益和投资单位的合法权益,建立和完善企业内部财务管理和会计核算制度,定期分析企业财务状况和经营成果,及时向投资单位或国内主管财政机关报送财务报告,反映重要财务问题。

第二十七条 投资单位违反本办法,有下列情形之一的,主管财政机关除令其限期纠正外,还可视情节轻重,按违反财政法规的规定进行处罚,并取消免交境外投资收益的优惠:

(一)不向主管财政机关报送《境外国有资产产权登记表》的;

(二)未按规定报送财务报告的;

(三)对境外投资发生严重损失等重要财务问题,不向主管财政机关报告的;

(四)未按规定上交投资收益的;

(五)其他违反本《办法》的行为。

第二十八条 投资单位有关责任人员、境外企业中方法定代表以及其他外派人员因失职或者违法行为而导致国有资产重大损失的,主管财政机关可建议其所在单位给予行政处罚,情节严重的,移送司法机关处理。

第二十九条 投资单位对主管财政机关的处罚不服的,可以依法申请行政复议,或者向人民法院起诉。

第三十条 对坚持国家财政经济政策、严格执行本办法的单位和个人,主管财政机关可根据具体情况给予表彰或者奖励。

第三十一条 主管财政机关有权对投资单位执行本办法的情况进行检查监督。

主管财政机关工作人员在监督境外投资的财务管理工作中有玩忽职守、徇私舞弊的,由主管财政机关给予行政处分。情节严重的,移送司法机关处理。

第三十二条 本办法发布以前的有关境外投资财务管理规定与本办法有抵触的,以本办法为准。

第三十三条 投资单位应当在本办法发布后三个月内,向主管财政机关补报本办法发布前已办理的《境外国有资产产权登记表》。

第三十四条 本办法由财政部负责解释。

第三十五条 本办法自1996年7月1日起执行。

商务部、外交部、发展改革委、公安部、国资委、安全监管总局和全国工商联印发《境外中资企业机构和人员安全管理规定》

2010 年 8 月 18 日

第一章　总　　则

第一条　为进一步加强新形势下境外中资企业机构和人员安全保护工作，保障“走出去”战略的顺利实施，制定本规定。

第二条　本规定所称“境外中资企业机构和人员”，是指对外投资合作企业在境外设立的企业、机构和派出的人员。

第三条　各地商务主管部门会同外事、发展改革、公安、安全监管部门负责本地区对外投资合作企业的安全管理。各地国有资产管理部门指导本地区国有对外投资合作企业的安全管理。各地工商联协助政府有关部门指导本地区对外投资合作民营企业的安全管理。各驻外使领馆负责对驻在国中资企业机构和人员的安全管理进行指导和监督。

第四条　对外承包工程质量和安全生产管理依照有关规定执行。

第二章　境外安全教育和培训

第五条　对外投资合作企业要按照“谁派出，谁负责”的原则，对派出人员在出国前开展境外安全教育和应急培训，提高安全防范意识和能力，增强安全管理综合能力。实行项目总包合同的对外投资合作企业，应对参与合作的分包单位的境外安全教育和培训工作负总责。未经安全培训的人员一律不得派出。

第六条　对外投资合作企业要制定派出人员行为守则，规范驻外人员行为方式，要求派出人员遵守当地法律法规，尊重当地风俗习惯。

第七条　各地商务主管部门会同外事、发展改革、公安、国有资产管理、安全监管部门和工商联对本地区对外投资合作企业的境外安全教育培训工作进行监督检查。各驻外使领馆负责对驻在国中资企业机构定期进行安全培训监督检查。

第三章　境外安全风险防范

第八条　对外投资合作企业要制定境外安全管理制度，建立境外安全突发事件应急处置机制，指导派出企业机构制定安全防范措施和应急预案。

第九条 对外投资合作企业应要求其境外中资企业机构认真履行社会责任，做好环境保护、解决当地就业、积极参与公益事业等工作，为其开展对外投资合作营造良好的外部环境。

第十条 商务部会同外交部、发展改革委和公安部建立对外投资合作境外安全风险监测和预警机制，定期向对外投资合作企业通报境外安全信息，及时发布境外安全预警。外交部负责向驻外使领馆通报安全预警信息。

第十一条 各地商务主管部门会同外事、发展改革、公安、安全监管部门指导本地区对外投资合作企业完善境外安全管理制度并监督检查。国有资产管理部门指导国有对外投资合作企业完善境外安全管理制度并监督检查。工商联配合有关部门指导对外投资合作民营企业完善境外安全管理制度。

第十二条 各驻外使领馆要加强对驻在国政治经济形势、民族宗教矛盾、社会治安状况、恐怖主义活动等信息的收集、评估和预警，并及时报送外交部、商务部等相关部门；与驻在国政府有关部门建立经常性沟通渠道，及时获取安全信息。

第十三条 各驻外使领馆要加强对境外中资企业机构和人员安全工作的一线指导和管理，及时传达国内的指示要求，通报相关安全信息，定期到企业和项目现场进行安全巡查。

第十四条 各驻外使领馆要指导境外中资企业商（协）会帮助会员企业制定安全风险防范措施，增强风险防范和处置能力。

第十五条 商务部根据需要会同外交部、发展改革委、公安部、国资委、安全监管总局和工商联组成境外安全巡查工作组，对境外重点项目进行安全检查和指导，排查项目安全隐患，检查相关应急预案制定和实施情况，协助解决存在的问题。各地商务主管部门也可根据需要会同外事、发展改革、公安、国有资产管理、安全监管部门和工商联开展境外安全巡查。

第四章 境外安全突发事件应急处置

第十六条 境外安全突发事件是指境外发生的对境外中资企业机构和人员生命和财产安全构成威胁或造成损失的事件，包括战争、政变、恐怖袭击、绑架、治安犯罪、自然灾害、安全生产事故和公共卫生事件等。

第十七条 境外安全形势发生异常时，境外中资企业机构应及时向我驻外使领馆报告。境外安全突发事件发生后，境外中资企业机构应立即向我驻外使领馆报告，在使领馆指导下妥善处置。具体程序如下：

（一）境外中资企业机构做好事发现场处置工作，及时救助伤员，向当地警方报警。

（二）境外中资企业机构了解并准确报告突发事件详情，包括：

1. 事件涉及单位或项目情况；

2. 事件发生的时间、地点及现场情况；

3. 事件简要经过及原因的初步判断；

4. 事件已经造成或可能造成的伤亡人数（包括失踪人数），人员姓名、籍贯、国内联系单位、家属联系方式；初步估计的直接经济损失；

5. 已经采取的措施；

6. 其他应该报告的内容。

（三）驻外使领馆负责指导境外中资企业机构开展具体处置工作，提供必要领事保护，及时与驻在国政府主管部门交涉，要求保护境外中资企业机构和人员的安全。境外中资企业商（协）会要积极协助解决境外安全突发事件。在未建交国家和地区发生的突发事件，由代管驻外机构负责指导协调。

（四）境外安全突发事件的处置情况应及时报送对外投资合作企业注册地省级人民政府，中央企业报送国资委，抄报外交部、商务部、发展改革委、公安部和安全监管总局，必要时请国内派工作组赴前方指导协调。重大境外安全突发事件的处置由外交部会同商务部、发展改革委、公安部、国资委、安全监管总局和工商联等部门在境外中国公民和机构安全保护工作部际联席会议的统一领导下进行。

（五）地方商务、外事、发展改革、公安、国有资产管理和安全监管部门应按照所在地省级人民政府、商务部、外交部、发展改革委、公安部、安全监管总局和驻外使领馆的要求，协助处理境外安全突发事件；根据需要派员参加有关工作组赴境外开展工作，或协助受害人家属赴事发国家（地区）处理有关事宜；组织相关企业处理善后、索赔、安置、抚恤、撤离等后续工作。

第五章　高风险国家和地区的管理

第十八条　各地商务主管部门会同外事、发展改革、公安、国有资产管理和安全监管部门对本地区企业赴高风险国家和地区开展对外投资合作从严管理。高风险国家和地区名单由外交部会同商务部、公安部等有关部门确定，并根据情况进行调整。

第十九条　对在高风险国家和地区开展对外投资合作，商务和发展改革部门要严格进行审核，并征求驻外使领馆的意见。

第二十条　各地公安部门要对赴高风险国家和地区的人员进行提醒。

第二十一条　对外投资合作企业在高风险国家和地区开展对外投资合作前，应聘请专业安全机构进行安全风险评估。对外投资合作企业根据安全风险评估报告细化境外安保方案，最大程度降低境外安全风险。

第二十二条 对外投资合作企业在高风险国家和地区开展业务时，应建立完整的境外安全制度以确保境外经营活动的安全，包括境外安全管理规定、境外安全成本预算、境外突发事件应急处置预案等。

第二十三条 在高风险国家和地区开展对外投资合作的企业，应严格遵守有关管理规定，及时到驻外使领馆报到登记，并接受驻外使领馆的指导和管理。

第二十四条 境外中资企业机构和项目驻地必须配备必要的安全保卫设施，并可根据当地安全形势雇佣当地保安或武装警察，以增强安全防护能力，提高安全防护水平。

第六章 安全责任

第二十五条 各地商务、外事、发展改革、公安、国有资产管理和安全监管部门，驻外使领馆，对外投资合作企业要建立境外安全联络员制度，指定一名境外安全负责人和一名安全信息联络员，专职负责境外安全工作。

第二十六条 各地商务、外事、发展改革、公安、国有资产管理和安全监管部门的境外安全负责人和安全信息联络员名单及联系方式分别报商务部、外交部、发展改革委、公安部、国资委和安全监管总局；驻外使领馆和中央企业的境外安全负责人和安全信息联络员名单及联系方式报外交部、商务部、国资委和安全监管总局；地方对外投资合作企业境外安全负责人和安全信息联络员名单及联系方式报地方商务主管部门。境外安全负责人和安全信息联络员应保持24小时通讯畅通。

第二十七条 对外投资合作企业应当建立健全境外安全工作责任制。对外投资合作企业负责人是境外安全的第一责任人，要切实履行职责。

第二十八条 各地商务、发展改革和安全监管部门应指导对外投资合作企业将境外安全防范和突发事件处置工作列入企业和负责人考核的内容。对于因安全教育、风险防范和应急处置等方面存在明显疏漏而发生安全事件的企业，相关部门要依法给予处罚并追究有关领导和人员的责任；对于因主观故意而引发安全事件的企业，对直接责任人应追究刑事责任。

第七章 附则

第二十九条 本规定由商务部会同外交部、发展改革委、公安部、国资委、安全监管总局和全国工商联负责解释。

第三十条 本规定自发布之日起施行。

附录二

中国与其他国家或地区签订双边投资协定的清单

序号	名　　称	签字日期	生效日期
1	中华人民共和国政府和加拿大政府关于促进和相互保护投资的协定	2012.9.9	
2	中华人民共和国政府和马耳他政府关于促进和保护投资的协定	2009.2.22	2009.4.1
3	中华人民共和国政府和哥斯达黎加共和国政府关于促进和保护投资的协定	2007.10.24	2007.10.24
4	中华人民共和国政府和大韩民国政府关于促进和保护投资的协定	2007.9.7	2007.12.1
5	中华人民共和国政府和古巴共和国政府关于促进和相互保护投资协定的修订	2007.4.20	2007.4.20
6	中华人民共和国政府和塞舌尔共和国政府关于互相促进和保护投资的协定	2007.2.10	
7	中华人民共和国政府和印度共和国政府关于促进和保护投资的协定及议定书	2006.11.21	2007.8.1
8	中华人民共和国政府和俄罗斯联邦政府关于促进和相互保护投资协定及议定书	2006.11.9	2009.5.1
9	中华人民共和国政府和瓦努阿图共和国政府关于促进和保护投资的协定	2006.4.5	2006.4.5
10	中华人民共和国和葡萄牙共和国关于促进和相互保护投资的协定及议定书	2005.12.9	2008.7.26
11	中华人民共和国和捷克共和国关于促进和保护投资协定	2005.12.8	
12	中华人民共和国和纳米比亚共和国关于促进和保护投资协定	2005.11.17	
13	中华人民共和国和西班牙王国关于促进和相互保护投资协定及议定书	2005.11.14	2008.7.1
14	中华人民共和国政府和赤道几内亚共和国政府关于促进和保护投资的协定	2005.10.20	

续表

序号	名　称	签字日期	生效日期
15	中华人民共和国政府和朝鲜民主主义人民共和国政府关于促进和保护投资协定	2005.3.22	2005.10.1
16	中华人民共和国政府和芬兰共和国政府关于鼓励和相互保护投资协定及议定书	2004.11.15	2006.11.15
17	中华人民共和国政府和乌干达共和国政府关于相互促进和保护投资的协定	2004.5.27	
18	中华人民共和国政府和拉脱维亚共和国政府关于促进和保护投资的协定及议定书	2004.4.15	
19	中华人民共和国政府和贝宁共和国政府关于促进和保护投资的协定	2004.2.18	
20	中华人民共和国政府和吉布提共和国政府关于促进和保护投资协定	2003.8.18	
21	中华人民共和国政府和圭亚那共和国政府关于促进和保护投资协定	2003.3.27	2004.10.26
22	中华人民共和国政府和科特迪瓦共和国政府关于鼓励促进和保护投资协定	2002.9.30	
23	中华人民共和国政府和特立尼达和多巴哥国政府关于鼓励促进和保护投资协定	2002.7.22	
24	中华人民共和国与波斯尼亚和黑塞哥维纳关于促进和保护投资协定	2002.6.26	2002.6.26
25	中华人民共和国政府和缅甸联邦政府关于鼓励促进和保护投资协定	2001.12.12	
26	中华人民共和国政府和荷兰王国政府关于鼓励和相互保护投资协定	2001.11.26	2004.8.1
27	中华人民共和国政府和尼日利亚联邦共和国政府相互促进和保护投资协定	2001.8.27	2010.2.18
28	中华人民共和国政府和肯尼亚共和国政府关于鼓励促进和保护投资协定	2001.7.16	
29	中华人民共和国政府和莫桑比克共和国政府关于鼓励促进和相互保护投资协定	2001.7.10	
30	中华人民共和国政府和塞拉利昂共和国政府关于促进和保护投资协定	2001.5.16	
31	中华人民共和国政府和塞浦路斯共和国政府关于相互促进和保护投资协定	2001.1.15	2002.4.29
	中华人民共和国政府和塞浦路斯共和国政府关于相互促进和保护投资协定的议定书	2001.1.15	2002.4.29

续表

序号	名　　称	签字日期	生效日期
32	中华人民共和国政府和文莱达鲁萨兰国政府关于鼓励和相互保护投资协定	2000.11.17	
33	中华人民共和国政府和伊朗伊斯兰共和国政府关于相互促进和保护投资协定	2000.6.22	
34	中华人民共和国政府和博茨瓦纳共和国政府关于鼓励促进和保护投资协定	2000.6.12	
35	中华人民共和国政府和巴林国政府关于鼓励和相互保护投资协定	1999.6.17	
36	中华人民共和国政府和卡塔尔国政府关于鼓励和相互保护投资协定	1999.4.9	
37	中华人民共和国政府和巴巴多斯政府关于鼓励和相互保护投资协定	1998.7.20	1999.10.1
38	中华人民共和国政府和埃塞俄比亚联邦民主共和国政府关于鼓励和相互保护投资协定	1998.5.11	
39	中华人民共和国政府和佛得角共和国政府关于鼓励和相互保护投资协定	1998.4.21	
40	中华人民共和国政府和也门共和国政府关于鼓励和相互保护投资协定	1998.2.16	
41	中华人民共和国政府和南非共和国政府关于相互鼓励和保护投资协定	1997.12.30	
42	中华人民共和国政府和刚果民主共和国政府关于鼓励和相互保护投资协定	1997.12.18	
43	中华人民共和国政府和马其顿共和国政府关于鼓励和相互保护投资协定	1997.6.9	1997.11.1
44	中华人民共和国政府和苏丹共和国政府关于鼓励和相互保护投资协定	1997.5.30	1998.11.1
45	中华人民共和国政府和尼日利亚联邦共和国政府相互促进和保护投资协定	1997.5.12	
46	中华人民共和国政府和喀麦隆共和国政府关于相互促进和保护投资协定	1997.5.10	
47	中华人民共和国政府和加蓬共和国政府关于促进和相互保护投资协定	1997.5.9	
48	中华人民共和国政府和叙利亚阿拉伯共和国政府关于相互促进和保护投资协定	1996.12.9	
49	中华人民共和国政府和阿尔及利亚民主人民共和国政府关于鼓励和相互保护投资协定	1996.10.17	

续表

序号	名　　称	签字日期	生效日期
50	中华人民共和国政府和孟加拉人民共和国政府关于鼓励和相互保护投资协定	1996.9.12	
51	中华人民共和国政府和柬埔寨王国政府关于促进和保护投资协定	1996.7.19	2000.2.1
52	中华人民共和国政府和赞比亚共和国政府关于鼓励和相互保护投资协定	1996.6.21	
53	中华人民共和国政府和黎巴嫩共和国政府关于鼓励和相互保护投资协定	1996.6.13	1997.7.10
54	中华人民共和国政府和津巴布韦共和国政府关于鼓励和相互保护投资协定	1996.5.21	1998.3.1
55	中华人民共和国政府与毛里求斯共和国政府关于鼓励和相互保护投资协定	1996.5.4	1997.6.8
56	中华人民共和国政府和沙特阿拉伯王国关于相互鼓励和保护投资协定	1996.2.29	1997.5.1
57	中华人民共和国政府和南斯拉夫联盟共和国政府关于相互鼓励和保护投资协定	1995.12.18	1996.9.12
58	中华人民共和国政府和古巴共和国政府关于鼓励和相互保护投资协定	1995.4.24	
59	中华人民共和国政府和以色列国政府关于促进和相互保护投资协定	1995.4.10	
60	中华人民共和国政府和摩洛哥王国政府关于鼓励和相互保护投资协定	1995.3.27	1999.11.26
61	中华人民共和国政府和阿曼苏丹国政府关于促进和保护投资协定	1995.3.18	1995.8.1
62	中华人民共和国政府和印度尼西亚共和国政府关于促进和保护投资协定	1994.11.18	1995.4.1
63	中华人民共和国政府和牙买加政府关于鼓励和相互保护投资协定	1994.10.26	1996.4.1
64	中华人民共和国政府和罗马尼亚政府关于鼓励和相互保护投资协定	1994.7.12	1995.9.1
65	中华人民共和国政府和秘鲁共和国政府关于鼓励和相互保护投资协定	1994.6.9	1995.2.1
66	中华人民共和国政府和阿拉伯埃及共和国政府关于鼓励和相互保护投资协定	1994.4.21	1996.4.1
67	中华人民共和国政府和冰岛共和国政府关于促进和相互保护投资协定	1994.3.31	1997.3.1

续表

序号	名　　称	签字日期	生效日期
68	中华人民共和国政府和智利共和国政府关于鼓励和相互保护投资协定	1994.3.23	1995.8.1
69	中华人民共和国政府和厄瓜多尔共和国政府关于鼓励和相互保护投资协定	1994.3.21	1997.7.1
70	中华人民共和国政府和阿塞拜疆共和国政府关于鼓励和相互保护投资协定	1994.3.8	1995.4.1
71	中华人民共和国政府和乌拉圭东岸共和国政府关于鼓励和相互保护投资协定	1993.12.2	1997.12.1
72	中华人民共和国政府和立陶宛共和国政府关于鼓励和相互保护投资协定	1993.11.8	1994.6.1
73	中华人民共和国政府和斯洛文尼亚共和国政府关于鼓励和相互保护投资协定	1993.9.30	1995.1.1
74	中华人民共和国政府和爱沙尼亚共和国政府关于促进和相互保护投资协定	1993.9.2	1994.6.1
75	中华人民共和国政府和阿拉伯联合酋长国政府关于促进和相互保护投资协定	1993.7.1	1994.9.28
76	中华人民共和国政府和阿拉伯联合酋长国政府关于促进和保护投资协定	1993.7.1	1994.9.28
77	中华人民共和国政府和克罗地亚共和国政府关于鼓励和相互保护投资协定	1993.6.7	1994.7.1
78	中华人民共和国政府和格鲁吉亚共和国政府关于鼓励和相互保护投资协定	1993.6.3	1995.3.1
79	中华人民共和国政府和塔吉克斯坦共和国政府关于鼓励和相互保护投资协定	1993.3.9	1994.2.19
80	中华人民共和国政府和阿尔巴尼亚共和国政府关于鼓励和相互保护投资协定	1993.2.13	1995.9.1
81	中华人民共和国政府和老挝人民民主共和国政府关于鼓励和相互保护投资协定	1993.1.31	1993.6.1
82	中华人民共和国政府和白俄罗斯共和国政府关于鼓励和相互保护投资协定	1993.1.11	1995.1.14
83	中华人民共和国政府和越南社会主义共和国政府关于鼓励和相互保护投资协定	1992.12.2	1993.9.1
84	中华人民共和国政府和土库曼斯坦政府关于鼓励和相互保护投资协定	1992.11.21	1994.6.6
85	中华人民共和国政府和摩尔多瓦共和国政府关于鼓励和相互保护投资协定	1992.11.6	1995.3.1

续表

序号	名　　称	签字日期	生效日期
86	中华人民共和国政府和阿根廷政府关于促进和相互保护投资协定	1992.11.5	
87	中华人民共和国政府和阿根廷政府关于促进和相互保护投资协定	1992.11.5	1994.8.1
88	中华人民共和国政府和乌克兰政府关于鼓励和相互保护投资协定	1992.10.31	1993.5.29
89	中华人民共和国政府和大韩民国政府关于鼓励和相互保护投资协定	1992.9.30	1992.12.4
90	中华人民共和国政府和哈萨克斯坦共和国政府关于鼓励和相互保护投资协定	1992.8.10	1994.8.13
91	中华人民共和国政府和菲律宾共和国政府关于鼓励和相互保护投资协定	1992.7.20	1995.9.8
92	中华人民共和国政府和亚美尼亚共和国政府关于鼓励和相互保护投资协定	1992.7.4	1995.3.18
93	中华人民共和国政府和希腊共和国政府关于鼓励和相互保护投资协定	1992.6.25	1993.12.21
94	中华人民共和国政府和吉尔吉斯斯坦共和国政府关于鼓励和相互保护投资协定	1992.5.14	1995.9.8
95	中华人民共和国政府和玻利维亚共和国政府关于鼓励和相互保护投资协定	1992.5.8	1996.9.1
96	中华人民共和国政府和乌兹别克斯坦共和国政府关于鼓励和相互保护投资协定	1992.3.13	1994.4.12
97	中华人民共和国和西班牙王国关于相互鼓励和保护投资协定	1992.2.6	1993.5.1
98	中华人民共和国政府和葡萄牙共和国政府关于鼓励和相互保护投资协定	1992.2.3	1992.12.1
99	中华人民共和国政府与捷克和斯洛伐克联邦共和国政府关于促进和相互保护投资协定	1991.12.4	1992.12.1
	中华人民共和国政府和斯洛伐克共和国政府关于《中华人民共和国政府和捷克和斯洛伐克联邦共和国政府关于促进和相互保护投资协定》的附加议定书	2005.12.7	2007.5.25
100	中华人民共和国政府和蒙古人民共和国政府关于鼓励和相互保护投资协定	1991.8.26	1993.11.1
101	中华人民共和国和匈牙利共和国关于鼓励和相互保护投资协定	1991.5.29	1993.4.1
102	中华人民共和国政府和巴布亚新几内亚独立国政府关于促进和保护投资协定	1991.4.12	1993.2.12

续表

序号	名　　称	签字日期	生效日期
103	中华人民共和国和土耳其共和国关于相互促进和保护投资协定	1990.11.13	1994.8.19
104	中华人民共和国政府和苏维埃社会主义共和国联盟政府关于鼓励和相互保护投资协定	1990.7.21	1990.8.21
105	中华人民共和国政府和加纳共和国政府关于鼓励和相互保护投资协定	1989.10.12	1990.11.22
106	中华人民共和国政府和保加利亚人民共和国政府关于相互鼓励和保护投资协定	1989.6.27	1994.8.21
	中华人民共和国政府和保加利亚共和国政府关于《中华人民共和国政府和保加利亚人民共和国政府关于相互鼓励和保护投资协定》的附加议定书	2007.6.26	2007.11.10
107	中华人民共和国政府和巴基斯坦伊斯兰共和国政府关于相互鼓励和保护投资协定	1989.2.12	1990.9.30
108	中华人民共和国政府和巴基斯坦伊斯兰共和国政府关于鼓励和相互保护投资协定	1989.2.12	
109	中华人民共和国政府和新西兰政府关于促进和保护投资协定	1988.11.22	1989.3.25
110	中华人民共和国政府和新西兰政府关于鼓励和相互保护投资协定	1988.11.22	
111	中华人民共和国政府和马来西亚政府关于相互鼓励和保护投资协定	1988.11.21	1990.3.31
112	中华人民共和国和日本国关于鼓励和相互保护投资协定	1988.8.27	1989.5.14
113	中华人民共和国政府与澳大利亚政府相互鼓励和保护投资协定	1988.7.11	1988.7.11
114	中华人民共和国政府和波兰人民共和国政府关于相互鼓励和保护投资协定	1988.6.7	1989.1.8
115	中华人民共和国政府和瑞士联邦政府关于相互促进和保护投资协定及议定书	1986.11.12	1987.3.18
116	中华人民共和国政府和大不列颠及北爱尔兰联合王国政府关于促进和相互保护投资协定	1986.5.15	1986.5.15
117	中华人民共和国政府和斯里兰卡民主社会主义共和国政府关于相互促进和保护投资协定	1986.3.13	1987.3.25
118	中华人民共和国政府和科威特国政府关于促进和保护投资协定及议定书	1985.11.23	1986.12.24

续表

序号	名　　称	签字日期	生效日期
119	中华人民共和国政府和新加坡共和国政府关于促进和保护投资协定	1985.11.21	1986.2.7
120	中华人民共和国和奥地利共和国关于促进和相互保护投资协定及议定书	1985.9.12	1986.10.11
121	中华人民共和国和荷兰王国关于相互鼓励和保护投资协定及议定书	1985.6.17	1987.2.1
122	中华人民共和国政府和丹麦王国政府关于鼓励和相互保护投资协定	1985.4.29	1985.4.29
123	中华人民共和国政府和泰国政府关于促进和保护投资的协定及议定书	1985.3.12	1985.12.13
124	中华人民共和国政府和意大利共和国政府关于鼓励和相互保护投资协定及议定书	1985.1.28	1987.8.28
125	中华人民共和国政府和挪威王国政府关于相互保护投资的协定及议定书	1984.11.21	1985.7.10
126	中华人民共和国政府和芬兰共和国政府关于保护投资的协定及议定书	1984.9.4	1986.1.26
127	中华人民共和国政府和比利时—卢森堡经济联盟关于相互鼓励和保护投资协定及议定书	1984.6.4	1986.10.5
	中华人民共和国政府和比利时—卢森堡经济联盟关于相互促进和保护投资的协定	2005.6.6	2009.12.1
128	中华人民共和国政府和法兰西共和国政府关于相互鼓励和保护投资的协定及附件	1984.5.30	1985.3.19
	中华人民共和国政府和法兰西共和国政府关于相互促进和保护投资的协定	2007.11.26	
129	中华人民共和国和德意志联邦共和国关于促进和相互保护投资的协定	1983.10.7	1985.3.18
	中华人民共和国和德意志联邦共和国关于促进和相互保护投资的协定(2003)及议定书	2003.12.1	2005.11.11
130	中华人民共和国政府和罗马尼亚社会主义共和国政府关于相互促进和保护投资的协定及议定书	1983.2.10	
	关于《中华人民共和国政府和罗马尼亚政府关于鼓励和相互保护投资协定》	2007.4.16	2008.9.1
131	中华人民共和国政府和瑞典王国政府关于相互保护投资的协定	1982.3.29	1982.3.29
	中华人民共和国政府和瑞典王国政府关于修改一九八二年三月二十九日《中华人民共和国政府和瑞典王国政府关于相互保护投资的协定》的议定书	2004.9.27	2004.9.27

附录三

中国与其他国家或地区税收协定谈签的清单①

截至目前，共对外正式签署 89 个税收协定，生效协定 82 个，与中国香港地区、澳门地区签署了避免双重征税安排。

（一）已经生效的 82 个协定是（依签字顺序）：

日本，美国，法国，英国，比利时，德国，马来西亚，挪威，丹麦，新加坡，芬兰，加拿大，瑞典，新西兰，泰国，意大利，荷兰，捷克斯洛伐克，波兰，澳大利亚，保加利亚，巴基斯坦，科威特，瑞士，塞浦路斯，西班牙，罗马尼亚，奥地利，巴西，蒙古，匈牙利，马耳他，阿联酋，卢森堡，韩国，俄罗斯，巴新，印度，毛里求斯，克罗地亚，白俄罗斯，斯洛文尼亚，以色列，越南，土耳其，乌克兰，亚美尼亚，牙买加，冰岛，立陶宛，拉脱维亚，乌兹别克，孟加拉，南斯拉夫，苏丹，马其顿，埃及，葡萄牙，爱沙尼亚，老挝，塞舌尔，菲律宾，爱尔兰，南非，巴巴多斯，摩尔多瓦，古巴，委内瑞拉，哈萨克斯坦，印度尼西亚，阿曼，突尼斯，伊朗，巴林，吉尔吉斯，摩洛哥，斯里兰卡，特里尼达和多巴哥，阿尔巴尼亚，阿塞拜疆，格鲁吉亚，墨西哥。

与香港地区、澳门地区签署的避免双重征税安排均已经生效。

（二）已经正式签署但尚未生效的 7 个协定是（依签字顺序）：

卡塔尔国，尼泊尔，尼日利亚，希腊，文莱，沙特阿拉伯，阿尔及利亚。

中国与其他主要国家或地区的税收协定下具体税种税率列表

国家或地区	股息的税率	利息的税率	特许权使用费的税率
中国—美国	10%	10%	7%/10%
中国—新加坡	5%/10%	0%/7%/10%	10%
中国内地—香港地区	5%/10%	0%/7%	7%
中国—爱尔兰	5%/10%	10%	6%/10%

① 信息来源：国家税务总局官方网站。

图书在版编目(CIP)数据

跨国战略:中国企业境外投资法律与实务/徐萍著.
—北京:法律出版社,2013.5
ISBN 978-7-5118-4726-3

Ⅰ.①跨… Ⅱ.①徐… Ⅲ.①企业—对外投资—涉外经济法—研究—中国 Ⅳ.①D922.295.4

中国版本图书馆 CIP 数据核字(2013)第050925号

跨国战略
——中国企业境外投资法律与实务

徐 萍 著

责任编辑 孙东育
装帧设计 乔智炜

© 法律出版社·中国

开本 710毫米×1000毫米 1/16
印张 17 **字数** 275千
版本 2013年4月第1版
印次 2013年4月第1次印刷
出版 法律出版社
编辑统筹 独立项目策划部
总发行 中国法律图书有限公司
经销 新华书店
印刷 北京嘉恒彩色印刷有限责任公司
责任印制 张建伟

法律出版社/北京市丰台区莲花池西里7号(100073)
电子邮件/info@lawpress.com.cn
网址/www.lawpress.com.cn
销售热线/010-63939792/9779
咨询电话/010-63939796

中国法律图书有限公司/北京市丰台区莲花池西里7号(100073)
全国各地中法图分、子公司电话:
第一法律书店/010-63939781/9782
西安分公司/029-85388843
重庆公司/023-65382816/2908
上海公司/021-62071010/1636
北京分公司/010-62534456
深圳公司/0755-83072995

书号:ISBN 978-7-5118-4726-3
定价:38.00元
(如有缺页或倒装,中国法律图书有限公司负责退换)